제36회 공인중개사 시험대비 **전면개정판** 동영상강의 www.pmg.co.kr

박문각 공인중개사

브랜드만족
1위
박문각

20
25

근거자료
별면표기

서석진 민법
기출지문
족보

서석진 편저

박문각

박문각 공인중개사

이 책의 머리말

이 책은 제13회 공인중개사 시험 이후의 모든 기출문제를 지문 단위로 분해하여 ○×문제로 재구성한 뒤, 「그림민법」의 목차 순서에 따라 정리한 '기출지문 빅데이터(Big Data)'입니다.

이 「기출지문 족보」는 다음 두 가지 이유로 여러분의 합격에 결정적인 역할을 할 것입니다.

01 이 책의 모든 문제는 기출문제를 출처로 하고 있습니다.

공인중개사 시험과 같은 역사가 깊은 객관식 시험을 대비하는 가장 확실한 방법은 기출문제를 분석하는 것입니다. 이는 중요한 내용이 반복해서 출제되는 시험의 특성 때문입니다. 그런 의미에서 기출문제는 곧 예상문제라고 할 수 있습니다. 장담컨대, 제36회 공인중개사 시험에서도 이 책의 문제와 동일하거나 유사한 내용이 80% 이상 출제될 것입니다.

02 이 책의 모든 문제는 ○×문제 형식을 취하고 있습니다.

객관식 문제의 본질은 결국 ○×입니다. 옳은 것을 찾는 문제는 옳은 지문 1개와 틀린 지문 4개로 구성되며, 틀린 것을 찾는 문제는 그 반대입니다. 따라서 객관식 시험을 준비하는 수험생들에게 가장 필요한 것은 주어진 문장의 정오(正誤)를 신속하고 정확하게 판단하는 능력이고, 그 기초 체력을 기르는 데는 ○×문제 풀이만큼 효과적인 훈련법이 없습니다.

어떤 책으로 공부하든 이 책을 함께 활용하기를 권합니다. 이 책에 익숙해지는 만큼 여러분의 합격도 그만큼 가까워질 것입니다.

You can do it!

편저자 서석진

이 책의 차례

PART 01

민법총칙

제1장 권리의 변동 · · · · 8

제2장 법률행위 · · · · 9

제3장 의사표시 · · · · 18

제4장 법률행위의 대리 · · · · 29

제5장 무효와 취소 · · · · 43

제6장 법률행위의 부관(附款)(조건과 기한) · · · · 51

PART 02

물권법

제1장 물권 총설 · · · · 58

제2장 물권의 변동 · · · · 64

제3장 점유권 · · · · 77

제4장 소유권 · · · · 85

제5장 용익물권 · · · · 101

제6장 담보물권 · · · · 116

제1장 계약 총론 · · · · 140

제2장 계약 각론 · · · · 166

PART
03

계약법

제1장 주택임대차보호법 · · · · 194

제2장 상가건물 임대차보호법 · · · · 204

제3장 집합건물의 소유 및 관리에 관한 법률 · · · · 211

제4장 가등기담보 등에 관한 법률 · · · · 218

제5장 부동산 실권리자명의 등기에 관한 법률 · · · · 225

PART
04

민사특별법

제1장 권리의 변동

제2장 법률행위

제3장 의사표시

제4장 법률행위의 대리

제5장 무효와 취소

제6장 법률행위의 부관(附款)(조건과 기한)

PART

01

민법총칙

PART 01 민법총칙

제1장 │ 권리의 변동

1 권리변동의 모습
▶ 그림민법 p.12

1. 건물을 신축한 경우, 이는 원시취득에 해당한다. [18]

2. 무주물의 선점은 원시취득에 해당한다. [28]

3. 부동산 점유취득시효완성으로 인한 소유권 취득은 원시취득이다. [34]

4. 부동산 매매에 의한 소유권 취득은 특정승계에 해당한다. [34]

5. 상속에 의해 피상속인이 가지고 있던 권리가 상속인에게 승계된 경우, 이는 권리의 이전적 승계이다. [18]

6. 甲이 乙 소유의 토지를 저당잡은 경우, 이는 이전적 승계에 해당한다. [18, 28]

ㄴ 저당권 설정은 권리의 이전적 승계에 해당한다. [34]

7. 1순위 저당권이 소멸되어 2순위 저당권이 순위승진을 한 경우, 이는 권리의 내용상 변경이다. [18]

8. 甲이 소유하는 가옥을 乙에게 매각하여 그 소유권을 상실한 경우, 이는 권리의 상대적 소멸이다. [18]

1. ○

2. ○

3. ○

4. ○

5. ○

6. × 설정적 승계에 해당한다.

ㄴ × 上同

7. × 작용(=효력)의 변경이다.

8. ○

2 권리변동의 원인
▶ 그림민법 p.13

1. 무권대리행위의 추인 여부에 관한 상대방의 최고는 의사의 통지이다. [17, 28, 34]

ㄴ 채무이행의 최고는 법률행위이다. [26]

2. 청약자가 하는 승낙연착의 통지는 관념의 통지이다. [28]

3. 어떤 사정을 알지 못한다는 의미에서의 선의도 법률사실이다. [17]

4. 시간의 경과는 사람의 정신작용에 의하지 않는 법률사실이다. [17]

1. ○

ㄴ × 최고는 법률행위가 아니라 준법률행위이다.

2. ○

3. ○

4. ○

제2장　법률행위

① 법률행위의 의의　　　　　　　　▸ 그림민법 p.14

② 법률행위의 종류　　　　　　　　▸ 그림민법 p.14

1. 해제, 취소, 철회는 단독행위이다. [19]

2. 합의해제는 단독행위이다. [22]

3. 매매의 일방예약은 단독행위이다. [19]

4. 소유권의 포기는 상대방 없는 단독행위이다. [28]

5. 공유지분의 포기는 상대방 있는 단독행위이다. [32]

6. 착오로 인한 계약의 취소는 상대방 없는 단독행위이다. [33]

7. 무권대리행위에 대한 본인의 추인은 상대방 없는 단독행위이다. [32, 33]

8. 이행불능으로 인한 계약의 해제는 상대방 없는 단독행위이다. [24, 33]

9. 손자에 대한 부동산의 유증은 상대방 없는 단독행위이다. [33]

10. 재단법인의 설립행위는 상대방 없는 단독행위이다. [32]

11. 교환, 임대차, 주택분양계약, 채권양도는 모두 의무부담행위이다. [23]

　⌐ 채권양도는 준물권행위이다. [34]

12. 타인 소유물을 목적물로 하여 체결된 매매계약은 무효이다. [14, 19, 20]

13. 저당권설정행위는 처분행위이므로 처분의 권리 또는 권한을 가진 자만이 할 수 있다. [24]

14. 대리권수여행위는 위임장을 작성·교부하지 않아도 성립하는 불요식행위이다. [17]

15. 타인의 재산을 증가시키지 않으면서 행위자의 재산을 감소시키는 법률행위는 출연행위가 아니다. [17]

16. 임대차는 유상행위이고, 증여는 무상행위이다. [24]

---

1. ○

2. × 합의해제(=해제계약)는 계약이다.

3. × 쌍방예약이든 일방예약이든 예약은 언제나 계약이다.

4. ○

5. ○

6. × 상대방 있는 단독행위이다.

7. × 상대방 있는 단독행위이다.

8. × 상대방 있는 단독행위이다.

9. ○

10. ○

11. × 채권양도는 처분행위이다 (준물권행위).

　⌐ ○

12. × 매매는 채권행위(의무부담행위)이므로 타인의 물건에 대한 매매계약도 유효하다.

13. ○

14. ○

15. ○

16. ○

3 법률행위의 요건

▶ 그림민법 p.15~16

1. 계약이 불성립하였다면 무효행위의 전환이나 추인에 관한 규정이 적용되지 않는다. [19]

1. ○

2. 대리행위에서 대리권의 존재는 법률행위의 효력발생요건이다. [24]

2. ○

3. 정지조건부 법률행위에서 조건의 성취는 법률행위의 효력발생요건이 아니다. [20, 24]

3. × 특별효력요건이다.

4. 토지거래허가구역 내의 토지거래계약에 관한 관할관청의 허가는 법률행위의 효력발생요건이다. [24]

4. ○

5. 농지취득자격증명은 농지매매의 효력발생요건이다. [19, 24, 28]

5. × 농지취득자격이 있다는 것을 증명하는 것일 뿐, 농지매매의 효력발생요건은 아니다.

4 법률행위의 목적

▶ 그림민법 p.18~23

▷ 목적의 확정

1. 매매계약 체결 당시 목적물과 대금이 구체적으로 확정되지 않았다면 사후에 구체적으로 확정될 수 있는 방법과 기준이 정해져 있더라도 계약의 성립을 인정할 수 없다. [19, 22]

1. × 매매의 목적물과 대금은 반드시 계약체결 당시에 구체적으로 확정해야 하는 것은 아니고 이행기까지만 확정되면 족하다.

▷ 목적의 가능

1. 계약성립 후 채무이행이 불가능하게 되더라도 계약이 무효로 되는 것은 아니다. [19]

1. ○

└, 매매계약이 체결된 후 목적건물이 전소된 경우, 그 매매계약은 무효이다. [20]

└, × 후발적 불능이므로 무효가 아니다.

2. 甲이 乙에게 자신의 건물을 매도하는 계약을 체결하였다. 계약체결 후 甲의 과실로 건물이 멸실한 경우, 乙은 계약을 해제할 수 있다. [16, 23]

2. ○

3. 甲은 자기 소유 토지를 乙에게 매도하였으나 계약체결 후 그 토지가 수용되어 소유권이전이 불가능하게 되었다. 乙은 이행불능을 이유로 매매계약을 해제할 수 있다. [18, 29]

3. × 甲(채무자)의 귀책사유가 없으므로 乙(채권자)은 계약을 해제할 수 없다(제546조).

└, 위에서 乙은 甲에게 채무불이행을 이유로 손해배상을 청구할 수 있다. [18, 29]

└, × 甲(채무자)의 귀책사유가 없으므로 乙(채권자)은 손해배상을 청구할 수 없다(제390조).

▷ 목적의 적법

1. 공인중개사 자격이 없는 자가 우연히 1회성으로 행한 중개행위에 대한 적정한 수준의 수수료 약정은 유효하다. [33]

   1. ○

2. 「공인중개사법」상 개업공인중개사가 법령에 규정된 중개보수 등을 초과하여 금품을 받는 행위를 금지하는 규정은 효력규정이다. [32]

   2. ○

↳ 법령에서 정한 한도를 초과하는 부동산 중개수수료 약정은 반사회질서의 법률행위에 해당한다. [35]

   ↳ × 강행규정 위반으로 무효일 뿐 반사회질서의 법률행위는 아니다.

3. 「부동산 실권리자명의 등기에 관한 법률」상 명의신탁약정에 의한 물권변동에 관한 규정은 효력규정이다. [21]

   3. ○

4. 「부동산 거래신고 등에 관한 법률」상 일정한 구역 내의 토지매매에 대하여 허가를 요하는 규정은 효력규정이다. [21]

   4. ○

5. 「이자제한법」상 최고이자율을 초과하는 부분을 규율하는 규정은 효력규정이다. [21]

   5. ○

6. 국유재산사무에 종사하는 공무원이 법령을 위반하여 국유재산인 토지에 대하여 타인의 명의를 빌려 국가와 체결한 매매계약은 무효이다. [14]

   6. ○

7. 관할관청의 허가 없이 한 학교법인의 기본재산 처분행위는 무효이다. [28]

   7. ○

8. 「부동산등기 특별조치법」상 중간생략등기를 금지하는 규정은 효력규정이다. [21, 32]

   8. × 단속규정이다.

↳ 탈세를 목적으로 하는 중간생략등기는 언제나 무효이다. [19]

   ↳ × 중간생략등기도 실체관계에 부합하는 한 유효하다.

9. 「공인중개사법」상 개업공인중개사가 중개의뢰인과 직접 거래를 하는 행위를 금지하는 규정은 효력규정이다. [32]

   9. × 단속규정이다.

↳ 개업공인중개사가 임대인으로서 직접 중개의뢰인과 체결한 주택임대차계약은 무효이다. [33]

   ↳ × 단속규정 위반으로 처벌될 뿐, 계약 자체는 유효하다.

10. 「주택법」의 전매행위제한을 위반하여 한 전매약정은 무효이다. [28]

   10. × 전매제한규정은 단속규정이므로 전매제한을 위반한 전매약정도 유효하다.

11. 무허가 음식점의 음식판매행위는 무효이다. [23]

   11. × 제재를 받을 뿐 판매행위 자체는 유효하다.

▷ 목적의 사회적 타당

• 반사회질서의 법률행위

1. 반사회질서의 법률행위에 해당하는지 여부는 해당 법률행위가 이루어진 때를 기준으로 판단해야 한다. [30]

2. 소송에서의 증언을 조건으로 통상 용인되는 수준을 넘는 대가를 받기로 한 약정은 반사회적 법률행위로서 무효이다. [25, 31]

3. 법정에서 허위진술하는 대가로 금원을 교부하기로 한 약정은 반사회적 법률행위에 해당한다. [21, 26]

4. 2023년 체결된 형사사건에 관한 성공보수약정은 반사회질서의 법률행위에 해당한다. [34]

└ 변호사가 민사소송의 승소 대가로 성공보수를 받기로 한 약정은 반사회질서의 법률행위로서 무효이다. [26, 33]

5. 다수의 보험계약을 통하여 보험금을 부정취득할 목적으로 체결한 보험계약은 반사회질서의 법률행위로서 무효이다. [26, 30, 33, 35]

6. 공무원의 직무에 관하여 청탁을 하고 그 대가로 금전을 지급하기로 한 약정은 반사회적 법률행위로서 무효이다. [24, 25, 28]

7. 과도하게 중한 위약벌약정은 반사회적 법률행위로서 무효이다. [25]

8. 불륜관계의 종료를 해제조건으로 하여 내연녀에게 한 증여는 반사회질서의 법률행위로서 무효이다. [24]

9. 노름빚인 줄 알면서 이를 변제하기로 한 약정은 반사회적 법률행위에 해당한다. [21, 28]

10. 어떤 일이 있어도 이혼하지 않기로 하는 약정은 반사회적 법률행위로서 무효이다. [21, 24]

11. 자신의 부정행위를 용서하는 대가로 처에게 부동산을 양도하되 부부관계가 유지되는 동안에는 처가 임의로 처분할 수 없다는 제한을 붙인 약정은 반사회적 법률행위에 해당한다. [21]

12. 범죄행위로 조성된 비자금을 소극적으로 은닉하기 위하여 임치하는 행위는 반사회질서의 법률행위로서 무효이다. [22, 34]

---

1. ○

2. ○

3. ○

4. ○

└ × 형사사건과는 달리 민사사건에서의 적정 수준의 성공보수약정은 유효하다.

5. ○

6. ○

7. ○

8. ○

9. ○

10. ○

11. × 사회질서에 위반된 것으로 볼 수 없다.

12. × 사회질서에 반하는 법률행위로 볼 수 없다.

13. 상대방에게 표시되거나 알려진 법률행위의 동기가 반사회적인 경우, 그 법률행위는 무효이다. [19, 31]

└ 불법밀수에 사용될 줄 알면서 금원을 대출해 주기로 한 약정은 반사회적 법률행위에 해당한다. [21]

└ 도박자금에 제공할 목적으로 금전을 대여하는 행위는 반사회질서의 법률행위로서 무효이다. [25]

14. 법률행위의 성립과정에 강박이라는 불법적 방법이 사용된 경우, 그 법률행위는 반사회질서의 법률행위로서 무효이다. [23, 27]

15. 강제집행을 면할 목적으로 부동산에 허위의 근저당권을 설정하는 행위는 반사회질서의 법률행위로서 무효이다. [15+, 17, 19, 22, 25, 27, 31, 35]

16. 양도소득세를 회피할 목적으로 실제 거래대금보다 낮은 금액으로 계약서를 작성하여 매매계약을 체결한 행위는 반사회질서의 법률행위로서 무효이다. [22, 27, 35]

17. 부동산등기특별조치법을 위반한 중간생략등기는 사회질서에 반하여 무효이다. [16, 24]

18. 명의신탁약정 그 자체는 선량한 풍속 기타 사회질서에 위반하는 행위로 볼 수 없다. [18]

19. 불법원인으로 물건을 급여한 사람은 원칙적으로 소유권에 기하여 반환청구를 할 수 있다. [29]

└ 첩계약의 대가로 아파트 소유권을 이전하여 주었다면 부당이득을 이유로 그 반환을 청구할 수 있다. [15+]

20. 부첩관계를 맺은 대가로 부동산을 증여받은 첩으로부터 그 부동산을 전득한 자가 그 사실을 알았던 경우에는 소유권을 취득하지 못한다. [16]

21. 반사회질서의 법률행위의 무효는 이를 주장할 이익이 있는 자는 누구든지 주장할 수 있다. [30]

22. 반사회적 법률행위의 무효는 선의의 제3자에게 대항하지 못한다. [15+, 20]

23. 반사회적 법률행위는 당사자가 무효인 줄 알고 추인하면 새로운 법률행위로서 유효하게 된다. [15+, 24, 25]

13. ○

└ ○

└ ○

14. × 의사표시의 하자나 의사의 흠결이 문제될 뿐, 반사회질서의 법률행위로서 무효라고 할 수 없다.

15. × 허위표시로서 무효일 뿐 반사회적 법률행위는 아니다.

16. × 다운계약서를 작성했다고 해서 그 매매가 반사회적 법률행위가 되는 것은 아니다.

17. × 사회질서에 반한다고 볼 수 없다.

18. ○

19. × 부당이득반환청구는 물론 소유권에 기한 반환청구도 할 수 없다.

└ × 불법원인급여이므로 부당이득반환을 청구할 수 없다.

20. × 알았던 경우에도 소유권을 취득한다(엄폐물의 법칙).

21. ○

22. × 선의의 제3자에게도 대항할 수 있다(절대적 무효).

23. × 반사회적 법률행위는 추인하여도 유효로 될 수 없다.

• 부동산의 이중매매

1. 甲은 乙과 자기 소유 부동산에 대한 매매계약을 체결하고 매매대금을 수령하였으나, 그 사실을 아는 丙에게 그 부동산을 다시 매도하고 소유권이전등기까지 마쳐주었다.

1) 丙이 甲과 乙 사이의 매매사실에 대해 악의인 이상, 甲과 丙 사이의 매매계약은 반사회질서의 법률행위로서 무효이다. [14]

  ㄴ 제2매수인이 이중매매사실을 알았다는 사정만으로 제2매매계약을 반사회적 법률행위에 해당한다고 볼 수 없다. [32]

2) 乙은 최고 없이도 甲과의 계약을 해제할 수 있다. [26]

3) 乙은 甲에 대하여 소유권이전채무의 불이행을 이유로 손해배상을 청구할 수 있다. [16, 17]

4) 丙이 甲의 제2매매행위에 적극 가담하였다고 하더라도 계약자유 및 자유경쟁의 원칙상 문제는 발생하지 않는다. [14]

5) 丙이 甲의 배임행위에 적극 가담한 경우, 乙은 직접 丙을 상대로 등기의 말소를 청구할 수 있다. [16, 17, 25, 26, 32]

6) 丙이 甲의 배임행위에 적극 가담한 경우, 乙은 丙에 대하여 불법행위를 이유로 손해배상을 청구할 수 있다. [28]

7) 乙은 소유권이전청구권의 보전을 위하여 甲과 丙 사이의 매매계약에 대하여 채권자취소권을 행사할 수 있다. [17, 25]

8) 丙이 甲의 배임행위에 적극 가담한 경우에도 丙으로부터 그 부동산을 전득한 丁이 선의이면 소유권을 취득한다. [14, 17, 24, 25, 26, 28]

  ㄴ 반사회적 법률행위에 해당하는 제2매매계약에 기초하여 제2매수인으로부터 그 부동산을 매수하여 등기한 선의의 제3자는 제2매매계약의 유효를 주장할 수 있다. [32]

9) 만약 丙의 대리인 戊가 丙을 대리하여 부동산을 매수하면서 甲의 배임행위에 적극 가담하였다면, 그러한 사정을 모르는 丙은 소유권을 취득한다. [15, 26]

  ㄴ 대리인이 매도인의 배임행위에 적극 가담하여 이루어진 부동산의 이중매매는 본인이 그러한 사정을 몰랐다면 반사회질서의 법률행위가 되지 않는다. [30]

1.

1) × 안 것만으로는 반사회적 법률행위가 되지 않는다.

ㄴ ○

2) ○

3) ○

4) × 적극 가담하면 반사회적 법률행위로서 무효가 된다.

5) × 직접 말소를 청구할 수 없고, 甲을 대위하여 말소를 청구해야 한다(채권자대위권).

6) ○

7) × 乙은 금전채권자가 아니어서 채권자취소권을 행사할 수 없다.

8) × 甲, 丙 간의 매매는 절대적 무효이므로 丁은 선의라도 소유권을 취득하지 못한다.

ㄴ × 선의의 제3자도 제2매매계약의 유효를 주장할 수 없다(절대적 무효).

9) × 대리행위의 하자는 대리인(戊)을 기준으로 결정하므로 본인(丙)은 선의라도 소유권을 취득하지 못한다.

ㄴ × 본인이 몰랐더라도 반사회질서의 법률행위가 된다.

2. 수증자가 부동산 매도인의 배임행위에 적극 가담하여 체결한 증여계약은 반사회질서의 법률행위로서 무효이다. [24]

2. ○

3. 이미 매도된 부동산임을 알면서도 매도인의 배임행위에 적극 가담하여 이루어진 저당권설정행위는 반사회질서의 법률행위에 해당하여 무효로 된다. [27, 29]

3. ○

4. 부동산이중매매의 법리는 이중으로 부동산임대차계약이 체결되는 경우에도 적용될 수 있다. [32]

4. ○

• 불공정한 법률행위

1. 급부와 반대급부 사이에 현저한 불균형은 피해자의 궁박·경솔·무경험의 정도를 고려하여 당사자의 주관적 가치에 따라 판단한다. [29]

1. × 거래상의 객관적 가치에 의하여 판단한다.

2. 급부와 반대급부 사이에 현저한 불균형이 존재하는지는 법률행위 당시를 기준으로 판단하여야 한다. [28, 29]

2. ○

3. 피해자의 궁박은 정신적·심리적 원인에 의한 것을 포함한다. [15+, 25, 29]

3. ○

4. 무경험이란 거래 일반의 경험부족을 말하는 것이 아니라 해당 특정영역에서의 경험부족을 말한다. [24, 29]

4. × 일반적인 생활체험의 부족을 의미한다.

5. 불공정한 법률행위가 되기 위해서는 피해자에게 궁박, 경솔과 무경험 가운데 어느 하나가 필요하다. [24]

5. ○

6. 대리행위의 경우 궁박과 무경험은 대리인을 기준으로 판단한다. [15+, 17, 18, 25, 28, 29, 31, 34]

6. × 궁박은 본인의 입장에서, 경솔과 무경험은 대리인을 기준으로 판단한다.

7. 계약의 피해당사자가 급박한 곤궁 상태에 있었다면 그 상대방에게 폭리행위의 악의가 없었더라도 불공정한 법률행위는 성립한다. [34]

7. × 폭리자에게 폭리행위의 악의가 있어야 불공정한 법률행위가 성립한다.

ㄴ 폭리행위는 피해자에게 궁박상태가 존재한다는 사실에 대한 폭리자의 인식만으로도 성립한다. [15+]

ㄴ × 폭리자의 인식과 더불어 이를 이용하려는 의사(=폭리행위의 악의)가 있어야 한다.

ㄴ 매도인이 실수로 상가지역을 그보다 가격이 비싼 상업 지역이라 칭하였고, 부동산 거래의 경험이 없는 매수인이 이를 믿고서 실제 가격보다 2배 높은 대금을 지급한 매매계약은 불공정한 법률행위로서 무효이다. [33]

ㄴ × 매도인에게 폭리행위의 악의가 없었으므로 불공정한 법률행위가 성립하지 않는다.

8. 급부와 반대급부 사이에 현저한 불균형이 존재하면 궁박·경솔·무경험은 추정된다. [15+, 18, 24]

8. × 추정되지 않으므로 무효를 주장하는 피해자가 자신의 궁박 등을 입증해야 한다.

9. 불공정행위의 양 당사자는 이미 이행한 것의 반환을 청구할 수 없다. [16]

9. × 피해자는 부당이득반환청구를 할 수 있고, 폭리자는 부당이득반환청구를 할 수 없다.

10. 토지매매가 불공정한 법률행위로 무효이면 그 토지를 전득한 제3자는 선의이더라도 소유권을 취득하지 못한다. [18]

10. ○

11. 불공정한 법률행위로 무효인 경우에도 추인하면 유효로 된다. [20, 25]

11. × 불공정한 법률행위는 추인해도 유효로 될 수 없다.

12. 불공정한 법률행위에도 무효행위의 전환의 법리가 적용될 수 있다. [24, 25, 28, 29, 31, 34]

12. ○

13. 불공정한 법률행위로 불이익을 입는 당사자가 불공정성을 소송 등으로 주장할 수 없도록 하는 부제소합의는 특별한 사정이 없으면 무효이다. [24]

13. ○

14. 증여와 같이 대가적 출연이 없는 무상행위도 불공정한 법률행위가 될 수 있다. [16, 18, 25, 28]

14. × 증여와 같은 무상행위는 불공정한 법률행위가 될 수 없다.

15. 경매에는 불공정한 법률행위에 관한 규정이 적용되지 않는다. [18, 28, 31]

15. ○

└ 경락대금과 목적물의 시가에 현저한 차이가 있는 경우, 불공정한 법률행위가 성립할 수 있다. [34]

└ × 경매는 불공정한 법률행위가 될 수 없다.

└ 경매절차에서 매각대금이 시가보다 현저히 저렴하더라도 불공정한 법률행위를 이유로 그 무효를 주장할 수 없다. [25]

└ ○

5 법률행위의 해석

▶ 그림민법 p.24~25

1. 자연적 해석은 표의자의 진의(＝실제의 의사)를 밝히는 것이다. [15]

1. ○

2. 규범적 해석이란 표의자의 진의가 아니라 표시행위의 객관적 의미를 탐구하는 것을 말한다. [15, 17]

2. ○

3. 甲이 자기 소유의 고화(古畵) 한 점을 乙에게 960만원에 매도할 의사로 청약하였는데 청약서에는 690만원으로 기재되어 매매계약이 체결되었다. 甲의 진의를 알 수 있는 다른 해석 자료가 없어서 690만원에 매매계약이 성립한 것으로 보는 법률행위의 해석방법은 자연적 해석이다. [22]

3. × 규범적 해석이다.

4. 의사표시의 해석에 있어서 당사자의 진정한 의사를 상대방이 안 경우, 의사표시는 표시행위로부터 추단되는 효과의사를 기준으로 하여 해석하여야 한다. [15]

4. × 내심의 효과의사(＝진의)를 기준으로 해석하여야 한다 (자연적 해석).

5. 상대방이 착오자의 진의에 동의하더라도 착오자는 의사표시를 취소할 수 있다. [25]

5. × 착오가 있더라도 표의자의 진의대로 해석한다면 착오 취소의 문제는 생기지 않는다.

6. 임대인이 임대차계약서의 단서조항에 권리금액의 기재 없이 단지 "모든 권리금을 인정함"이라고 기재를 한 경우, 임차인이 나중에 임차권을 승계한 자로부터 권리금을 수수하는 것을 임대인이 용인한 것으로 볼 수 있다. [15]

6. ○

7. 甲과 乙은 토지매매계약을 체결하면서 ○○시 ××동 969의 36에 있는 X토지를 계약의 목적물로 삼기로 합의하였으나, 당사자 쌍방이 모두 그 지번에 관하여 착각을 일으켜 계약서상 매매목적물을 X토지와는 별개인 ○○시 ××동 969의 39에 있는 Y토지로 표시하였고, 소유권이전등기도 Y토지에 관하여 乙 명의로 경료하였다.

7.

1) 甲, 乙 간의 매매계약은 계약서에 표시된 대로 Y토지에 관하여 성립한다. [13, 14, 15+, 27]

1) × 실제로 합의한 X토지에 관하여 성립한다(자연적 해석).

2) Y토지에 관하여 경료된 乙 명의의 소유권이전등기는 무효이다. [13, 15, 15+, 16]

2) ○

3) 乙은 甲에게 X토지에 관하여 등기의 이전을 청구할 수 있다. [15+]

3) ○

4) 甲은 착오를 이유로 Y토지에 대한 매매계약을 취소할 수 있다. [13, 15+, 19, 24, 25, 27, 35]

4) × Y토지에 대한 매매계약은 성립조차 하지 않았으므로 취소의 문제가 생기지 않는다.

5) Y토지가 乙로부터 제3자에게 양도되더라도 제3자는 그 소유권을 취득할 수 없다. [15+]

5) ○

8. 계약당사자의 확정에 관한 문제는 일반적으로 의사표시 해석의 문제이다. [21]

8. ○

9. 행위자가 타인의 이름으로 매매계약을 체결한 경우, 행위자 또는 명의인 중 누구를 계약당사자로 볼 것인가에 관하여 행위자와 상대방의 의사가 일치한 경우에는 그 일치한 의사에 따라 계약의 당사자를 확정하여야 한다. [13, 15]

9. ○

└ 甲이 대리인 乙을 통하여 계약을 체결하는 경우, 상대방 丙이 乙을 통하여 甲과 계약을 체결하려는 데 의사가 일치하였다면 乙의 대리권 존부 문제와는 무관하게 甲과 丙이 그 계약의 당사자가 된다. [21]

└ ○

10. 행위자와 명의자 중 누가 계약당사자인가에 관해 행위자와 상대방의 의사가 불일치하면 합리적인 상대방의 관점에서 계약당사자를 결정한다. [17]

10. ○

11. 乙이 부동산경매절차에서 甲이 제공한 자금으로 자기 명의로 낙찰받은 경우, 부동산의 매수인은 甲이 아니라 乙이다. [21]

11. ○

| 제3장 | 의사표시 |

1 서설
▶ 그림민법 p.26

2 진의 아닌 의사표시
▶ 그림민법 p.27

1. 진의 아닌 의사표시는 표시행위에 상응하는 내심의 효과의사가 없는 것이다. [15]

　　1. ○

2. 진의 아닌 의사표시는 상대방과 통정이 없다는 점에서 통정허위표시와 구별된다. [27, 32]

　　2. ○

3. 비진의표시는 진의와 표시의 불일치를 표의자가 알고 한다는 점에서 착오와 구별된다. [16]

　　3. ○

4. 비진의표시에서 진의란 표의자가 진정으로 마음속에서 바라는 것을 의미한다. [17, 27]

　　4. × 특정한 내용의 의사표시를 하고자 하는 표의자의 생각을 말한다.

└ 진의 아닌 의사표시에서 진의는 특정한 내용의 의사표시를 하고자 하는 표의자의 생각을 말한다. [15, 27]

　　└ ○

5. 강박에 의해 증여의 의사표시를 하였다고 하여 증여의 내심의 효과의사가 결여된 것이라고 할 수 없다. [15, 16, 21, 23]

　　5. ○

6. 표의자가 마음속에서 진정으로 원하지 않았으나 당시의 상황에서는 최선이라고 판단하여 의사표시를 하였다면 비진의표시가 된다. [16]

　　6. × 진의에 의한 의사표시이다.

7. 대출절차상 편의를 위하여 명의를 빌려준 자가 채무부담의 의사를 가졌더라도 그 의사표시는 비진의표시이다. [25]

　　7. × 진의에 의한 의사표시이다.

└ 은행대출한도를 넘은 甲을 위해 乙이 은행대출약정서에 주채무자로 서명날인한 경우, 은행이 그 사정을 알았더라도 乙은 원칙적으로 대출금반환채무를 진다. [19]

　　└ ○

8. 사직의 의사가 없는 사기업의 근로자가 사용자의 지시로 어쩔 수 없이 일괄 사직서를 제출하는 형태의 의사표시는 비진의표시이다. [15, 25]

　　8. ○

└ 자의로 사직서를 제출하여 한 중간퇴직의 의사표시는 비진의표시가 아니다. [19]

　　└ ○

9. 비진의표시라도 표시된 대로 효력이 발생함이 원칙이다. [19, 23, 24, 25]

　　9. ○

└ 매매계약에서 비진의표시는 상대방이 선의이며 과실이 없는 경우에 한하여 유효하다. [16, 25]

　　└ ○

10. 진의 아닌 의사표시는 상대방이 표의자의 진의 아님을 알았거나 알 수 있었을 경우에는 무효이다. [19, 21]

10. ○

└ 상대방이 표의자의 진의 아님을 알았을 경우, 표의자는 진의 아닌 의사표시를 취소할 수 있다. [27, 32]

└ × 취소하지 않더라도 당연히 무효이다.

11. 상대방이 표의자의 진의 아님을 알았다는 것은 무효를 주장하는 자가 증명해야 한다. [25]

11. ○

12. 비진의표시의 무효는 선의의 제3자에게 대항하지 못한다. [16, 27]

12. ○

└ 甲은 그의 X토지를 내심의 의사와는 달리 乙에게 기부하고, 乙 앞으로 이전등기를 마쳤다. 乙로부터 X토지를 매수하여 이전등기를 경료한 丙이 甲의 진의를 몰랐더라도 X토지의 소유권은 여전히 甲에게 있다. [23]

└ × 선의의 丙은 乙의 선·악이나 과실의 유무에 관계없이 소유권을 취득한다.

13. 상대방 있는 단독행위에도 비진의표시에 관한 규정이 적용될 수 있다. [21, 23, 25]

13. ○

14. 공무원의 사직의 의사표시와 같은 사인(私人)의 공법행위에도 진의 아닌 의사표시에 관한 규정이 준용된다. [15]

14. × 공법행위에는 적용되지 않는다. 공법행위는 비진의표시인 경우에도 언제나 유효하다.

15. 대리인이 오직 자기 이익을 꾀할 목적으로 대리권을 남용한 경우, 비진의표시에 관한 규정이 유추적용될 수 있다. [16, 19]

15. ○

└ 대리인의 대리권 남용을 상대방이 알았거나 알 수 있었을 경우, 대리행위는 본인에게 효력이 없다. [25]

└ ○

└ 대리인이 자기의 이익을 위한 배임적 의사표시를 하였고 상대방도 이를 안 경우, 본인은 그 대리인의 행위에 대하여 책임이 없다. [28]

└ ○

3 통정허위표시

▶ 그림민법 p.28~29

1. 통정허위표시는 표의자가 의식적으로 진의와 다른 표시를 한다는 것을 상대방이 알았다면 성립한다. [33]

1. × 안 것만으로는 부족하고 상대방과의 통정(통모, 합의)이 있어야 한다.

└ 통정허위표시가 성립하기 위해서는 진의와 표시의 불일치에 관하여 상대방과 합의가 있어야 한다. [30]

└ ○

2. 통정허위표시로서 무효인 법률행위라도 채권자취소권의 대상이 될 수 있다. [30, 35]

2. ○

3. 민법 제108조 제2항에 따라 보호받는 선의의 제3자에 대해서는 그 누구도 통정허위표시의 무효로써 대항할 수 없다. [33]

3. ○

4. 甲은 채권자 A의 강제집행을 면탈할 목적으로 乙과 통정하여 자신의 부동산에 관하여 허위의 매매계약을 체결하고 乙 명의로 소유권이전등기를 해 두었다.

1) 甲, 乙 간의 매매계약은 상대방과 통정하여 허위로 체결한 것이므로 무효이다.
[22, 28, 35]

2) 甲과 乙은 매매계약에 따른 채무를 이행할 필요가 없다. [27]

3) 甲은 乙에게 원인무효를 이유로 부당이득반환을 청구할 수 없다. [15+]

4) 甲은 乙에 대하여 등기의 말소를 청구할 수 있다. [14]

└ 甲은 乙에게 진정명의회복을 원인으로 한 소유권이전등기를 청구할 수 있다.
[22]

5. 甲은 채권자 A의 강제집행을 면탈할 목적으로 乙과 통정하여 자신의 부동산에 관하여 허위의 매매계약을 체결하고 乙 명의로 소유권이전등기를 해 두었다. 그런데 乙은 자신이 등기명의인이 된 것을 기화로 丙에게 그 부동산을 매도하고 소유권이전등기를 해 주었다.

1) 甲과 乙 사이의 매매는 가장매매이므로 丙의 소유권이전등기는 언제나 무효이다.
[13]

└ 甲은 선의의 丙을 상대로 등기의 말소를 청구할 수 없다. [14, 27]

└ 甲은 악의의 丙에 대하여 부동산의 반환을 청구할 수 있다. [13, 14]

2) 선의의 丙이 취득한 부동산은 A에 의한 강제집행의 대상이 될 수 없다. [15+]

3) 丙이 선의라도 과실이 있으면 소유권을 취득하지 못한다. [27]

└ 丙이 선의인 경우, 선의에 대한 과실의 유무를 묻지 않고 丙이 소유권을 취득한다. [35]

4) 甲이 자신의 소유권을 주장하려면 丙의 악의를 증명해야 한다. [27]

└ 丙이 악의라는 사실에 관한 증명책임은 허위표시의 무효를 주장하는 자에게 있다. [35]

└ 통정허위표시의 무효에 대항하려는 제3자는 자신이 선의라는 것을 증명하여야 한다. [32]

정답

4.

1) ○

2) ○

3) × 허위표시 자체가 반사회적 법률행위인 것은 아니므로 부당이득반환을 청구할 수 있다.

4) ○

└ ○

5.

1) × 丙이 선의인 경우에는 유효하다(제108조 제2항).

└ ○

└ ○

2) ○

3) × 허위표시의 제3자는 선의이면 족하고 과실 유무는 묻지 않는다.

└ ○

4) ○

└ ○

└ × 허위표시의 제3자는 선의로 추정되므로 자신의 선의를 입증할 책임이 없다.

5) 丙이 선의로 매수하여 소유권이전등기를 한 경우에도 그 이후에 가장매매인 것을 알게 되면 丙은 가장매매의 무효를 주장할 수 있다. [13, 14]

5) ○

6) 丙이 선의인 경우에도 丙으로부터 그 부동산을 매수한 丁이 악의이면, 甲은 丁에게 등기의 말소를 청구할 수 있다. [13]

6) × 제3자가 선의이면 전득 자는 악의라도 권리를 취득한다 (엄폐물의 법칙).

7) 만약 악의의 丙이 선의의 丁에게 X부동산을 매도하고 소유권이전등기를 해 주더라도 丁은 소유권을 취득하지 못한다. [35]

7) × 악의의 제3자로부터 선 의로 전득한 자도 제108조 제 2항의 제3자에 포함된다.

6. 甲은 강제집행을 면하기 위하여 乙과 통모하여 그의 부동산을 매매의 형식을 빌려 乙 명의로 소유권이전등기를 마쳤고, 乙은 그 사정을 모르는 丙에게 저당권을 설정해 주면서 금원을 차용하였다.

6.

1) 丙이 과실로 가장매매사실을 모른 경우에도 丙의 저당권은 보호된다. [22]

1) ○

2) 丙의 저당권실행으로 甲에게 손해가 발생한 경우, 甲은 乙에게 손해배상을 청구할 수 있다. [22]

2) ○

3) 丙의 저당권실행으로 제3자가 부동산을 매수한 경우, 甲은 乙에게 부당이득금의 반환을 구할 수 없다. [22]

3) × 부당이득반환을 구할 수 있다(원물반환이 불능이므로 가액을 반환. 제747조 제1항).

7. 가장행위가 무효이면 당연히 은닉행위도 무효이다. [33]

7. × 가장행위는 무효이지만 은닉행위는 유효할 수 있다.

└ 통정허위표시에서 은닉행위는 그것이 숨겨져 있다는 이유로 무효가 될 수 없다. [15+]

└ ○

└ 甲이 그 소유의 토지를 乙에게 증여하면서 매매를 한 것처럼 꾸며 소유권이전 등기를 해 준 경우, 乙은 그 토지의 소유권을 취득한다. [21]

└ ○

8. 甲은 乙에게 자신의 토지를 증여하기로 합의하였다. 그러나 세금문제를 염려 하여 甲과 乙은 마치 매도하는 것처럼 계약서를 꾸며서 소유권이전등기를 하였다.

8.

1) 甲과 乙 사이의 증여계약은 유효이지만, 매매계약은 무효이다. [16, 18, 29, 30]

1) ○

2) 乙 명의의 등기는 효력이 있다. [16]

2) ○

3) 甲은 乙을 상대로 소유권이전등기의 말소를 청구할 수 없다. [18]

3) ○

4) 乙이 이러한 사실을 안 丙에게 위 토지를 매도하고 소유권이전등기를 한 경우, 甲은 丙을 상대로 등기의 말소를 청구할 수 있다. [16, 18, 29]

4) × 乙이 이미 소유권을 취득 하였으므로 丙은 선·악을 불 문하고 소유권을 취득한다.

9. 허위표시의 무효로 대항할 수 없는 선의의 제3자에 해당하는 자는?

1) 가장양수인으로부터 소유권이전등기청구권 보전을 위한 가등기를 경료받은 자 [23]

2) 가장양수인으로부터 저당권을 설정받은 자 [23]

3) 가장소비대차에 따른 대여금채권의 양수인 [33]

4) 통정허위표시에 의한 채권을 가압류한 자 [26, 31]

└ 가장행위에 기한 근저당권부채권을 가압류한 자 [23]

└ 가장전세권자의 전세권부채권을 가압류한 자 [23]

5) 가장채무를 보증하고 그 보증채무를 이행한 보증인 [31, 34]

6) 파산선고를 받은 가장채권자의 파산관재인 [31, 34]

└ 통정허위표시의 무효로 대항할 수 없는 제3자에 해당하는지의 여부를 판단할 때, 파산관재인은 파산채권자 모두가 악의로 되지 않는 한 선의로 다루어진다. [30]

└ 통정허위표시의 무효로 대항할 수 없는 제3자에 해당하는지를 판단할 때 파산관재인은 파산채권자 일부가 선의라면 선의로 다루어진다. [32]

7) 통정허위표시에 의해 설정된 전세권에 대해 저당권을 설정받은 자 [26, 31]

8) 통정허위표시에 의해 체결된 제3자를 위한 계약에서 제3자 [23, 26]

9) 채권의 가장양도에서 변제 전 채무자 [31]

10) 대리인의 통정허위표시에서 본인 [26]

└ 대리인이 본인 몰래 대리권의 범위 안에서 상대방과 통정허위표시를 한 경우, 본인은 선의의 제3자로서 그 유효를 주장할 수 있다. [33]

11) 차주와 통정하여 가장소비대차계약을 체결한 금융기관으로부터 그 계약을 인수한 자 [34]

9.

1) ○

2) ○

3) ○

4) ○

└ ○

└ ○

5) ○

6) ○

└ ○

└ ○

7) ○

8) × 수익자는 새로운 이해관계를 맺은 것이 아니어서 허위표시의 제3자가 될 수 없다.

9) × 이 경우의 채무자는 허위표시를 기초로 하여 새로운 이해관계를 맺은 자가 아니므로 허위표시의 제3자에 해당되지 않는다.

10) × 계약의 당사자인 본인은 제3자가 될 수 없다.

└ × 上同

11) × 계약인수를 한 자는 계약당사자의 지위를 승계하였으므로 제3자가 될 수 없다.

4 착오로 인한 의사표시

▶ 그림민법 p.30~31

1. 부동산거래계약서에 서명·날인한다는 착각에 빠진 상태로 연대보증의 서면에 서명·날인한 경우에는 표시상의 착오에 해당한다. [28]

1. ○

ㄴ 제3자의 기망행위로 신원보증서면에 서명한다는 착각에 빠져 연대보증서면에 서명한 경우, 사기를 이유로 의사표시를 취소할 수 있다. [19]

ㄴ × 의사(＝신원보증)와 표시 (＝연대보증)가 불일치하는 경우 이므로, 사기가 아닌 착오를 이유로 취소해야 한다.

2. 법률에 관한 착오도 법률행위 내용의 중요부분에 관한 착오에 해당될 수 있다. [25]

2. ○

3. 토지를 매수하였는데 법령상의 제한으로 인하여 매수인이 그 토지를 의도한 목적대로 사용할 수 없게 된 경우, 동기의 착오에 해당한다. [15, 23]

3. ○

4. 동기의 착오를 이유로 법률행위를 취소하기 위해서는 당사자 사이에 동기를 의사표시의 내용으로 하는 합의가 있음을 요한다. [17]

4. × 동기가 상대방에게 표시 되면 족하고 별도의 합의까지는 요하지 않는다.

5. 상대방에 의해 유발된 동기의 착오는 그 동기가 표시되지 않았더라도 중요부분의 착오가 될 수 있다. [19, 23, 28]

5. ○

ㄴ 토지소유자가 공무원의 법령오해에 따른 설명으로 착오에 빠져 토지를 국가에 증여한 경우, 이를 취소할 수 있다. [25]

ㄴ ○

6. 착오에 의한 의사표시로 표의자가 경제적 불이익을 입지 않더라도 착오를 이유로 그 의사표시를 취소할 수 있다. [26]

6. × 경제적 불이익을 입지 않 았다면 중요부분의 착오가 아 니므로 취소할 수 없다.

ㄴ 보증인이 주채무자 소유의 부동산에 가압류등기가 없다고 믿고 보증하였더라도 그 가압류가 원인무효로 밝혀졌다면 착오를 이유로 의사표시를 취소할 수 없다. [19, 23]

ㄴ ○

7. 농지의 상당 부분이 하천임을 사전에 알았더라면 농지매매계약을 체결하지 않았을 것이 명백한 경우, 법률행위 내용의 중요부분의 착오에 해당될 수 있다. [25]

7. ○

8. 부동산매매에서 시가에 관한 착오는 일반적으로 법률행위의 중요부분에 관한 착오에 해당한다. [15, 16]

8. × 동기의 착오에 불과하다.

9. 건물과 그 부지를 현상대로 매수한 경우에 부지의 지분이 미미하게 부족하다면, 매매계약의 중요부분의 착오가 되지 아니한다. [15, 28]

9. ○

10. 법령상 공장건축이 불가능한 토지임을 쉽게 알 수 있었던 자가 공장설립을 목적으로 이를 매수했더라도 그에게 중대한 과실이 있다고 할 수 없다. [17]

┗ 甲은 乙과 토지매매계약을 체결하였다. 매수인 乙은 그 토지에 공장을 건축할 계획이었으나 허가를 받을 수 없는 것으로 판명되었다. 乙은 설령 계약 전에 공장건축이 가능한지 여부를 알아보지 않았더라도 매매계약을 취소할 수 있다. [14]

11. 공인중개사를 통하지 않고 토지거래를 하는 경우, 토지대장 등을 확인하지 않은 매수인은 매매목적물의 동일성에 착오가 있더라도 착오를 이유로 매매계약을 취소할 수 없다. [23]

12. 상대방이 표의자의 착오를 알고 이용한 경우, 표의자는 착오가 중대한 과실로 인한 것이더라도 의사표시를 취소할 수 있다. [31, 35]

┗ 착오가 표의자의 중대한 과실로 인한 경우에는 상대방이 표의자의 착오를 알고 이용하였더라도 표의자는 의사표시를 취소할 수 없다. [26, 28]

13. 표의자의 중대한 과실의 유무는 착오에 의한 의사표시의 효력을 부인하는 자가 증명하여야 한다. [19]

14. 당사자 사이에 착오를 이유로 하여 취소할 수 없음을 약정한 경우, 표의자는 착오를 이유로 의사표시를 취소할 수 없다. [15, 28]

15. 표의자가 착오를 이유로 의사표시를 취소한 경우, 취소된 의사표시로 인해 손해를 입은 상대방은 불법행위를 이유로 손해배상을 청구할 수 있다. [16, 26, 31]

16. 매수인의 중도금 미지급을 이유로 매도인이 계약을 적법하게 해제한 후에도 매수인은 계약해제에 따른 불이익을 면하기 위하여 착오를 이유로 계약을 취소할 수 있다. [13, 15, 19, 22, 23, 25, 26, 29, 31, 32, 35]

17. 착오가 타인의 기망행위에 의하여 발생한 경우, 표의자는 그 요건을 입증하여 착오 또는 사기를 이유로 의사표시를 취소할 수 있다. [15]

18. 매도인의 하자담보책임이 성립하더라도 착오를 이유로 한 매수인의 취소권은 배제되지 않는다. [31]

19. 착오로 인한 의사표시의 취소는 선의의 제3자에게 대항하지 못한다. [35]

---

10. × 관할관청에 문의하지 않은 것은 중대한 과실에 해당한다.

┗ × 중대한 과실이 있으므로 취소할 수 없다.

11. ○

12. ○

┗ × 그러한 상대방은 보호할 가치가 없으므로 취소할 수 있다.

13. × 의사표시의 효력을 부인하는 자란 의사표시를 취소하려는 자(=표의자)를 말하는바, 중대한 과실의 유무는 표의자가 아닌 상대방이 증명해야 한다.

14. ○

15. × 착오를 이유로 취소하는 것은 불법행위가 아니므로 손해배상을 청구할 수 없다.

16. ○

17. ○

18. ○

18. ○

5 하자 있는 의사표시

▶ 그림민법 p.32~33

1. 타인의 과실 있는 기망행위로 인하여 착오에 빠져서 한 의사표시는 사기를 이유로 취소할 수 있다. [15+]

1. ✕ 과실에 의한 사기는 인정되지 않는다.

2. 교환계약의 당사자 일방이 자기 소유의 목적물의 시가에 관하여 침묵한 것은 특별한 사정이 없는 한 기망행위에 해당한다. [21, 25, 32, 35]

2. ✕ 교환계약의 당사자는 상대방에게 목적물의 시가를 고지할 의무가 없으므로 기망에 해당하지 않는다.

└ 교환계약의 당사자 일방이 그가 소유하는 목적물의 시가를 허위로 시가보다 높게 고지한 경우, 상대방은 원칙적으로 사기를 이유로 교환계약을 취소할 수 있다. [14, 15, 19, 24]

└ ✕ 상대방의 의사결정에 불법적인 간섭을 한 것으로 볼 수 없으므로 사기에 해당하지 않는다.

3. 아파트분양자가 아파트단지 인근에 공동묘지가 조성되어 있다는 사실을 분양계약자에게 고지하지 않은 것은 기망행위에 해당한다. [27, 35]

3. ○

4. 분양회사가 상가를 분양하면서 그곳에 첨단 오락타운을 조성하여 수익을 보장한다는 다소 과장된 선전광고를 하는 것은 위법한 기망행위에 해당한다. [27]

4. ✕ 일반 상거래의 관행과 신의칙에 비추어 시인될 수 있으므로 기망성이 없다.

5. 강박으로 인해 의사결정의 자유가 완전히 박탈되어 법률행위의 외형만 갖춘 의사표시는 무효이다. [17, 23, 25]

5. ○

6. 부정행위에 대한 고소·고발은 그것이 부정한 이익의 취득을 목적으로 하더라도 정당한 권리행사로서 위법성이 부정되어 강박행위에 해당되지 않는다. [15]

6. ✕ 고소·고발도 부정한 이익을 목적으로 하는 것일 때에는 위법한 강박행위가 된다.

7. 상대방 있는 의사표시에 관하여 제3자가 사기나 강박을 행한 경우, 상대방이 그 사실을 알았거나 알 수 있었을 때에 한하여 그 의사표시를 취소할 수 있다. [13, 18, 21, 23, 27]

7. ○

└ 제3자의 사기로 인해 의사표시를 한 표의자는 상대방이 그 사실을 과실 없이 알지 못한 때에도 그 의사표시를 취소할 수 있다. [19]

└ ✕ 상대방이 선의·무과실인 때에는 취소할 수 없다.

8. '제3자의 강박'에 의한 의사표시에서 상대방의 대리인은 제3자에 포함되지 않는다. [35]

8. ○

└ 甲의 대리인 乙의 사기로 乙에게 매수의사를 표시한 丙은 甲이 그 사실을 알지 못한 경우에도 사기를 이유로 그 의사표시를 취소할 수 있다. [14, 15+, 18, 19]

└ ○

└ 대리인의 기망행위로 계약을 체결한 상대방은 본인이 선의이면 계약을 취소할 수 없다. [25, 27, 31]

└ ✕ 상대방의 입장에서 본인과 대리인은 동일시할 수 있으므로, 본인이 선의라도 상대방은 계약을 취소할 수 있다.

9. 제3자의 사기로 인하여 매매계약을 체결하여 손해를 입은 자가 그 제3자에 대해 불법행위로 인한 손해배상을 청구하기 위해서는 먼저 매매계약을 취소하여야 한다. [16, 18, 25]

9. × 계약을 취소하지 않고서도 제3자에게 불법행위로 인한 손해배상을 청구할 수 있다.

10. 사기를 이유로 의사표시를 취소한 자는 사기에 의한 의사표시를 기초로 하여 새로운 법률원인으로써 이해관계를 맺은 선의의 제3자에 대하여 대항하지 못한다. [15]

10. ○

└ 甲은 乙의 기망행위로 자기 소유의 건물을 乙에게 매도하고 소유권을 이전하였다. 乙이 그 건물을 선의의 丙에게 양도한 경우, 甲은 乙과의 매매계약을 취소하고 丙에게 건물의 반환을 청구할 수 있다. [15, 18]

└ × 사기를 이유로 한 취소는 선의의 제3자에게 대항하지 못하므로, 甲은 丙에게 건물의 반환을 청구할 수 없다.

11. 사기나 강박에 의한 소송행위는 원칙적으로 취소할 수 있다. [16, 25]

11. × 소송행위와 같은 공법행위에는 민법 제110조가 적용되지 않는다.

12. 매도인의 기망에 의해 하자 있는 물건을 매수한 매수인은 매도인의 담보책임만 물을 수 있고 사기를 이유로 한 취소권을 행사할 수는 없다. [15, 15+]

12. × 하자담보책임과 사기로 인한 취소는 경합하므로, 어느 쪽이든 선택적으로 행사할 수 있다.

13. 아파트분양자에게 기망행위가 인정된다면, 분양계약자는 기망을 이유로 분양계약을 취소하거나 취소를 원하지 않을 경우 손해배상만을 청구할 수도 있다. [27]

13. ○

6 의사표시의 효력발생

▶ 그림민법 p.34

1. 상대방 있는 의사표시는 상대방에게 도달한 때에 그 효력이 생긴다. [16, 24]

1. ○

2. 의사표시의 도달이란 사회관념상 상대방이 그 내용을 알 수 있는 객관적 상태에 있음을 뜻한다. [16]

2. ○

└ 의사표시의 도달은 표의자의 상대방이 통지를 현실적으로 수령한 것을 의미한다. [17]

└ × 도달이란 현실적인 통지의 수령이나 그 내용에 대한 요지(了知)를 의미하는 것이 아니다.

└ 甲의 의사표시가 乙에게 도달되었다고 보기 위해서는 乙이 그 내용을 알았을 것을 요한다. [35]

└ × 알지 못하더라도 알 수 있는 상태에 놓이면 효력이 발생한다.

└ 甲은 乙과 체결한 매매계약에 대한 적법한 해제의 의사표시를 내용증명우편을 통하여 乙에게 발송하였다. 乙이 甲의 해제의 의사표시를 실제로 알아야 해제의 효력이 발생한다. [30]

└ × 上同

3. 상대방이 정당한 사유 없이 통지의 수령을 거절한 경우에도 그가 통지의 내용을 알 수 있는 객관적 상태에 놓인 때에 의사표시의 효력이 생긴다. [27, 35]

3. ○

ㄴ 매매계약을 해제하겠다는 내용증명우편이 상대방에게 도착하였으나 상대방이 정당한 사유 없이 그 우편물의 수취를 거절한 경우, 해제의 의사표시가 도달한 것으로 볼 수 있다. [27]

ㄴ ○

4. 의사표시가 발송된 후라도 도달하기 전에는 표의자는 그 의사표시를 철회할 수 있다. [22, 28]

4. ○

ㄴ 甲은 乙과 체결한 매매계약에 대한 적법한 해제의 의사표시를 내용증명우편을 통하여 乙에게 발송하였다. 甲은 내용증명우편이 乙에게 도달한 후에도 일방적으로 해제의 의사표시를 철회할 수 있다. [30]

ㄴ × 의사표시가 상대방에게 도달한 후에는 철회할 수 없다 (의사표시의 자기구속력).

5. 표의자가 의사표시를 발송한 후 사망하여도 그 의사표시의 효력에 영향을 미치지 않는다. [24]

5. ○

ㄴ 매매의 청약이 상대방에게 도달하더라도 그 전에 청약자가 사망한 경우에는 청약은 그 효력이 생기지 않는다. [16, 18, 27, 35]

ㄴ × 청약은 그대로 효력이 발생한다.

ㄴ 甲이 자기 소유 주택을 乙에게 매도의사로 청약하였는데, 乙이 승낙한 후 사망하였지만 그 의사표시가 甲에게 도달한 경우, 계약이 성립한다. [18]

ㄴ ○

ㄴ 甲은 乙과 체결한 매매계약에 대한 적법한 해제의 의사표시를 내용증명우편을 통하여 乙에게 발송하였다. 甲이 그 후 사망하면 해제의 의사표시는 효력을 잃는다. [30]

ㄴ × 해제한 자가 사망하더라도 해제는 효력이 발생한다.

6. 표의자가 의사표시를 발송한 후 제한능력자가 되어도 그 의사표시의 효력에는 영향이 없다. [22, 24, 27]

6. ○

7. 의사표시가 기재된 내용증명우편이 발송되고 달리 반송되지 않았다면 특별한 사정이 없는 한 그 의사표시는 도달된 것으로 본다. [22, 27, 30]

7. ○

ㄴ 의사표시가 등기우편의 방법으로 발송된 경우, 상당한 기간 내에 도달되었다고 추정할 수 없다. [35]

ㄴ × 추정할 수 있다.

ㄴ 보통우편의 방법으로 발송된 사실만으로는 발송일로부터 상당한 기간 내에 수취인에게 도달된 것으로 추정할 수 없다. [16, 24]

ㄴ ○

8. 甲의 乙에 대한 의사표시에서 乙이 의사표시를 받은 때에 제한능력자이더라도 甲은 원칙적으로 그 의사표시의 효력을 주장할 수 있다. [35]

8. × 의사표시의 상대방이 제한능력자인 경우, 표의자는 의사표시의 효력발생을 주장할 수 없다.

9. 청약 발신 후 그 도달 전에 청약의 상대방이 제한능력자가 된 경우, 그 법정대리인이 청약 도달사실을 알았더라도 청약자는 상대방에게 그 청약으로써 대항할 수 없다. [17, 23]

9. × 법정대리인이 안 후에는 표의자도 의사표시의 효력을 주장할 수 있다.

10. 甲은 乙과 체결한 매매계약에 대한 적법한 해제의 의사표시를 내용증명우편을 통하여 乙에게 발송하였다. 甲의 내용증명우편이 乙에게 도달한 후 乙이 성년후견개시의 심판을 받은 경우, 甲의 해제의 의사표시는 효력을 잃는다. [30]

10. × 상대방이 의사표시의 수령 당시 제한능력자가 아니었으므로 해제는 정상적으로 효력이 발생한다.

11. 표의자가 과실 없이 상대방의 소재를 알지 못하는 경우에는 민사소송법의 공시송달규정에 의하여 의사표시를 송달할 수 있다. [16, 22, 24, 28]

11. ○

제**4**장 **법률행위의 대리**

1 총설
▶ 그림민법 p.35

2 대리권
▶ 그림민법 p.36~37

▷ 대리권의 발생

1. 대리권수여행위는 위임장을 작성·교부하지 않더라도 성립하는 불요식행위이다. [17]

   1. ○

ㄴ 수권행위는 불요식행위로서 묵시적인 방법에 의해서도 가능하다. [30]

   ㄴ ○

ㄴ 수권행위는 묵시적인 의사표시에 의하여도 할 수 있다. [33]

   ㄴ ○

▷ 대리권의 범위

1. 대리권의 범위를 정하지 않은 경우, 대리인은 보존행위를 할 수 있다. [27, 29]

   1. ○

ㄴ 권한을 정하지 아니한 대리인은 보존행위만을 할 수 있다. [30]

   ㄴ × 성질이 변하지 않는 범위에서 이용·개량행위도 할 수 있다.

2. 권한을 정하지 않은 임의대리인이 본인 소유의 미등기 부동산에 대한 보존등기를 하기 위해서는 본인의 특별수권이 있어야 한다. [22, 23, 28]

   2. × 보존행위이므로 특별수권을 요하지 않는다.

3. 대리권의 범위가 명확하지 않은 임의대리인은 소의 제기로 소멸시효를 중단시키는 행위를 할 수 있다. [22]

   3. ○

4. 대리권의 범위가 명확하지 않은 임의대리인은 부패하기 쉬운 물건의 매각행위를 할 수 있다. [22]

   4. ○

5. 수권행위로 권한을 정하지 않은 경우, 대리인은 대리의 목적인 물건이나 권리의 성질이 변하지 않는 범위에서 그 이용행위를 할 수 있다. [24]

   5. ○

6. 대리권의 범위가 명확하지 않은 임의대리인은 무이자 금전소비대차를 이자부로 변경하는 행위를 할 수 있다. [22]

   6. ○

7. 대리권의 범위가 명확하지 않은 임의대리인은 본인의 은행예금을 찾아 보다 높은 금리로 개인에게 빌려주는 행위를 할 수 있다. [22]

   7. × 개량행위이지만 권리의 성질이 변하므로 할 수 없다.

8. 매매계약의 체결과 이행에 관하여 포괄적으로 대리권을 수여받은 대리인은 중도금이나 잔금을 수령할 권한이 있다. [17, 20, 25, 27, 29, 30, 33, 34]

   8. ○

9. 매매계약의 체결과 이행에 관하여 포괄적으로 대리권을 수여받은 대리인은 특별한 사정이 없는 한 상대방에 대하여 약정된 매매대금지급기일을 연기하여 줄 권한은 없다. [20, 29]

9. × 포괄적 대리권을 수여받은 대리인은 대금지급기일을 연기해 줄 권한도 있다.

10. 甲이 乙에게 금전소비대차 및 담보권설정계약을 체결할 대리권을 수여한 경우, 원칙적으로 乙은 위 계약을 해제할 권한도 있다. [16, 27]

10. × 해제는 처분행위여서 별도의 수권이 있어야 할 수 있다.

ㄴ 甲은 자신의 X토지를 매도하기 위해 乙에게 대리권을 수여하였고, 乙은 甲을 위한 것임을 표시하고 X토지에 대하여 丙과 매매계약을 체결하였다. 丙의 채무불이행이 있는 경우, 乙은 특별한 사정이 없는 한 계약을 해제할 수 없다. [29, 34, 35]

ㄴ ○

▷ 대리권의 남용

1. 대리인이 오직 자기 이익을 꾀할 목적으로 대리권을 남용한 경우, 비진의표시에 관한 규정이 유추적용될 수 있다. [16, 19]

1. ○

2. 대리인의 대리권남용을 상대방이 알았거나 알 수 있었을 경우, 그 대리행위는 본인에게 효력이 없다. [25]

2. ○

ㄴ 대리인이 자기의 이익을 위하여 배임적 대리행위를 하였고 상대방도 이를 안 경우, 그 대리행위는 본인에게 효력을 미친다. [34]

ㄴ × 상대방이 안 경우 배임적 대리행위는 본인에게 효력이 미치지 않는다.

ㄴ 대리인이 자기의 이익을 위한 배임적 의사표시를 하였고 상대방도 이를 안 경우, 본인은 그 대리인의 행위에 대하여 책임이 없다. [28]

ㄴ ○

▷ 대리권의 제한

1. 부동산입찰절차에서 동일 물건에 관하여 이해관계가 다른 2인 이상의 대리인이 된 경우에는 그 대리인이 한 입찰은 무효이다. [20]

1. ○

2. 甲은 그 소유의 X건물을 매도하기 위하여 乙에게 대리권을 수여하였다. 乙은 甲의 허락이 있으면 甲을 대리하여 자신을 X건물의 매수인으로 하는 계약을 체결할 수 있다. [30, 33]

2. ○

3. 대리인은 본인의 허락이 있으면 당사자 쌍방을 대리할 수 있다. [25]

3. ○

4. 본인의 허락이 없어도 다툼이 있는 채무의 이행에 대하여 자기계약이나 쌍방대리가 허용된다. [17]

4. × 다툼이 없는 채무의 이행일 때에만 자기계약이나 쌍방대리가 허용된다.

5. 대리인에 대한 본인의 금전채무가 기한이 도래한 경우, 대리인은 본인의 허락 없이는 그 채무를 변제하지 못한다. [27]

5. × 다툼이 없고 기한이 도래한 채무의 이행은 본인의 허락 없이도 자기계약이나 쌍방대리를 할 수 있다.

6. 부동산 매도인과 매수인 쌍방을 대리한 등기신청행위는 허용된다. [19, 20]

6. ○

7. 본인의 허락이 없는 자기계약도 본인이 추인하면 유효한 대리행위가 될 수 있다. [28]

7. ○

8. 대리인이 여럿인 때에는 법률 또는 수권행위에서 달리 정하지 않은 한 공동으로 본인을 대리한다. [16, 24, 25, 27, 29, 30, 31, 33]

8. × 각자대리가 원칙이다.

9. 본인이 수권행위로 공동대리를 정한 경우에는 수동대리도 공동으로 하여야 한다. [13]

9. × 수동대리에는 공동대리의 제한이 적용되지 않는다.

▷ 대리권의 소멸

1. 본인의 사망, 성년후견개시, 파산은 대리권의 소멸사유이다. [16]

1. × 본인의 성년후견개시나 파산은 대리권의 소멸사유가 아니다.

2. 대리인이 사망하면 특별한 사정이 없는 한 그 상속인에게 그 대리권이 승계된다. [33]

2. × 대리인이 사망하면 대리권은 소멸한다.

3. 대리인에 대하여 성년후견이 개시되면 대리권은 소멸한다. [24]

3. ○

4. 대리인이 한정후견심판을 받으면 대리권은 소멸한다. [18, 30]

4. × 대리인의 성년후견개시는 대리권소멸사유이나, 한정후견개시는 소멸사유가 아니다.

5. 대리인이 파산선고를 받아도 그의 대리권은 소멸하지 않는다. [25]

5. × 대리인의 파산은 대리권의 소멸사유이다.

6. 甲은 그 소유의 X건물을 매도하기 위하여 乙에게 대리권을 수여하였다. 乙이 대리행위를 하기 전에 甲이 그 수권행위를 철회한 경우, 특별한 사정이 없는 한 乙의 대리권은 소멸한다. [30, 33]

6. ○

↳ 임의대리의 경우 원인된 법률관계가 종료하기 전에는 본인은 수권행위를 철회하여 대리권을 소멸시킬 수 없다. [31]

↳ × 본인은 원인된 법률관계가 종료하기 전에도 수권행위를 철회할 수 있다.

7. 수권행위의 철회는 임의대리권과 법정대리권의 공통적 소멸원인이다. [19]

7. × 수권행위의 철회는 임의대리권의 특유한 소멸원인이다.

3 대리행위

▶ 그림민법 p.38

▷ 현명주의

1. 甲의 대리인 乙은 甲 소유 부동산을 丙에게 매도하기로 약정하였다. 乙이 매매계약서에 甲의 이름을 기재하고 甲의 인장을 날인한 때에도 유효한 대리행위가 될 수 있다. [24]

1. ○

2. 甲의 대리인 乙이 丙 소유의 부동산을 매수하면서 甲을 위한 것임을 표시하지 않은 경우라도 매매계약은 특별한 사정이 없는 한 甲을 위한 것으로 본다. [15+, 24]

2. × 대리인이 현명하지 않은 경우 그 의사표시는 대리인(乙) 자신을 위한 것으로 본다.

└ 甲의 대리인 乙이 丙과 매매계약을 체결하면서 甲의 대리인임을 표시하지 않고 자신을 매수인으로 표시한 경우, 乙의 의사표시는 자신을 위한 것으로 추정한다. [16]

└ × 추정한다 → 본다(간주)

3. 甲의 대리인 乙이 계약을 체결하면서 甲의 위임장을 상대방에게 제시하였으나 계약서에는 乙의 이름만 기재한 경우, 甲을 대리하여 계약을 체결한 것으로 볼 수 없다. [15+, 20]

3. × 丙은 乙이 대리인임을 알았거나 알 수 있었으므로 乙이 甲을 대리하여 계약을 체결한 것으로 볼 수 있다.

└ 甲은 자신의 토지에 관한 매매계약 체결을 위해 乙에게 대리권을 수여하였다. 乙이 丙에게 甲의 위임장을 제시하고 계약을 체결하면서 계약서상 매도인을 乙로 기재한 경우, 甲에게 그 계약의 효력이 미치지 않는다. [35]

└ × 丙은 乙이 대리인임을 알았거나 알 수 있었으므로 계약의 효력은 甲에게 미친다.

▷ 대리행위의 하자

1. 甲이 대리인 乙을 통하여 丙과 계약을 체결한 경우, 의사의 흠결 혹은 사기·강박은 乙을 표준하여 결정하고, 어느 사정의 지(知)·부지(不知)로 인하여 계약의 효력이 영향을 받을 경우에 그 사실의 유무는 甲을 표준하여 결정한다. [13]

1. × 의사의 흠결이나 하자뿐만 아니라 어느 사정에 대한 지(知)·부지(不知)도 대리인(乙)을 표준하여 결정한다.

└ 대리행위에 있어서 진의 아닌 의사표시인지 여부는 대리인을 표준으로 결정한다. [27]

└ ○

2. 대리행위의 하자로 인한 취소권은 원칙적으로 대리인에게 귀속된다. [33]

2. × 본인에게 귀속한다.

└ 甲의 임의대리인 乙은 甲 소유의 부동산을 丙에게 매도하기로 약정하였다. 乙이 丙의 기망행위로 매매계약을 체결한 경우, 甲은 이를 취소할 수 있다. [24]

└ ○

3. 甲의 대리인 乙이 丙의 배임행위에 적극 가담하여 甲을 대리하여 丙 소유 토지를 이중으로 매수한 경우, 그 사정을 모르는 甲은 유효하게 토지소유권을 취득한다. [15, 26]

3. × 적극가담 여부는 대리인(乙)을 기준으로 결정하므로, 본인(甲)은 선의라도 소유권을 취득하지 못한다.

4. 甲의 대리인 乙은 甲을 대리하여 甲 소유의 X부동산에 관한 매매계약을 丙과 체결하였다. 매매계약이 불공정한 법률행위인지가 문제된 경우, 매도인의 경솔, 무경험 및 궁박 상태의 여부는 乙을 기준으로 판단한다. [31]

4. × 경솔과 무경험은 乙(대리인)을 기준으로 판단하고, 궁박은 甲(본인)의 입장에서 판단한다.

▷ 대리인의 능력

1. 대리인은 의사능력자임을 요하지 않는다. [17]

1. × 대리인이라도 의사능력은 필요하다.

↳ 의사능력 없는 대리인의 대리행위는 무효이다. [19]

↳ ○

2. 미성년자 乙이 甲을 대리하여 丙과 계약을 체결한 경우, 甲은 乙이 제한능력자임을 이유로 그 계약을 취소할 수 있다. [14, 16, 24]

2. × 대리인은 행위능력자임을 요하지 않으므로, 甲은 그 계약을 취소할 수 없다.

↳ 제한능력자인 대리인이 법정대리인의 동의 없이 대리행위를 하더라도 법정대리인은 그 대리행위를 취소할 수 없다. [29, 31]

↳ ○

3. 甲이 제한능력자인 乙과 위임계약을 체결하고 乙을 대리인으로 선임한 경우, 乙의 제한능력을 이유로 위임계약이 취소될 수 있으나 대리행위는 취소될 수 없다. [16]

3. ○

4 대리효과

▶ 그림민법 p.38

1. 甲은 자신의 X토지를 매도하기 위해 乙에게 대리권을 수여하였고, 乙은 甲을 위한 것임을 표시하고 X토지에 대하여 丙과 매매계약을 체결하였다.

1.

1) 乙이 丙으로부터 대금 전부를 지급받고 아직 甲에게 전달하지 않았더라도 특별한 사정이 없는 한 丙의 대금지급의무는 변제로 소멸한다. [31]

1) ○

2) 丙의 채무불이행이 있는 경우, 乙은 특별한 사정이 없는 한 계약을 해제할 수 없다. [29, 31]

2) ○

3) 丙이 매매계약을 적법하게 해제한 경우, 그 해제로 인한 원상회복의무는 甲과 丙이 부담한다. [29, 34]

3) ○

4) 丙이 매매계약을 적법하게 해제한 경우, 丙은 乙에게 손해배상을 청구할 수 있다. [29, 34]

4) × 채무불이행으로 인한 손해배상의무는 본인(甲)에게 발생한다.

5 복대리

▸ 그림민법 p.39

1. 복대리인은 대리인의 대리행위에 의하여 선임되는 본인의 대리인이다. [17]

    1. × 복대리인선임행위(복임행위)는 대리행위가 아니다.

2. 복대리인은 본인의 대리인이다. [30]

    2. ○

∟ 복대리인은 대리인이 자기의 명의로 선임하므로 대리인의 대리인이다. [31, 33]

    ∟ × 본인의 대리인이다.

∟ 복대리인은 본인의 대리인임과 동시에 대리인의 대리인이다. [32]

    ∟ × 上同

∟ 복대리인은 그 권한 내에서 대리인을 대리한다. [21, 29]

    ∟ × 본인을 대리한다.

∟ 복대리인은 그 권한 내에서 대리인의 이름으로 법률행위를 한다. [13, 24]

    ∟ × 본인의 이름으로 법률행위를 한다.

3. 법정대리인이 선임한 복대리인은 임의대리인이다. [20]

    3. ○

4. 복대리인은 행위능력자임을 요하지 않는다. [34]

    4. ○

5. 임의대리인은 언제든지 복대리인을 선임할 수 있다. [13, 31]

    5. × 본인의 승낙이 있거나 부득이한 사유가 있을 때에만 복대리인을 선임할 수 있다.

∟ 임의대리인은 본인의 승낙이나 부득이한 사유가 없더라도 복대리인을 선임할 수 있다. [29]

    ∟ × 上同

∟ 임의대리인은 원칙적으로 복임권이 없다. [29, 35]

    ∟ ○

∟ 임의대리인은 본인의 승낙이 있으면 복대리인을 선임할 수 있다. [21]

    ∟ ○

6. 대리인의 능력에 따라 사업의 성공 여부가 결정되는 사무에 대해 대리권을 수여받은 자는 본인의 묵시적 승낙으로도 복대리인을 선임할 수 있다. [34]

    6. × 이런 경우에는 반드시 본인의 명시적인 승낙이 있어야 한다.

∟ 甲은 자기 소유 X토지를 매도하기 위해 乙에게 대리권을 수여하였다. 이후 乙은 丙을 복대리인으로 선임하였고, 丙은 甲을 대리하여 X토지를 매도하였다. X토지의 매매계약이 갖는 성질상 乙에 의한 처리가 필요하지 않다면 특별한 사정이 없는 한 丙의 선임에 관하여 묵시적 승낙이 있는 것으로 보는 것이 타당하다. [32]

    ∟ ○

7. 임의대리인이 본인의 승낙을 얻어 복대리인을 선임한 경우에는 본인에 대하여 선임·감독에 관한 책임을 지지 않는다. [13, 23, 30, 32]

    7. × 선임·감독상에 과실이 있으면 책임을 진다(과실책임).

8. 임의대리인이 본인의 지명에 의하여 복대리인을 선임한 경우에는 그 부적임 또는 불성실함을 알고 본인에 대한 통지나 해임을 게을리한 때가 아니면 책임이 없다. [21]

    8. ○

9. 법정대리인은 그 책임으로 복대리인을 선임할 수 있다. [33, 34]

  9. ○

└ 법정대리인은 본인의 승낙이나 부득이한 사유가 있어야 복대리인을 선임할 수 있다. [13, 15]

  └ × 자유롭게 선임할 수 있다.

└ 법정대리인은 부득이한 사유가 없더라도 복대리인을 선임할 수 있다. [30]

  └ ○

10. 부득이한 사유로 복대리인을 선임한 법정대리인은 본인에 대하여 그 선임·감독에 관해서만 책임이 있다. [17, 21]

  10. ○

11. 복대리인은 본인이나 제3자에 대하여 대리인과 동일한 권리·의무가 있다. [19, 21, 34]

  11. ○

12. 복대리권은 대리권의 존재와 범위에 영향을 받지 않는다. [17]

  12. × 복대리권은 대리권을 초과할 수 없으며, 대리권이 소멸하면 복대리권도 소멸한다.

13. 복대리인이 대리인의 대리권의 범위를 초과한 행위를 한 경우, 본인은 그 행위를 추인할 수 있다. [13]

  13. ○

14. 대리인이 복대리인을 선임한 후 본인이 사망한 경우, 특별한 사정이 없다면 복대리인의 대리권은 소멸하지 않는다. [32]

  14. × 본인이 사망하면 복대리권은 소멸한다.

15. 대리인이 복대리인을 선임한 후에 사망하거나 대리권을 상실하여도 복대리인의 대리권은 소멸하지 않는다. [13, 18, 30]

  15. × 대리권이 소멸하면 복대리권도 소멸한다.

└ 대리인에 대한 성년후견이 개시되면 그가 선임한 복대리인의 대리권은 소멸한다. [19]

  └ ○

└ 甲은 乙에게 丁 소유의 부동산을 매입하도록 대리권을 수여하였으나, 乙은 부득이한 사유로 丙을 복대리인으로 선임하였다. 丙이 매매계약을 체결하기 전에 복대리인의 선임사실을 안 甲이 乙의 대리권을 박탈한 경우 丙의 대리권도 소멸한다. [15]

  └ ○

6 무권대리

▶ 그림민법 p.40∼43

▷ 협의의 무권대리

1. 무권대리행위는 그 효력이 불확정상태에 있다가 본인의 추인 유무에 따라 본인에 대한 효력발생 여부가 결정된다. [23]

1. ○

2. 대리권 없는 乙이 甲의 대리인이라 칭하여 甲 소유의 토지에 대한 매매계약을 丙과 체결하였다.

2.

1) 위 매매계약은 甲이 추인하지 않는 한 甲에게 효력이 없다. [15+, 22, 25, 27, 30]

1) ○

2) 丙 명의로 소유권이전등기까지 경료된 경우라면 丙 명의의 등기는 실체적 권리관계에 부합하므로 유효하다. [25]

2) × 甲이 추인하지 않는 한 그 등기도 무효이다.

3) 甲이 乙의 대리행위를 추인하기 위해서는 丙의 동의가 필요하다. [19]

3) × 추인은 단독행위이므로 상대방의 동의는 요하지 않는다.

4) 甲이 丙에게 추인한 후에는 丙은 매매계약을 철회할 수 없다. [21]

4) ○

5) 甲은 추인의 의사표시를 丙뿐만 아니라 乙에게도 할 수 있다. [15+, 28]

5) ○

ㄴ 무권대리행위의 추인과 추인거절의 의사표시는 무권대리인에게 할 수 없다. [23]

ㄴ × 추인이나 추인거절의 의사표시는 무권대리인에게도 할 수 있다.

ㄴ 무권대리에 의한 계약의 추인은 그 대리행위로 인한 권리의 승계인에게도 할 수 있다. [23, 35]

ㄴ ○

ㄴ 丙이 丁에게 토지를 전매하고 소유권이전등기를 한 경우, 甲은 乙의 대리행위를 丁에 대하여 추인할 수 있다. [19]

ㄴ ○

6) 甲이 乙에게 추인한 경우에 丙이 추인이 있었던 사실을 알지 못한 때에는 甲은 丙에게 추인의 효과를 주장하지 못한다. [15, 28]

6) ○

ㄴ 甲이 乙에게 추인의 의사표시를 한 경우, 丙은 그 사실을 알기 전까지 계약을 철회할 수 있다. [16, 33]

ㄴ ○

ㄴ 무권대리행위의 추인의 의사표시는 본인이 상대방에게 하지 않으면 상대방이 그 사실을 알았더라도 상대방에게 대항하지 못한다. [26]

ㄴ × 상대방이 추인사실을 안 경우에는 대항할 수 있다.

ㄴ 甲이 乙에 대해서만 추인의 의사표시를 하였더라도 丙은 甲의 乙에 대한 추인이 있었음을 주장할 수 있다. [33]

ㄴ ○

7) 甲은 위 매매계약을 묵시적으로 추인할 수 있다. [30]

    7) ○

ㄴ 甲이 乙의 무권대리행위에 대해 즉시 이의를 제기하지 아니하고 이를 장기간 방치한 사실만으로도 추인한 것으로 본다. [16, 35]

    ㄴ × 장시간 방치한 것만으로는 추인한 것으로 볼 수 없다.

8) 무권대리행위의 일부에 대한 추인은 상대방의 동의를 얻지 못하는 한 효력이 없다. [17, 26]

    8) ○

ㄴ 대리권 없는 乙이 甲을 대리하여 甲의 토지에 대한 임대차계약을 丙과 체결하였다. 甲이 임대기간을 단축하여 위 임대차계약을 추인한 경우, 丙의 동의가 없는 한 그 추인은 무효이다. [30]

    ㄴ ○

ㄴ 甲이 매매계약의 내용을 변경하여 추인한 경우, 丙의 동의가 없더라도 추인의 효력이 있다. [21]

    ㄴ × 변경을 가한 추인은 상대방의 동의가 없는 한 무효이다.

9) 甲의 추인은 다른 의사표시가 없는 한 계약 시에 소급하여 효력이 생긴다. [17, 18, 23, 27, 30, 33]

    9) ○

ㄴ 본인이 추인하면 특별한 사정이 없는 한 그때부터 계약의 효력이 생긴다. [26, 35]

    ㄴ × 그때부터 → 계약시에 소급하여

10) 본인을 단독으로 상속한 무권대리인은 본인의 지위에서 무권대리행위의 추인을 거절할 수 없다. [14, 17, 21, 28, 31, 32, 34]

    10) ○

ㄴ 丙 명의로 소유권이전등기가 경료된 후 乙이 甲을 단독상속한 경우, 乙은 무권대리를 이유로 丙에게 등기의 말소를 청구할 수 있다. [15+, 22, 25]

    ㄴ × 등기말소를 청구하는 것(=추인을 거절하는 것)은 신의칙에 반하여 허용될 수 없다.

ㄴ 乙이 甲을 단독상속한 경우, 乙은 소유자의 지위에서 丙에 대하여 토지의 점유로 인한 부당이득반환을 청구할 수 있다. [22, 25]

    ㄴ × 부당이득반환을 청구를 하는 것(=추인을 거절하는 것)은 신의칙에 반하여 허용될 수 없다.

11) 丙이 계약 당시에 乙에게 대리권 없음을 알았던 경우에는 丙의 甲에 대한 최고권이 인정되지 않는다. [30]

    11) × 최고는 상대방의 선·악을 불문하고 인정된다.

12) 丙이 甲에게 상당한 기간을 정하여 매매계약의 추인 여부의 확답을 최고하였으나 甲의 확답이 없었던 경우, 甲이 이를 추인한 것으로 본다. [15+, 16, 21, 27, 31, 33, 35]

    12) × 추인을 거절한 것으로 본다.

13) 乙의 무권대리를 모른 丙은 甲의 추인이 있을 때까지 계약을 철회할 수 있다. [32]

    13) ○

ㄴ 丙이 계약 당시 乙의 대리권 없음을 안 경우에는 甲의 추인 전이라도 매매계약을 철회할 수 없다. [19, 22, 26, 27, 29, 34, 35]

    ㄴ ○

ㄴ 丙이 계약을 철회한 경우, 甲이 그 철회의 유효를 다투기 위해서는 乙에게 대리권이 없음을 丙이 알았다는 것에 대해 증명해야 한다. [32]

    ㄴ ○

14) 丙이 계약을 유효하게 철회하면 무권대리행위는 확정적으로 무효가 된다. [32]

14) ○

15) 丙이 적법하게 계약을 철회하였더라도 甲은 계약을 추인하여 丙을 상대로 계약이행을 청구할 수 있다. [16]

15) × 상대방이 계약을 철회하면 계약은 무효로 확정되므로 본인은 추인할 수 없다.

16) 丙이 乙에게 계약금을 지급한 경우, 丙이 계약을 유효하게 철회하면 丙은 甲을 상대로 계약금 상당의 부당이득반환을 청구할 수 있다. [32]

16) × 乙을 상대로 부당이득 반환을 청구할 수 있다.

17) 乙이 대리권을 증명하지 못하고 甲의 추인을 얻지 못한 때에는 乙은 자신의 선택에 따라 丙에 대하여 계약의 이행이나 손해배상의 책임을 진다. [15+, 21]

17) × 자신(乙)의 선택 → 상대방(丙)의 선택

ㄴ 甲이 丙에게 추인을 거절한 경우, 乙이 제한능력자가 아니라면 乙은 丙의 선택에 따라 계약을 이행할 책임 또는 손해를 배상할 책임이 있다. [33]

ㄴ ○

ㄴ 만약 乙이 미성년자라면 甲이 乙의 무권대리행위에 대해 추인을 거절하더라도 丙은 乙에 대해 계약의 이행이나 손해배상을 청구할 수 없다. [19, 28, 34]

ㄴ ○

18) 乙의 무권대리행위가 乙의 과실 없이 제3자의 기망 등 위법행위로 야기된 경우에는 乙은 丙에 대하여 무권대리인으로서의 책임을 지지 않는다. [26]

18) × 이 책임은 무과실책임으로서, 무권대리인에게 귀책사유가 없는 경우에도 인정된다.

3. 수동대리에는 무권대리가 문제될 여지가 없다. [13]

3. × 수동대리에서도 무권대리가 문제될 수 있다(가령 임의대리인이 상대방의 해제의 의사표시를 수령한 경우).

ㄴ 상대방이 무권대리인의 동의를 얻어 단독행위를 한 경우, 본인은 이를 추인할 수 있다. [23]

ㄴ ○

4. 상대방 없는 단독행위의 무권대리는 본인의 추인 여부와 관계없이 확정적으로 유효하다. [28]

4. × 확정적으로 무효이다.

5. 무권리자가 甲의 권리를 자기의 이름으로 처분한 경우, 甲이 그 처분을 추인하면 처분행위의 효력이 甲에게 미친다. [28]

5. ○

ㄴ 무권리자의 처분이 계약으로 이루어진 경우, 권리자가 추인하면 원칙적으로 계약의 효과는 계약체결 시에 소급하여 권리자에게 귀속된다. [34]

ㄴ ○

▷ 표현대리

• 대리권수여표시에 의한 표현대리

1. 사회통념상 대리권을 추단할 수 있는 직함이나 명칭 등의 사용을 승낙 또는 묵인한 사정만으로는 대리권수여의 표시가 있은 것으로 볼 수 없다. [15]

2. 대리권수여표시에 의한 표현대리에서 대리권수여의 표시는 대리권 또는 대리인 이라는 표현을 사용한 경우에 한정된다. [26]

3. 대리권수여표시에 의한 표현대리가 성립하기 위해서는 본인과 표현대리인 사이에 유효한 기본적 법률관계가 있어야 한다. [23]

1. × 대리권수여의 표시로 볼 수 있다.

2. × 대리권을 추단할 수 있는 직함이나 명칭(가령 연락사무소, 총판매점 등)을 사용한 경우도 포함된다.

3. × 대리권수여표시에 의한 표현대리는 본인과 표현대리인 사이의 기본적인 법률관계의 효력 유무와 관계없이 본인이 표현대리인에게 대리권을 수여하였다는 표시를 제3자에게 한 경우에 성립한다.

• 권한을 넘은 표현대리

1. 건물의 관리를 위임받은 대리인이 건물을 양도하는 매매계약을 체결한 경우는 권한을 넘은 표현대리가 될 수 있다. [15]

2. 기본대리권이 처음부터 존재하지 않는 경우에도 권한을 넘은 표현대리는 성립 할 수 있다. [33]

3. 공법상의 행위 중 등기신청에 관한 대리권도 기본대리권이 될 수 있다. [22]

↳ 甲의 대리인 乙이 丙 소유의 부동산을 매수하는 계약을 체결하였다. 乙이 공법상의 행위에 관한 대리권만을 갖고 있는 경우, 권한을 넘은 표현대리가 문제된다. [15+]

4. 부부간의 일상가사대리권은 권한을 넘는 표현대리의 기본대리권이 될 수 없다. [14, 17, 20]

↳ 부부 일방의 행위가 일상가사에 속하지 않더라도 그 행위에 특별수권이 주어 졌다고 믿을 만한 정당한 이유가 있는 경우, 표현대리가 성립한다. [18]

5. 법정대리권을 기본대리권으로 하는 권한을 넘은 표현대리는 성립하지 않는다. [17, 18, 23, 33]

6. 대리권이 소멸한 후에도 권한을 넘은 표현대리가 성립할 수 있다. [18]

↳ 소멸한 대리권을 기본대리권으로 하는 권한을 넘은 표현대리는 성립할 수 없다. [20]

1. ○

2. × 기본대리권이 없는 경우에는 권한을 넘은 표현대리가 성립할 수 없다.

3. ○

↳ ○

4. × 일상가사대리권도 기본대리권이 될 수 있다.

↳ ○

5. × 법정대리권도 기본대리권이 될 수 있다.

6. ○

↳ × 이미 소멸한 대리권도 기본대리권이 될 수 있다.

   └ 대리권소멸 후의 표현대리가 인정되고 그 표현대리의 권한을 넘는 대리행위가 있는 경우, 권한을 넘은 표현대리가 성립할 수 없다. [26]

                   └ × 멸권(제129조) + 월권(제126조) → 월권(제126조)

   └ 민법 제129조의 표현대리를 기본대리권으로 하는 민법 제126조의 표현대리는 성립될 수 없다. [32]

                   └ × 성립될 수 있다.

7. 복임권이 없는 대리인이 선임한 복대리인의 권한도 기본대리권이 될 수 있다. [22, 26, 33]

                   7. ○

8. 인감증명서의 교부만으로는 대리권의 수여가 있다고 보기는 어렵다. [15]

                   8. ○

9. 권한을 넘은 표현대리의 기본대리권은 대리행위와 같은 종류의 행위에 관한 것이어야 한다. [26]

                   9. × 기본대리권과 표현대리행위는 반드시 같은 종류의 행위일 필요가 없다.

   └ 권한을 넘은 표현대리의 경우, 기본대리권이 표현대리행위와 동종 내지 유사할 필요는 없다. [31]

                   └ ○

   └ 등기신청대리권을 기본대리권으로 하여 사법상의 법률행위를 한 경우에도 권한을 넘은 표현대리가 성립할 수 있다. [20]

                   └ ○

   └ 대리인이 기본대리권의 내용이 되는 행위와 다른 종류의 행위를 한 경우에는 권한을 넘은 표현대리가 성립할 수 없다. [17, 22]

                   └ × 기본대리권과 월권행위는 동종의 유사한 행위일 필요가 없다.

10. 무권대리인에게 권한이 있다고 믿을 만한 정당한 이유가 있는가의 여부는 원칙적으로 대리행위 당시를 기준으로 결정한다. [18, 22, 33]

                   10. ○

   └ 甲은 자신의 토지를 담보로 은행대출을 받기 위해 乙에게 대리권을 수여하고, 위임장·인감 및 저당권설정에 필요한 서류 일체를 교부하였다. 그러나 乙은 이를 악용하여 甲의 대리인으로서 그 토지를 丙에게 매도하였다. 丙이 매수 당시 乙에게 대리권이 있다고 믿은 데 정당한 이유가 있었다면, 매매계약 성립 후에 대리권 없음을 알았더라도 월권대리는 성립한다. [19]

                   └ ○

• 대리권소멸 후의 표현대리

1. 甲의 대리인 乙이 대리권소멸 후에 甲을 대리하여 丙 소유의 부동산을 매수하는 계약을 체결한 경우, 丙의 선의만으로도 대리권소멸 후의 표현대리가 성립한다. [15+]

                   1. × 상대방(丙)이 선의·무과실이어야 표현대리가 성립한다.

2. 대리인이 대리권소멸 후 복대리인을 선임하였다면, 복대리인의 대리행위로는 표현대리가 성립할 수 없다. [17, 23]

                   2. × 복대리인의 대리행위로 대리권소멸 후의 표현대리가 성립할 수 있다.

└ 대리인이 대리권 소멸 후 선임한 복대리인과 상대방 사이의 법률행위에도 민법 제129조의 표현대리가 성립할 수 있다. [34]

└ ○

└ 甲은 자기 소유 X토지를 매도하기 위해 乙에게 대리권을 수여하였다. 이후 乙은 丙을 복대리인으로 선임하였고, 丙은 甲을 대리하여 X토지를 매도하였다. 만일 대리권이 소멸된 乙이 丙을 선임하였다면, X토지 매매에 대하여 민법 제129조에 의한 표현대리의 법리가 적용될 여지가 없다. [32]

└ × 적용될 수 있다.

• **표현대리의 주요 쟁점**

1. 乙이 甲의 인장과 등기서류를 위조하여 甲의 대리인이라 칭하고 丙에게 甲 소유 부동산을 매각한 경우, 표현대리가 인정될 수 있다. [15]

1. × 본인(甲)에게 외관작출책임(外觀作出責任)이 없으므로 표현대리가 인정될 수 없다.

2. 상대방의 유권대리 주장에는 표현대리의 주장이 포함되어 있다. [26, 30, 31, 32]

2. × 포함되어 있다고 볼 수 없다(표현대리는 무권대리에 속한다).

3. 표현대리가 성립한 경우, 상대방에게 과실이 있으면 이를 이유로 본인의 책임을 감경할 수 있다. [14, 20, 29, 32]

3. × 표현대리가 성립한 경우에는 과실상계의 법리를 적용할 수 없다.

4. 대리행위의 상대방으로부터 직접 전득한 자는 대리인에게 권한이 있다고 믿을 만한 정당한 이유가 있는 경우 권한을 넘은 표현대리를 주장할 수 있다. [15]

4. × 표현대리 성립의 주장은 무권대리행위의 직접 상대방만 할 수 있고, 승계인이나 전득자는 이를 주장하지 못한다.

└ 본인이 타인에게 대리권을 수여하지 않았지만 수여하였다고 상대방에게 통보한 경우, 그 타인이 통보받은 상대방 외의 자와 본인을 대리하여 행위를 한 때는 민법 제125조의 표현대리가 적용된다. [32]

└ × 적용되지 않는다(이유는 上同).

5. 대리행위가 강행법규에 위반하여 무효가 된 경우에는 표현대리에 관한 규정이 적용되지 아니한다. [28, 32, 33]

5. ○

└ 甲으로부터 甲 소유의 토지를 담보로 은행대출을 받기 위한 대리권을 수여받은 乙이 甲의 대리인으로서 그 토지를 丙에게 매도하였다. 만일 그 매매계약이 토지거래허가제를 위반하여 확정적으로 무효이면 표현대리의 법리가 적용될 여지가 없다. [19, 29]

└ ○

└ 사원총회의 결의를 거쳐야 처분할 수 있는 비법인사단의 총유재산을 대표자가 임의로 처분한 경우에도 권한을 넘은 표현대리에 관한 규정이 준용될 수 있다. [22]

└ × 총유물 처분은 사원총회 의결의에 의한다는 민법 제276조 제1항은 강행규정이므로, 이를 위반한 경우 표현대리의 규정이 준용될 수 없다.

6. 본인을 위한 것임을 현명하지 않은 경우에도 원칙적으로 표현대리는 성립한다.
[18]

6. × 현명을 하지 않은 행위는 대리행위가 아니어서 표현대리가 성립할 수 없다.

∟ 甲은 자신의 토지를 담보로 은행대출을 받기 위해 乙에게 대리권을 수여하고, 위임장·인감 및 저당권설정에 필요한 서류 일체를 교부하였다. 그런데 乙은 이를 악용하여 그 토지를 자기 앞으로 소유권이전등기를 마친 후 자신을 매도인으로 하여 丙에게 매도하였다면 丙은 甲에게 표현대리의 성립을 주장할 수 없다. [15, 19]

∟ ○

∟ 甲은 乙에게 자신의 X토지에 대한 담보권설정의 대리권만을 수여하였으나, 乙은 X토지를 丙에게 매도하는 계약을 체결하였다. 乙이 X토지에 대한 매매계약을 甲 명의가 아니라 자신의 명의로 丙과 체결한 경우, 丙이 선의·무과실이더라도 표현대리가 성립할 여지가 없다. [29]

∟ ○

7. 복대리인의 법률행위에 대해서는 표현대리의 법리가 적용되지 않는다. [20, 30]

7. × 복대리인의 법률행위에도 표현대리의 법리가 적용된다.

제5장	무효와 취소

1 무효와 취소의 비교

▶ 그림민법 p.44

2 무효

▶ 그림민법 p.44~47

▷ 일부 무효

1. 법률행위의 일부분이 무효인 때에는 원칙적으로 그 전부를 무효로 한다. [21]

1. ○

2. 법률행위의 일부분이 무효일 때, 그 나머지 부분의 유효성을 판단함에 있어 나머지 부분을 유효로 하려는 당사자의 가정적 의사는 고려되지 않는다. [32]

2. × 일부무효가 되기 위해서는 무효부분이 없더라도 법률행위를 하였을 것이라고 인정되는 가정적 의사가 있어야 한다.

3. 약관의 일부조항이 무효이더라도 계약은 나머지 부분만으로 유효함이 원칙이다. [17]

3. ○

▷ 무효행위의 전환

1. 무효인 법률행위가 다른 법률행위의 요건을 구비하고 당사자가 그 무효를 알았더라면 다른 법률행위를 하는 것을 의욕하였으리라고 인정될 때에는 다른 법률행위로서 효력을 가진다. [21]

1. ○

2. 불공정한 법률행위에도 무효행위의 전환의 법리가 적용될 수 있다. [25, 28, 29, 31]

2. ○

└ 폭리행위로 무효가 된 법률행위는 다른 법률행위로 전환될 수 있다. [24]

└ ○

▷ 무효행위의 추인

1. 확정적 무효인 법률행위도 추인하면 유효한 법률행위가 된다. [17]

1. × 확정적으로 무효인 법률행위는 추인하여도 그 효력이 생기지 않는다.

2. 무효인 법률행위를 사후에 적법하게 추인한 때에는 다른 정함이 없으면 새로운 법률행위를 한 것으로 보아야 한다. [28]

2. ○

3. 무효행위의 추인은 그 무효원인이 소멸한 후에 하여야 효력이 있다. [28, 32]

3. ○

└ 무효인 법률행위의 추인은 무효원인이 소멸된 후 본인이 무효임을 알고 추인해야 그 효력이 인정된다. [34]

└ ○

4. 강행법규 위반으로 무효인 법률행위를 추인한 때에는 다른 정함이 없으면 그 법률행위는 처음부터 유효한 법률행위가 된다. [32]

└ 처음부터 허가를 잠탈할 목적으로 체결된 토지거래허가구역 내의 토지거래계약은 추인할 수 있는 법률행위가 아니다. [31]

5. 사회질서의 위반으로 무효인 법률행위는 추인의 대상이 되지 않는다. [24]

└ 반사회적 법률행위는 당사자가 무효인 줄 알고 추인하면 새로운 법률행위로서 유효하게 된다. [15+]

└ 불법조건이 붙은 법률행위는 추인하여도 효력이 생기지 않는다. [25]

6. 불공정한 법률행위로 무효인 경우에는 추인하여도 효력이 생기지 않는다. [20, 25]

7. 무효인 법률행위의 추인은 묵시적인 방법으로 할 수도 있다. [32]

└ 무효행위의 추인은 명시적인 의사표시로 하여야 한다. [22]

8. 무효인 법률행위를 추인하면 특별한 사정이 없는 한 처음부터 새로운 법률행위를 한 것으로 본다. [24]

└ 매도인이 통정한 허위의 매매를 추인한 경우, 다른 약정이 없으면 계약을 체결한 때로부터 유효로 된다. [29]

9. 추인요건을 갖추면 취소로 무효가 된 법률행위의 추인도 허용된다. [24]

---

4. × 강행법규를 위반하여 무효로 된 법률행위는 추인에 의하여 유효로 할 수 없다.

└ ○

5. ○

└ × 반사회질서의 법률행위는 추인하여도 새로운 법률행위로서 유효로 될 수 없다.

└ ○

6. ○

7. ○

└ × 묵시적인 방법으로도 할 수 있다.

8. × 처음부터→ 추인한 때부터 (무효행위의 추인에는 소급효가 없다.)

└ × 계약을 체결한 때로부터 → 추인한 때로부터

9. ○

▷ 토지거래허가제도와 유동적 무효

1. 토지거래허가구역 내의 토지매매계약이 처음부터 허가를 배제하거나 잠탈하는 내용의 계약인 경우, 그 계약은 확정적으로 무효이다. [16, 20]

└ 토지거래허가구역 내의 토지를 甲으로부터 매수한 乙이 그 토지를 丙에게 전매하고 甲, 乙, 丙의 중간생략등기 합의에 따라 甲이 丙을 매수인으로 하여 토지거래허가를 받아 丙 명의로 등기가 된 경우, 그 등기는 실체관계에 부합하므로 유효하다. [16, 18, 30]

└ X토지는 甲→乙→丙으로 순차 매도되고, 3자간에 중간생략등기의 합의를 하였다. 만약 X토지가 토지거래허가구역에 소재한다면, 丙은 직접 甲에게 허가신청절차의 협력을 구할 수 없다. [31]

---

1. ○

└ × 각각의 매매계약이 토지거래허가제를 위반하여 확정적 무효이므로 중간생략등기 역시 무효이다.

└ ○

2. 甲은 토지거래허가구역 내의 토지에 대하여 乙과 매매계약을 체결하고 계약금을 수령하였으나 아직 토지거래허가를 받지 않았다.

2. × 확정적으로 무효인 것은 아님

1) 위 계약은 유동적 무효의 상태에 있다. [30]

1) ○

2) 허가가 있기 전에도 甲에게는 소유권이전등기의무가 있다. [14]

2) × 매매계약이 무효인 상태이므로 소유권이전등기의무가 없다.

ㄴ 乙은 토지거래허가가 있을 것을 조건으로 하여 甲을 상대로 소유권이전등기절차의 이행을 청구할 수 있다. [26]

ㄴ × 장래 허가를 조건으로 하는 조건부 소유권이전등기청구도 허용되지 않는다.

3) 甲과 乙은 토지거래허가신청절차에 협력할 의무가 있다. [20, 26]

3) ○

ㄴ 당사자 일방이 토지거래허가 신청절차에 협력할 의무를 이행하지 않는다면 다른 일방은 그 이행을 소구(訴求)할 수 있다. [33]

ㄴ ○

4) 乙은 매매대금의 제공 없이도 甲에게 토지거래허가신청절차에 협력할 것을 청구할 수 있다. [18]

4) ○

ㄴ 甲은 乙의 매매대금의 이행제공이 없었음을 이유로 토지거래허가와 관련된 乙의 협력의무이행청구를 거절할 수 있다. [15, 15+, 30, 34]

ㄴ × 매도인의 협력의무는 매수인의 대금지급의무보다 선이행되어야 할 의무이다(동시이행관계 ×).

5) 甲과 乙은 계약상 채무불이행을 이유로 계약을 해제할 수 있다. [15+, 18, 26, 30]

5) × 계약이 무효인 상태이므로 채무불이행이 성립할 수 없다.

6) 甲과 乙은 허가신청절차 협력의무불이행을 이유로 계약을 해제할 수 없다. [20]

6) ○

7) 甲은 유동적 무효상태에서는 계약금의 배액을 상환하고 계약을 해제할 수 없다. [14, 15, 34]

7) × 유동적 무효상태에서도 계약금(해약금)에 의한 해제는 가능하다.

ㄴ 해약금으로서 계약금만 지급된 상태에서 당사자가 관할관청에 허가를 신청하였다면 이는 이행의 착수이므로 더 이상 계약금에 기한 해제는 허용되지 않는다. [33]

ㄴ × 허가신청은 이행착수가 아니므로 허가신청 후에도 계약금에 기한 해제가 허용된다.

8) 甲과 乙은 허가를 받기 전에는 상대방의 채무불이행을 이유로 손해배상을 청구할 수 없다. [15+]

8) ○

9) 乙이 토지거래허가신청절차에 협력하지 않고 계약을 일방적으로 철회한 경우, 甲은 乙에 대하여 협력의무불이행과 인과관계 있는 손해의 배상을 청구할 수 있다. [18]

9) ○

10) 乙은 甲에게 계약이 현재 무효상태라는 이유로 이미 지급한 계약금을 부당이득으로 반환할 것을 청구할 수 있다. [15, 18, 26]

10) × 확정적 무효로 되었을 때 비로소 부당이득반환을 청구할 수 있다.

└ 불허가처분이 있더라도 乙은 甲에 대하여 부당이득을 이유로 계약금의 반환을 청구할 수 없다. [14]

└ × 불허가처분이 있으면(=확정적 무효로 되면) 부당이득 반환을 청구할 수 있다.

11) 乙의 강박에 의해 계약이 체결된 경우에도 현재 무효상태이므로 甲은 강박을 이유로 계약을 취소할 수 없다. [16]

11) × 강박을 이유로 계약을 취소하여 확정적으로 무효화시키고 협력의무를 면함은 물론 계약금의 반환을 청구할 수 있다.

12) 계약체결 후 그 토지에 대한 허가구역지정이 해제된 경우, 매매계약은 확정적으로 유효가 된다. [14, 20, 33]

12) ○

13) 토지거래허가구역 지정기간이 만료되었으나 재지정이 없는 경우, 매매계약은 확정적으로 유효로 된다. [16, 30]

13) ○

14) 관할관청의 불허가처분이 있으면 매매계약은 확정적으로 무효가 된다. [15+, 20, 29]

14) ○

15) 甲과 乙 쌍방이 허가신청을 하지 않기로 의사표시를 명백히 하면 매매계약은 확정적으로 무효로 된다. [15, 20]

15) ○

└ 토지거래허가 신청 전에 甲이 乙에게 계약해제통지를 하자 乙이 계약금 상당액을 청구금액으로 토지를 가압류한 경우, 그 매매계약은 확정적 무효로 될 수 있다. [18]

└ ○

16) 매도인의 채무가 이행불능임이 명백하고 매수인도 거래의 존속을 바라지 않는 경우, 위 매매계약은 확정적 무효로 된다. [33]

16) ○

17) 매매계약이 정지조건부 계약이었는데 그 조건이 허가를 받기 전에 불성취로 확정된 경우, 계약은 확정적으로 무효가 된다. [15+, 20]

17) ○

18) 일정기간 내 허가를 받기로 약정한 경우, 그 허가를 받지 못하고 약정기간이 경과하였다는 사정만으로도 매매계약은 확정적 무효가 된다. [34]

18) × 약정기간이 경과하였다는 사정만으로 곧바로 확정적 무효가 되는 것은 아니다.

19) 토지거래허가구역 내의 토지거래계약이 확정적으로 무효가 된 경우, 그 계약이 무효로 되는 데 책임 있는 사유가 있는 자도 무효를 주장할 수 있다. [29]

19) ○

③ 취소

▶ 그림민법 p.48~49

▷ **취소**

1. 당사자 쌍방이 각각 취소사유 없이 법률행위를 취소한 경우, 쌍방이 모두 취소의 의사표시를 하였다는 사정만으로 그 법률행위의 효력이 상실되는 것은 아니다. [22]

1. ○

2. 취소권은 청구권이 아니라 형성권이다. [20, 32]

2. ○

3. 제한능력자는 취소할 수 있는 법률행위를 단독으로 취소할 수 있다. [29]

3. ○

ㄴ 제한능력자가 제한능력을 이유로 자신의 법률행위를 취소하기 위해서는 법정대리인의 동의를 받아야 한다. [33]

ㄴ × 법정대리인의 동의 없이 단독으로 취소할 수 있다.

4. 강박에 의한 의사표시를 한 자는 강박상태를 벗어나기 전에도 이를 취소할 수 있다. [35]

4. ○

5. 취소할 수 있는 법률행위의 상대방이 확정된 경우에는 그 취소는 그 상대방에 대한 의사표시로 하여야 한다. [20, 29, 32]

5. ○

ㄴ 취소할 수 있는 법률행위의 상대방이 그 행위로 취득한 권리를 양도한 경우에 취소의 의사표시는 양수인에게 하여야 한다. [15+, 35]

ㄴ × 전득자나 승계인은 취소의 상대방이 될 수 없다.

ㄴ 乙이 甲을 기망하여 甲 소유의 부동산을 매수하여 악의의 丙에게 전매한 경우, 甲은 취소의 의사표시를 乙이 아닌 丙에게 하여야 한다. [15, 19, 21]

ㄴ × 丙이 아닌 乙에게 하여야 한다.

6. 취소에는 일반적으로 조건을 붙일 수 없다. [16]

6. ○

7. 법률행위의 취소를 당연한 전제로 한 소송상의 이행청구에는 취소의 의사표시가 포함되어 있다고 볼 수 있다. [22]

7. ○

8. 하나의 법률행위가 가분적이거나 목적물의 일부가 특정될 수 있고 나머지 부분을 유지하려는 당사자의 가정적 의사가 인정되는 경우, 그 일부만의 취소도 가능하다. [17, 20]

8. ○

9. 매도인의 기망에 의해 매매계약 체결 시 토지의 일정부분을 매매대상에서 제외시키는 특약을 한 경우, 그 특약을 기망에 의한 법률행위로서 취소할 수 없다. [16]

9. ○

10. 취소된 법률행위는 처음부터 무효인 것으로 본다. [26, 29, 32, 33]

10. ○

ㄴ 법률행위가 취소되면 그 법률행위는 취소한 때부터 무효가 된다. [20]

ㄴ × 처음부터 무효가 된다.

11. 甲과 乙 사이의 매매계약이 적법하게 취소되면 계약은 장래에 향하여 소멸하므로 甲과 乙은 이행된 것을 반환할 필요가 없다. [19]

11. × 장래에 향하여 → 계약 시에 소급하여 / 반환할 필요가 없다. → 반환하여야 한다.

12. 제한능력을 이유로 법률행위가 취소된 경우, 제한능력자는 그 법률행위에 의해 받은 급부를 이익이 현존하는 한도에서 상환할 책임이 있다. [33]

12. ○

└ 제한능력을 이유로 법률행위가 취소된 경우, 악의의 제한능력자는 받은 이익에 이자를 붙여서 반환해야 한다. [27]

└ × 제한능력자는 선·악을 불문하고 항상 현존이익을 반환한다.

└ 미성년자 甲은 법정대리인 丙의 동의 없이 자신의 토지를 甲이 미성년자임을 안 乙에게 매도하고 대금수령과 동시에 소유권이전등기를 해 주었는데, 丙이 甲의 미성년을 이유로 계약을 적법하게 취소하였다. 甲이 대금을 모두 생활비로 사용한 경우, 대금 전액을 반환하여야 한다. [26]

└ ○

└ 甲이 행위능력자 乙과 체결한 계약을 자신의 제한능력을 이유로 적법하게 취소한 경우, 乙은 자신이 받은 이익이 현존하는 한도에서만 상환할 책임이 있다. [19]

└ × 제한능력자인 甲은 항상 현존이익을 반환하지만, 행위능력자인 乙은 자신의 선·악에 따라(즉 甲이 제한능력자인 것을 알았는지 여부에 따라) 부당이득반환의 범위가 달라진다.

13. 미성년자 甲은 법정대리인 丙의 동의 없이 자신의 토지를 甲이 미성년자임을 안 乙에게 매도하고 대금수령과 동시에 소유권이전등기를 해 주었는데, 丙이 甲의 미성년을 이유로 계약을 적법하게 취소하였다. 만약 乙이 선의의 丁에게 매도하고 이전등기하였다면, 丙이 취소하였더라도 丁은 소유권을 취득한다. [26]

13. × 제한능력을 이유로 한 취소는 선의의 제3자에게도 대항할 수 있으므로(절대적 취소) 丁은 선의라도 소유권을 취득하지 못한다.

14. 甲은 乙의 기망행위로 자기 소유의 건물을 乙에게 매도하고 소유권을 이전하였다. 乙이 그 건물을 선의의 丙에게 양도한 경우, 甲은 乙과의 매매계약을 취소하고 丙에게 건물의 반환을 청구할 수 있다. [15, 18]

13. × 사기를 이유로 한 취소는 선의의 제3자에 대항할 수 없으므로(상대적 취소) 선의의 丙은 소유권을 취득한다.

▷ 취소권의 소멸

• 취소할 수 있는 법률행위의 추인

1. 제한능력자의 법률행위에 대한 법정대리인의 추인은 취소의 원인이 소멸된 후에 하여야 그 효력이 있다. [21, 27, 29]

1. × 법정대리인은 취소의 원인이 소멸하기 전에도 추인할 수 있다.

└ 법정대리인은 취소원인 종료 전에도 제한능력을 이유로 취소할 수 있는 법률행위를 추인할 수 있다. [17, 22]

└ ○

2. 취소할 수 있는 법률행위의 추인은 취소할 수 있는 행위임을 알고서 하여야 한다. [20]

2. ○

3. 취소할 수 있는 법률행위를 추인한 자는 그 법률행위를 다시 취소하지 못한다. [21, 22]

3. ○

└ 취소할 수 있는 법률행위에 대해 취소권자가 적법하게 추인하면 그의 취소권은 소멸한다. [33]

└ ○

• **법정추인**

1. 취소할 수 있는 법률행위에 관하여 법정추인이 되려면 취소권자가 취소권의 존재를 인식해야 한다. [32]

1. × 법정추인의 경우는 추인과 달리 취소권의 존재에 대한 인식을 요하지 않는다.

2. 취소권자가 취소할 수 있는 행위에 의하여 생긴 채무를 이행한 것은 법정추인 사유에 해당한다. [16, 30]

2. ○

└ 제한능력자가 취소의 원인이 소멸된 후에 이의를 보류하지 않고 채무 일부를 이행하면 추인한 것으로 본다. [29]

└ ○

└ 甲이 乙을 기망하여 건물을 매도하는 계약을 乙과 체결한 경우, 기망상태에서 벗어난 乙이 이의 없이 매매대금을 지급한 것은 법정추인사유에 해당한다. [25]

└ ○

3. 甲은 乙의 기망행위로 자기 소유 건물을 乙에게 매도하고 소유권이전등기를 경료하였고, 乙은 그 건물을 丙에게 전매하여 소유권을 이전하였다. 甲이 사기 사실을 안 후 乙로부터 매매대금을 수령한 경우, 甲과 乙의 법률행위는 추인이 되어 확정적으로 유효로 되므로 丙의 소유권취득에는 영향이 없다. [15]

3. ○

4. 甲이 乙을 기망하여 건물을 매도하는 계약을 乙과 체결한 경우, 甲이 이전등기에 필요한 서류를 乙에게 제공한 것은 법정추인사유에 해당한다. [25]

4. × 상대방(甲)이 이행제공을 하였을 뿐 취소권자(乙)가 이를 수령하지 않았으므로 추인한 것으로 볼 수 없다.

5. 취소권자가 상대방에게 이행을 청구한 것은 법정추인사유에 해당한다. [16, 27, 35]

5. ○

6. 상대방이 취소권자에게 이행을 청구한 경우, 법정추인이 인정된다. [30]

6. × 상대방의 이행청구는 법정추인사유가 아니다.

└ 甲이 乙을 기망하여 건물을 매도하는 계약을 乙과 체결한 경우, 甲이 乙에게 매매대금의 지급을 청구한 것은 법정추인사유에 해당한다. [25]

└ × 상대방(甲)이 취소권자(乙)에게 이행을 청구한 것은 법정추인에 해당하지 않는다.

7. 취소권자가 상대방과 경개(更改)계약을 체결한 경우, 법정추인이 인정된다. [30, 35]

7. ○

8. 취소권자가 상대방에게 담보를 제공한 경우, 법정추인이 인정된다. [30, 35]

8. ○

9. 취소권자가 상대방으로부터 담보를 제공받은 것은 법정추인사유에 해당한다. [16]

9. ○

10. 취소권자가 취소할 수 있는 법률행위로 취득한 권리를 타인에게 양도한 경우, 법정추인이 인정된다. [30]

10. ○

ㄴ 甲이 乙을 기망하여 건물을 매도하는 계약을 乙과 체결한 경우, 乙이 매매계약의 취소를 통해 취득하게 될 계약금반환청구권을 丁에게 양도한 것은 법정추인사유에 해당한다. [25]

ㄴ × 이는 취소권자(乙)가 취소할 수 있는 법률행위로 인해 취득한 권리를 양도한 것이 아니라 법률행위를 취소하면 취득하게 될 권리를 양도한 것이어서 법정추인사유에 해당하지 않는다.

11. 취소권자의 상대방이 그 법률행위로 인해 취득한 권리를 타인에게 양도한 것은 법정추인사유에 해당한다. [16]

11. × 취소권자의 상대방이 취소할 수 있는 법률행위로 인해취득한 권리를 타인에게 양도한 것이므로 법정추인사유에 해당하지 않는다.

ㄴ 甲이 乙을 기망하여 건물을 매도하는 계약을 乙과 체결한 경우, 甲이 乙에 대한 대금채권을 丙에게 양도한 것은 법정추인사유에 해당한다. [25]

ㄴ × 上同

12. 취소권자가 채권자로서 강제집행을 한 것은 법정추인사유에 해당한다. [16, 35]

12. ○

13. 혼동은 취소할 수 있는 법률행위의 법정추인사유에 해당한다. [35]

13. × 혼동은 법정추인사유가 아니다.

• 제척기간

1. 취소권은 추인할 수 있는 날로부터 3년 내에, 법률행위를 한 날로부터 10년 내에 행사하여야 한다. [28, 29, 32, 33, 35]

1. ○

ㄴ 취소권은 취소할 수 있는 날로부터 3년 내에 행사하여야 한다. [27]

ㄴ × 취소할 수 있는 날 → 추인할 수 있는 날

ㄴ 취소권은 취소사유가 있음을 안 날로부터 10년 내에 행사하여야 한다. [27]

ㄴ × 취소사유가 있음을 안 날 → 법률행위를 한 날

2. 甲은 乙의 기망행위로 자기 소유 건물을 乙에게 매도하고 소유권이전등기를 경료하였다. 甲은 사기사실을 안 날로부터 3년, 매매계약을 체결한 날로부터 10년 내에 취소권을 행사하여야 한다. [15]

2. ○

3. 추인가능시점 이후 취소권을 행사할 수 있는 3년은 제척기간이다. [17]

3. ○

제6장 법률행위의 부관(附款)(조건과 기한)

1 조건

▶ 그림민법 p.50~51

1. 조건의사가 있더라도 외부에 표시되지 않으면 그것만으로는 조건이 되지 않는다. [35]

1. ○

2. 조건부 법률행위는 조건이 성취되었을 때에 비로소 그 법률행위가 성립한다. [32]

2. × 성립한다. → 효력이 발생 또는 소멸한다(특별효력요건).

3. 정지조건 있는 법률행위는 조건이 성취한 때로부터 그 효력을 잃는다. [29]

3. × 효력이 생긴다.

4. 해제조건 있는 법률행위는 조건이 성취된 때로부터 그 효력이 발생한다. [30]

4. × 효력이 소멸한다.

5. 동산의 소유권유보부매매에서 소유권유보의 특약은 해제조건이다. [19]

5. × 정지조건이다.

└ 소유권유보약정이 있는 경우, 특별한 사정이 없는 한 매매대금 전부의 지급이라는 조건이 성취될 때까지 매도인이 목적물의 소유권을 보유한다. [25]

└ ○

6. 법정조건은 법률행위의 부관으로서의 조건이 아니다. [32]

6. ○

7. 조건부 법률행위에서 조건이 선량한 풍속 기타 사회질서에 위반한 경우, 그 조건만 무효이고 법률행위는 유효하다. [15+ 19, 20, 23, 34]

7. × 법률행위 전체가 무효로 된다.

└ 조건이 선량한 풍속에 반하면 조건 없는 법률행위가 된다. [17, 22, 33]

└ × 上同

└ 사회질서에 위반한 조건이 붙은 법률행위는 무효이다. [29, 31, 32]

└ ○

└ 불륜관계의 종료를 해제조건으로 하여 내연녀에게 한 증여는 반사회질서의 법률행위로서 무효이다. [24]

└ ○

8. 과거의 사실은 법률행위의 부관으로서의 조건으로 되지 못한다. [32]

8. ○

9. 기성조건을 정지조건으로 하는 법률행위는 무효이다. [22, 28]

9. × 기성(+)×정지(+) = 조건 없는 법률행위(+)

└ 조건이 법률행위 당시 이미 성취된 경우, 그 조건이 정지조건이면 법률행위는 무효가 된다. [23]

└ × 上同

10. 조건부 법률행위에서 기성조건이 해제조건이면 그 법률행위는 무효이다. [31, 34]

10. ○

11. 조건부 법률행위에서 불능조건이 정지조건이면 그 법률행위는 무효이다. [32]

11. ○

┗ 정지조건부 법률행위의 경우 법률행위 당시 조건이 이미 성취할 수 없는 것인 때에는 그 법률행위는 무효이다. [14, 30, 31]

┗ ○

┗ 정지조건부 법률행위에서 조건이 불성취로 확정되면 그 법률행위는 무효로 된다. [25, 28]

┗ ○

12. 불능조건이 해제조건으로 붙은 법률행위는 무효로 한다. [20]

12. × 불능(−)×해제(−) = 조건 없는 법률행위(+)

┗ 해제조건이 법률행위의 당시에 이미 성취할 수 없는 것인 경우에는 그 법률행위는 무효로 한다. [21]

┗ × 上同

13. 취소나 해제에는 일반적으로 조건을 붙일 수 없다. [16]

13. ○

┗ 상대방이 동의하면 해제의 의사표시에 조건을 붙이는 것이 허용된다. [21]

┗ ○

┗ 상대방이 동의하면 채무면제에 조건을 붙일 수 있다. [28]

┗ ○

14. 이행지체의 경우 채권자는 상당한 기간을 정한 최고와 함께 그 기간 내에 이행이 없을 것을 정지조건으로 하여 계약을 해제할 수 있다. [33]

14. ○

15. 조건을 붙이는 것이 허용되지 않는 법률행위에 조건을 붙인 경우, 다른 정함이 없으면 그 조건만 분리하여 무효로 할 수 있다. [28]

15. × 법률행위 전체가 무효로 된다.

┗ 조건을 붙일 수 없는 법률행위에 조건을 붙인 경우, 다른 정함이 없으면 그 법률행위 전부가 무효로 된다. [35]

┗ ○

16. 조건의 성취로 인하여 불이익을 받을 당사자가 신의성실에 반하여 조건의 성취를 방해한 때에는 상대방은 조건이 성취한 것으로 주장할 수 있다. [14]

16. ○

┗ 조건의 성취로 불이익을 받을 자가 신의성실에 반하여 조건의 성취를 방해한 때에는 그 조건은 성취되지 않은 것으로 본다. [19]

┗ × 상대방은 조건이 성취한 것으로 주장할 수 있다.

17. 조건성취로 불이익을 받게 되는 당사자가 신의성실에 반하여 조건성취를 방해한 경우, 상대방의 주장에 의하여 조건성취로 의제되는 시점은 신의성실에 반하는 행위가 없었더라면 조건이 성취되었으리라고 추산되는 시점이다. [20, 33]

17. ○

18. 조건의 성취가 미정(未定)한 권리는 처분할 수 없다. [20, 22, 23, 25]

18. × 조건부 권리도 처분할 수 있다.

19. 정지조건부 매매계약에 기한 토지소유권이전청구권을 보전하기 위한 가등기는 허용되지 않는다. [17]

19. × 조건부 청구권도 가등기에 의해 보전될 수 있다.

20. 조건의 성취 여부가 미정(未定)인 권리도 담보로 제공할 수 있다. [17, 19, 23]

20. ○

21. 조건성취의 효력은 특별한 사정이 없는 한 소급하지 않는다. [33]

21. ○

└ 정지조건부 법률행위는 조건이 성취되면 법률행위 시로 소급하여 효력이 생기는 것이 원칙이다. [22, 23, 25]

└ × 조건이 성취한 때로부터 효력이 생긴다(소급효 없음).

└ 조건이 성취된 해제조건부 법률행위는 특약이 없는 한 소급하여 효력을 잃는다. [17]

└ × 조건이 성취한 때로부터 효력을 잃는다(소급효 없음).

22. 당사자가 조건성취의 효력을 그 성취 전에 소급하게 할 의사를 표시한 때에는 그 의사에 의한다. [28]

22. ○

└ 당사자가 조건성취의 효력을 그 성취 전에 소급하게 할 의사를 표시한 경우에도 그 효력은 조건이 성취된 때부터 발생한다. [21, 29]

└ × 소급하여 발생한다.

23. 법률행위에 조건이 붙어 있다는 사실은 그 조건의 존재를 주장하는 자가 증명해야 한다. [31, 34]

23. ○

24. '정지조건부 법률행위에 해당한다는 사실'에 대한 증명책임은 그 법률행위로 인한 법률효과의 발생을 다투는 자에게 있다. [35]

24. ○

25. 정지조건의 경우에는 권리를 취득한 자가 조건성취에 대한 증명책임을 부담한다. [28]

25. ○

└ 정지조건부 법률행위에서는 권리취득을 부정하는 자가 조건의 불성취를 증명할 책임이 있다. [17]

└ × 권리취득을 주장하는 자가 조건의 성취를 증명하여야 한다.

2 기한

▶ 그림민법 p.52~53

1. 존속기간을 '임차인에게 매도할 때까지'로 정한 임대차계약은 불확정기한부 법률행위이다. [17]

1. × 이는 도래할지 여부가 불확실한 것이어서 기한을 정한 것으로 볼 수 없다.

└ 임대차계약의 기간을 '임차인에게 매도할 때까지'로 정한 경우, 특별한 사정이 없는 한 기간의 약정이 없는 것으로 보아야 한다. [15+]

└ ○

2. 시기(始期) 있는 법률행위는 기한이 도래한 때부터 그 효력을 잃는다. [20]

2. × 효력이 생긴다.

3. 종기(終期) 있는 법률행위는 기한이 도래한 때로부터 그 효력을 잃는다. [31, 34]

3. ○

4. 甲이 乙에게 '丙이 사망하면 부동산을 주겠다'고 한 약정은 정지조건부 증여이다. [21]

4. × 불확정기한부 법률행위이다.

5. 정지조건과 불확정기한은 의사표시의 해석을 통해 구별할 수 있다. [16]

5. ○

└ 정지조건과 이행기로서의 불확정기한은 표시된 사실이 발생하지 않는 것으로 확정된 때에 채무를 이행하여야 하는지 여부로 구별될 수 있다. [33]

└ ○

6. 불확정한 사실이 발생한 때를 이행기간으로 정한 경우, 그 사실의 발생이 불가능하게 된 때에도 기한이 도래한 것으로 본다. [20, 30, 35]

6. ○

7. 상계의 의사표시에는 시기(始期)를 붙일 수 있다. [30]

7. × 상계에는 조건이나 기한을 붙이지 못한다(제493조 제1항).

8. 기한의 도래가 미정한 권리의무는 일반규정에 의하여 처분하거나 담보로 할 수 없다. [29]

8. × 기한부 권리도 처분하거나 담보로 할 수 있다.

9. 기한도래의 효과는 소급효가 없다. [16, 23]

9. ○

10. 기한은 채무자의 이익을 위한 것으로 추정한다. [14, 16, 34]

10. ○

└ 기한은 채무자의 이익을 위한 것으로 간주된다. [19]

└ × 간주된다. → 추정된다.

└ 기한은 채권자의 이익을 위한 것으로 추정한다. [29]

└ × 채권자 → 채무자

11. 기한의 이익은 포기할 수 있다. [19, 29]

11. ○

└ 기한의 이익은 포기할 수 있으나, 상대방의 이익을 해치지 못한다. [14]

└ ○

12. 채무자가 저당물을 손상, 멸실하였을 때에는 기한의 이익을 상실한다. [22]

12. ○

13. 채무자가 담보제공의무를 이행하지 않는 때에는 기한의 이익을 주장하지 못한다. [16]

13. ○

14. 기한이익상실의 특약은 특별한 사정이 없는 한 정지조건부 기한이익상실의 특약으로 추정한다. [23, 30, 31, 35]

14. × 형성권적 기한이익상실의 특약으로 추정된다.

MEMO

제1장 물권 총설
제2장 물권의 변동
제3장 점유권
제4장 소유권
제5장 용익물권
제6장 담보물권

물권법

PART
02 물권법

제1장 | 물권 총설

1 물권의 의의 및 특성
▶ 그림민법 p.56

2 물권의 객체
▶ 그림민법 p.56

▷ 물건

1. 물건 이외의 재산권은 물권의 객체가 될 수 없다. [34]

  ↳ 지상권이나 전세권은 저당권의 객체가 될 수 있다. [28, 34]

1. × 예외적으로 권리가 물권의 객체가 되는 경우도 있다.
  ↳ ○

▷ 일물일권주의

1. 물권의 객체는 원칙적으로 특정·독립한 물건이다. [16]

  ↳ 매수한 입목을 특정하지 않고 한 명인방법에는 물권변동의 효력이 없다. [17]

2. 용익물권은 토지나 건물의 일부 위에 설정될 수 있다. [16]

  ↳ 1필의 토지의 일부를 객체로 하여 지상권을 설정할 수 없다. [34]

3. 1필의 토지의 일부에 저당권을 설정할 수 있다. [16, 21, 33, 35]

4. 1동 건물의 일부도 구조상·이용상 독립성이 있으면 구분행위에 의하여 독립된 부동산이 될 수 있다. [27]

5. 입목에 관한 법률에 의하여 등기된 수목의 집단은 토지와 별개로 저당권의 목적이 될 수 있다. [17]

6. 토지에서 벌채되어 분리된 수목은 독립된 소유권의 객체로 된다. [27]

7. 미분리의 과실은 명인방법을 갖추면 독립된 소유권의 객체로 된다. [27]

8. 농지소유자의 승낙 없이 농작물을 경작한 경우 명인방법을 갖추어야만 토지와 별도로 독립된 소유권의 객체로 된다. [27]

9. 물건의 집단에 대해서는 하나의 물권이 성립하는 경우가 없다. [35]

1. ○
  ↳ ○
2. ○
  ↳ × 지상권은 1필의 토지의 일부에 설정될 수 있다.
3. × 1필의 토지의 일부에는 저당권이 성립할 수 없다.
4. ○
5. ○
6. ○
7. ○
8. × 명인방법을 갖출 필요도 없이 독립된 소유권의 객체로 된다.
9. × 다수의 물건의 집합이라도 특정될 수 있으면 하나의 물권의 객체가 될 수 있다(가령 집합물에 대한 양도담보권 설정).

3 물권의 종류(물권법정주의)

▶ 그림민법 p.57

1. 민법 제185조에서의 '법률'은 국회가 제정한 형식적 의미의 법률을 의미한다. [32]

  └ 물권은 「부동산등기규칙」에 의해 창설될 수 있다. [34]

2. 관습법에 의한 물권은 인정되지 않는다. [35]

3. 사용·수익 권능을 대세적·영구적으로 포기한 소유권도 존재한다. [32]

  └ 처분권능이 없는 소유권은 인정되지 않는다. [32]

4. 다음 중 물권인 것은?

1) 구분지상권 [19]

2) 근저당권 [18]

3) 양도담보권 [18]

4) 광업권 [19]

5) 어업권 [19]

6) 관습상 법정지상권 [18]

7) 분묘기지권 [19]

8) 온천권 [19, 26, 32]

9) 환매권 [18]

5. 타인의 토지에 대한 관습법상 물권으로서 통행권이 인정된다. [26]

6. 근린공원을 자유롭게 이용한 사정만으로 공원이용권이라는 배타적 권리를 취득하였다고 볼 수는 없다. [26, 32]

7. 미등기·무허가 건물의 양수인은 소유권에 기한 방해배제청구권을 행사할 수 없다. [34]

  └ 미등기·무허가 건물의 양수인은 소유권이전등기를 경료받지 않아도 소유권에 준하는 관습법상의 물권을 취득한다. [26]

1. ○

└ × 대법원규칙인 「부동산 등기규칙」에 의해서는 물권을 창설할 수 없다.

2. × 물권은 관습법에 의해서도 창설될 수 있다.

3. × 그러한 소유권을 인정하는 것은 물권법정주의에 위배된다.

└ ○

4.

1) ○

2) ○

3) ○

4) ○

5) ○

6) ○

7) ○

8) × 온천에 관한 권리는 관습법상 물권이라고 볼 수 없다.

9) × 환매권은 물권이 아니라 형성권이다.

5. × 관습상의 사도(私道)통행권을 인정하는 것은 물권법정주의에 위배된다.

6. ○

7. ○

└ × 소유권에 준하는 관습법상의 물권은 인정되지 않는다.

4 물권의 효력

▶ 그림민법 p.57~59

▷ 우선적 효력

1. 동일한 물건 위에 성질·범위·순위가 같은 물권이 동시에 성립하지 못한다. [17]

1. ○

2. 저당권은 동일한 토지 위에 두 개 이상 성립할 수 있지만, 그들 상호간에는 먼저 성립한 저당권이 우선한다. [14]

2. ○

3. 저당권보다 먼저 설정된 지상권은 저당권자의 경매신청에 따른 매각으로 매수인에게 인수되지만, 저당권보다 나중에 설정된 지상권은 매각으로 소멸한다. [16]

3. ○

4. 전세권과 저당권이 설정되어 있는 부동산에 저당권이 실행되면 그 전세권은 언제나 소멸한다. [15+]

4. × 저당권보다 선순위 전세권은 인수되고 후순위 전세권은 소멸한다.

5. 저당권보다 먼저 설정된 전세권이 있는 경우, 저당권자가 신청한 경매절차에서 전세권자가 배당요구를 하였다면 그 전세권은 매각으로 소멸한다. [16]

5. ○

6. 건물 위에 1순위 저당권, 전세권, 2순위 저당권이 차례대로 설정된 후, 2순위 저당권자가 경매를 신청하면 전세권과 저당권은 모두 소멸하고 배당순위는 설정등기의 순서에 의한다. [22]

6. ○

▷ 물권적 청구권

1. 소유자는 자신의 소유권을 방해할 염려 있는 행위를 하는 자에 대하여 그 예방이나 손해배상의 담보를 청구할 수 있다. [33]

1. ○

└ 소유자는 소유권을 방해할 염려가 있는 자에 대하여 그 예방과 함께 손해배상의 담보를 청구할 수 있다. [17]

└ × 예방과 함께→예방이나

2. 소유권에 기한 물권적 청구권은 소유권과 분리하여 양도될 수 없다. [18]

2. ○

└ 부동산의 양수인은 양도인에게 소유권에 기한 물권적 청구권을 유보할 수 있고, 이때 양도인은 불법점유자에 대하여 소유물의 방해배제를 청구할 수 있다. [20, 32]

└ × 소유권에 기한 물권적 청구권을 전 소유자에게 유보할 수는 없다.

3. 소유권에 기한 물권적 청구권은 소멸시효에 걸리지 않는다. [30, 31]

3. ○

└ 소유권에 기한 물권적 청구권은 그 소유권과 분리하여 별도의 소멸시효의 대상이 된다. [32]

└ × 물권적 청구권은 소멸시효에 걸리지 않는다.

4. 소유권에 기한 물권적 청구권은 그 소유자가 소유권을 상실하면 더 이상 인정되지 않는다. [32]

ㄴ 소유권에 기한 물권적 청구권이 발생한 후에는 소유자가 소유권을 상실하더라도 그 청구권을 행사할 수 있다. [29, 33]

ㄴ 매매를 원인으로 소유권이전등기를 경료해 준 자는 불법점유자에 대하여 소유권에 기한 물권적 청구권을 행사하지 못한다. [15+]

ㄴ 甲 소유의 토지 위에 乙이 무단으로 건물을 축조하였다. 丙이 그 토지의 소유권을 이전받은 경우, 甲은 乙을 상대로 건물의 철거를 청구할 수 있다. [19, 21]

ㄴ 지상권을 설정한 토지의 소유자는 그 토지의 불법점유자에 대하여 소유권에 기한 방해배제를 청구할 수 없다. [33]

5. 상대방의 귀책사유는 물권적 청구권의 행사요건이 아니다. [30]

ㄴ 물권적 청구권을 행사하기 위해서는 그 상대방에게 귀책사유가 있어야 한다. [32]

6. 소유자는 소유물을 불법점유한 사람의 특별승계인에 대하여는 그 반환을 청구하지 못한다. [29]

7. 점유보조자가 그 물건의 사실적 지배를 가지는 이상 물권적 청구권의 상대방이 된다. [15+]

8. 甲 소유의 건물에 乙 명의의 저당권설정등기가 불법으로 경료된 후 丙에게 저당권이전등기가 경료되었다면, 甲은 丙을 상대로 저당권설정등기의 말소를 청구할 수 있다. [21]

9. 물권적 방해배제청구권의 요건으로 요구되는 '방해'는 개념상 '손해'와 구별된다. [30]

ㄴ 소유권에 기한 방해배제청구권에 있어서 '방해'에는 과거에 이미 종결된 손해가 포함된다. [32]

10. 소유권에 기한 방해배제청구권은 현재 계속되고 있는 방해의 원인과 함께 방해결과의 제거를 내용으로 한다. [29]

ㄴ 소유권에 기한 방해배제청구권은 현재 계속되고 있는 방해원인의 제거를 내용으로 한다. [34]

---

4. ○

ㄴ × 소유권을 상실하면 소유권에 기한 물권적 청구권도 상실한다.

ㄴ ○

ㄴ × 甲은 소유권을 상실하였으므로 소유권에 기한 물권적 청구권도 행사할 수 없다.

ㄴ × 토지소유권을 상실하지 않았으므로 소유권에 기한 방해배제를 청구할 수 있다.

5. ○

ㄴ × 상대방의 귀책사유(고의, 과실)는 요하지 않는다.

6. × 점유물반환청구와 달리 소유물반환청구의 상대방에는 특별한 제한이 없다.

7. × 점유보조자는 점유자가 아니므로 소유물반환청구의 상대방이 될 수 없다.

8. ○

9. ○

ㄴ × 방해는 현재에도 지속되고 있는 침해를 의미하는 것으로 침해가 과거에 일어나서 이미 종결된 경우에 해당하는 손해의 개념과는 다르다.

10. × 방해결과의 제거는 손해배상의 영역이고, 물권적 청구권은 방해의 원인으로 제거하는 것을 내용으로 한다.

ㄴ ○

11. 물권적 청구권이 손해배상청구권을 당연히 포함하는 것은 아니다. [15+]

11. ○

12. 소유자가 말소등기의무자에 의해 소유권을 상실하여 소유권에 기한 등기말소를 구할 수 없는 경우, 그 의무자에게 이행불능에 의한 전보배상청구권을 가진다. [31]

　(↳ 전보배상(塡補賠償): 본래의 채무의 이행에 갈음하는 손해배상을 의미)

12. × 물권적 청구권의 이행불능으로 인한 손해배상청구권은 인정되지 않는다.

13. 소유자는 물권적 청구권에 의하여 방해제거비용 또는 방해예방비용을 청구할 수 없다. [29]

13. ○

↳ 소유자는 소유권을 방해하는 자에 대해 민법 제214조에 기해 방해배제비용을 청구할 수 없다. [34]

↳ ○

14. 甲 소유의 토지 위에 乙이 무단으로 건물을 축조하였다.

14.

1) 甲은 乙을 상대로 건물에서의 퇴거를 청구할 수 없다. [19, 27, 35]

1) ○

2) 乙이 위 건물을 丙에게 임대하여 丙이 이를 점유하고 있는 경우, 甲은 乙을 상대로 건물의 철거 및 토지의 인도를 청구할 수 있다. [35]

2) ○

↳ 위에서 甲은 직접점유자인 丙을 상대로 건물철거를 청구할 수 있다. [18, 27]

↳ × 건물소유자인 乙을 상대로 철거를 청구해야 한다.

↳ 위에서 甲은 丙을 상대로 대지인도를 청구할 수 있다. [27]

↳ × 건물부지의 점유자는 丙이 아니라 乙이므로 乙을 상대로 대지인도를 청구해야 한다.

3) 2)에서 甲은 乙을 상대로 토지의 무단사용을 이유로 부당이득반환청구권을 행사할 수 있다. [35]

3) ○

4) 2)에서 甲은 丙을 상대로 건물에서의 퇴거(=퇴출)를 구할 수 있다. [27, 35]

4) ○

5) 乙이 丁에게 위 건물을 매도한 후 매매대금을 전부 지급받고 인도하였으나 건물이 아직 미등기인 경우, 甲은 丁을 상대로 건물의 철거를 청구할 수 없다. [18, 19, 26, 27, 31]

5) × 건물을 매수하여 점유하는 자(丁)는 아직 등기명의가 없더라도 그 건물을 처분(철거)할 수 있는 지위에 있으므로 甲은 丁을 상대로 건물의 철거를 청구할 수 있다.

15. 甲의 토지를 무단으로 점유하던 乙이 문서를 위조하여 자기 앞으로 등기를 이전한 다음, 丙에게 매도하여 丙이 소유자로 등기되어 있다.

15.

1) 甲은 乙, 丙을 상대로 각 등기의 말소등기를 청구할 수 있다. [22]

1) ○

2) 甲은 丙을 상대로 진정명의회복을 원인으로 소유권이전등기를 청구할 수 있다. [22]

2) ○

▷ 등기를 갖추지 않은 부동산양수인의 법적 지위

1. 미등기·무허가 건물의 양수인은 소유권이전등기를 경료받지 않아도 소유권에 준하는 관습법상의 물권을 취득한다. [20, 26]

⌐ 미등기건물의 매수인은 건물의 매매대금을 전부 지급한 경우에는 건물의 불법 점유자에 대해 직접 자신의 소유권에 기한 명도를 청구할 수 있다. [21, 22]

2. 乙은 丙의 토지 위에 있는 甲 소유의 X건물을 매수하여 대금완납 후 그 건물을 인도받고 등기서류를 교부받았지만, 아직 이전등기를 마치지 않았다. 甲의 채권자가 X건물에 대해 강제집행하는 경우, 乙은 이의를 제기하지 못한다. [26]

3. 甲 소유의 토지 위에 乙이 무단으로 건물을 축조하였다. 乙이 丙에게 건물을 매도한 후 매매대금을 전부 지급받고 인도하였으나 건물이 아직 미등기인 경우, 甲은 丙을 상대로 건물의 철거를 청구할 수 없다. [18, 19, 26, 27, 31]

4. 甲은 자신의 토지를 乙에게 매도하여 인도하였고, 乙은 그 토지를 점유·사용하다가 다시 丙에게 매도하여 인도하였다. 甲과 乙은 모두 대금 전부를 수령하였고, 甲·乙·丙 사이에 중간생략등기의 합의가 있었다. 甲은 乙을 상대로 소유물반환을 청구할 수 없다. [35]

5. 매매계약의 이행으로 토지를 인도받은 매수인이 이전등기를 마치지 않고 제3자에게 전매하여 인도한 경우, 매도인은 제3자에게 소유권에 기한 물권적 청구권을 행사할 수 있다. [20]

⌐ 乙이 소유자 甲으로부터 토지를 매수하고 인도받았으나 등기를 갖추지 않고 다시 丙에게 이를 전매하고 인도한 경우, 甲은 丙에게 소유물반환청구를 할 수 있다. [21, 35]

⌐ 乙은 丙의 토지 위에 있는 甲 소유의 X건물을 매수하여 대금완납 후 그 건물을 인도받고 등기서류를 교부받았지만 아직 이전등기를 마치지 않았다. 乙로부터 X건물을 다시 매수하여 점유·사용하고 있는 丁에 대하여 甲은 소유권에 기한 물권적 청구권을 행사할 수 있다. [26]

1. × 그러한 물권은 인정되지 않는다.

⌐ × 직접 명도청구를 할 수는 없고, 소유자인 매도인을 대위하여 청구해야 한다.

2. ○

3. × 건물을 매수하여 점유하는 자(丙)는 등기명의가 없더라도 그 건물을 처분(철거)할 수 있는 지위에 있다.

4. ○

5. × 이 경우 제3자는 그 토지를 점유·사용할 권리를 취득한 것이므로, 매도인은 그 제3자에게 물권적 청구권을 행사할 수 없다.

⌐ × 上同

⌐ × 上同

제2장 물권의 변동

1 총설 ▶ 그림민법 p.60

▷ 공시(公示)의 원칙

1. 물권은 배타적 지배권이어서 제3자에게 미치는 영향이 크므로 그 물권의 표상·표식으로서 공시가 필요하다. [13]

1. ○

2. 부동산물권에 관하여는 등기를, 동산물권에 관하여는 점유를 공시방법으로 한다. [13]

2. ○

3. 등기나 점유 외에도 특수한 공시방법이 관습법상 인정되고 있다. [13]

3. ○

4. 명인방법으로 공시되는 물권변동은 소유권의 이전 또는 유보에 한한다. [23]

4. ○

▷ 공신(公信)의 원칙

1. 부동산 물권변동에 관해서 공신의 원칙이 인정된다. [35]

1. × 인정되지 않는다. 즉 등기에는 공신력이 없다.

2. 甲의 토지를 무단으로 점유하던 乙이 문서를 위조하여 자기 앞으로 등기를 이전한 다음, 丙에게 매도하여 丙이 소유자로 등기되어 있다. 丙이 乙을 소유자로 믿었고, 믿었는데 과실이 없는 경우에도 소유권을 즉시 취득할 수 없다. [22]

2. ○

2 물권행위 ▶ 그림민법 p.61

1. 甲이 그 소유 토지를 乙에게 매도하고 이전등기를 해 준 뒤 사기를 이유로 매매계약을 적법하게 취소한 경우, 乙의 등기가 말소되기 전이라도 甲은 소유권을 회복한다. [18]

1. ○

2. 매매계약이 해제되면 매수인에게 이전되었던 소유권은 말소등기 없이도 매도인에게 당연히 복귀한다. [13, 14]

2. ○

ㄴ 甲은 乙에게 부동산을 매도하고 소유권이전등기를 경료하였다. 계약을 해제하였지만 소유권등기가 회복되지 않은 상태에서는 甲은 소유물반환을 청구할 수 없다. [15]

ㄴ × 계약의 해제로 소유권은 이미 甲에게 복귀하였으므로 甲은 소유물반환을 청구할 수 있다.

3 부동산물권의 변동

▶ 그림민법 p.61

1. 부동산물권변동을 위해서 등기를 요하는 경우(要)와 요하지 않는 경우(不要)를 말하고, 그에 관련된 질문에 답하시오.

1.

1) 매매계약에 의한 부동산물권의 취득 [35]

1) 要

2) 교환계약에 의한 부동산물권의 이전 [14, 21]

2) 要

3) 상속에 의한 소유권의 취득 [14, 22, 24, 25, 26, 31, 34]

3) 不要

4) 합병에 의한 법인부동산의 소유권 이전 [14]

4) 不要

5) 지방자치단체가 토지를 수용하고 보상금을 모두 지급한 경우 [15]

5) 不要

6) 현물분할의 합의에 의하여 공유토지에 대한 단독소유권을 취득하는 경우 [25]

6) 要

7) 공유물분할청구소송에서 현물분할의 협의가 성립하여 조정이 된 때 공유자들의 소유권 취득 [27]

7) 要

8) 공유물의 현물분할판결 [35]

8) 不要

└ 공유토지 분할판결이 확정되면 분할등기 전이더라도 물권변동이 일어난다. [18]

└ ○

└ 민법 제187조 소정의 판결은 형성판결을 의미한다. [34]

└ ○

9) 법원의 이행판결에 의한 소유권의 이전 [14]

9) 要

└ 부동산의 매수인이 매도인을 상대로 소유권이전등기절차의 이행을 청구하는 소송을 제기하여 매수인의 승소판결이 확정된 경우 [15, 26]

└ 要

└ 매수인 乙이 매도인 甲을 상대로 한 소유권이전등기청구소송에서 승소하여 판결이 확정되었다고 하더라도 乙이 즉시 소유권을 취득하는 것은 아니다. [18]

└ ○

└ 이행판결에 기한 부동산물권의 변동시기는 확정판결 시이다. [31]

└ × 등기 시이다.

└ 등기를 요하지 않는 물권취득의 원인인 판결이란 이행판결을 의미한다. [30]

└ × 형성판결을 의미한다.

10) 부동산소유권이전을 내용으로 하는 화해조서에 기한 소유권취득에는 등기를 요하지 않는다. [34]

10) × 부동산소유권이전을 내용으로 하는 화해조서는 이행판결과 같은 효력을 가지므로 등기를 요한다.

11) 저당권실행에 의한 경매에서의 소유권 취득 [15, 27, 33]

11) 不要

└ 경매로 인한 부동산소유권의 취득시기는 매각대금을 완납한 때이다. [31, 34]

└ ○

12) 건물을 신축하여 소유권을 취득하는 경우 [14, 22, 24, 25, 31, 34, 35]

12) 不要

13) 증여계약의 취소에 의한 소유권의 복귀 [14]　　　　13) 不要

　ㄴ 甲이 그 소유 토지를 乙에게 매도하고 이전등기를 해 준 뒤 사기를 이유로 매매　　ㄴ ○
　　 계약을 적법하게 취소한 경우, 乙의 등기가 말소되기 전이라도 甲은 소유권을
　　 회복한다. [18]

14) 혼동에 의한 지상권이나 저당권의 소멸 [21, 22]　　　　14) 不要

15) 존속기간 만료에 의한 지상권의 소멸 [21, 24]　　　　15) 不要

16) 부동산을 20년간 점유함으로써 취득시효가 완성된 경우 [15, 35]　　16) 要

　ㄴ 점유취득시효에 의한 지역권의 취득 [24]　　　　ㄴ 要

17) 등기된 입목(立木)에 대한 저당권의 취득 [22]　　　　17) 要

18) 피담보채무의 변제로 인한 저당권의 소멸 [18, 25, 26]　　18) 不要

19) 건물소유자의 법정지상권 취득 [27]　　　　19) 不要

20) 법정지상권부 건물의 양수인의 법정지상권 취득 [13, 16, 18, 28, 30]　　20) 要

21) 법정지상권부 건물의 경락인의 법정지상권 취득 [28, 29]　　21) 不要

22) 분묘기지권의 취득 [22, 27]　　　　22) 不要

23) 법정저당권의 취득 [24, 31]　　　　23) 不要

24) 매매예약완결권 행사에 의한 부동산소유권 취득 [21]　　24) 要

25) 공유지분 포기에 의한 물권변동 [30, 31]　　　　25) 要

26) 합유지분 포기에 의한 물권변동 [22, 27]　　　　26) 要

27) 1동의 건물 중 구분된 건물부분이 구조상·이용상 독립성을 갖추고 구분행위로　　27) 不要
　　 인하여 구분소유권을 취득하는 경우 [25]

28) 집합건물의 구분소유권을 취득하는 자의 공용부분에 대한 지분 취득 [13, 21]　　28) 不要

　ㄴ 구조상의 공용부분에 관한 물권의 득실변경은 등기하여야 효력이 생긴다. [29]　　ㄴ × 공용부분에 관한 물권의
　　　　　　　　　　　　　　　　　　　　　　　　　　　　　　　　　　　득실변경은 등기를 요하지 않는다.

4 부동산등기

▶ 그림민법 p.62~66

▷ 등기청구권의 법적 성질과 소멸시효

1. 등기청구권과 등기신청권은 동일한 내용의 권리이다. [30]

∟ 등기청구권이란 등기권리자와 등기의무자가 함께 국가에 등기를 신청하는 공법상의 권리이다. [32]

2. 매수인의 매도인에 대한 소유권이전등기청구권은 채권적 청구권이다. [22, 30]

∟ 교환으로 인한 이전등기청구권은 물권적 청구권이다. [34]

3. 매수인이 부동산을 인도받아 사용·수익하고 있는 이상 매수인의 이전등기 청구권은 시효로 소멸하지 않는다. [16, 30, 32, 34]

∟ A는 B의 X토지를 매수하여 1992. 2. 2.부터 등기 없이 2014년 현재까지 점유하고 있다. A의 B에 대한 매매를 원인으로 한 소유권이전등기청구권은 2002. 2. 2. 시효로 소멸하였다. [25]

4. 甲은 자기 소유 토지를 乙에게 매도하고 인도하였으며, 乙이 다시 丙에게 이를 전매하고 인도하였다. 이 경우 乙은 점유를 상실했으므로 乙의 甲에 대한 소유권 이전등기청구권은 소멸시효에 걸린다. [15, 18, 35]

5. 점유취득시효 완성으로 인한 소유권이전등기청구권은 채권적 청구권이다. [15, 22]

6. 중간생략등기 합의에 기한 최종 양수인의 최초 양도인에 대한 등기청구권은 채권적 청구권이다. [22]

7. 청구권 보전을 위한 가등기에 기한 본등기청구권은 물권적 청구권이다. [22]

8. 가등기에 기한 소유권이전등기청구권이 시효완성으로 소멸된 후 그 부동산을 취득한 제3자가 가등기권자에게 갖는 등기말소청구권은 채권적 청구권이다. [30]

9. 甲 소유의 부동산을 乙이 등기에 필요한 문서를 위조하여 乙 명의로 등기한 경우, 甲의 乙에 대한 말소등기청구권은 물권적 청구권이다. [15]

10. 진정한 등기명의 회복(= 진정명의회복)을 위한 소유권이전등기청구권의 법 적 성질은 소유권에 기한 방해배제청구권이다. [20, 34]

11. 매매계약 취소로 인한 매도인의 매수인에 대한 등기청구권은 채권적 청구권 이다. [22]

---

1. × 등기청구권은 사법상의 권리(私權)이고, 등기신청권은 공법상의 권리(公權)이다.

∟ × 등기청구권은 등기권리 자가 등기의무자에게 공동신 청절차에 협력할 것을 요구하 는 사법상의 권리이다.

2. ○

∟ × 채권적 청구권이다.

3. ○

∟ × 매수한 토지를 점유하고 있으므로 소멸시효에 걸리지 않는다.

4. × 보다 적극적인 권리행사 의 일환으로 토지를 처분한 것 이므로 소멸시효는 진행하지 않는다.

5. ○

6. ○

7. × 채권적 청구권이다.

8. × 소유권에 기한 물권적 청 구권이다.

9. ○

10. ○

11. × 물권적 청구권이다.

▷ 등기청구권의 양도의 대항요건

1. 매매로 인한 이전등기청구권의 양도는 특별한 사정이 없는 한 양도인의 채무자에 대한 통지만으로 대항력이 생긴다. [34]

    1. × 매매로 인한 소유권이전등기청구권의 양도는 반드시 채무자의 동의나 승낙을 받아야 대항력이 생긴다.

    ∟ 乙이 甲에 대한 소유권이전등기청구권을 丙에게 양도하고 이를 甲에게 통지했다면, 丙은 직접 甲에 대해 소유권이전등기를 청구할 수 있다. [18, 20]

    ∟ × 甲의 동의나 승낙을 받아야 직접 甲에게 소유권이전등기를 청구할 수 있다.

    ∟ X토지는 甲 → 乙 → 丙으로 순차 매도되었다. 중간생략등기의 합의가 없다면 丙은 甲의 동의나 승낙 없이 乙의 소유권이전등기청구권을 양도받아 甲에게 소유권이전등기를 청구할 수 있다. [31]

    ∟ × 上同

2. 점유취득시효 완성으로 인한 이전등기청구권의 양도는 특별한 사정이 없는 한 양도인의 채무자에 대한 통지만으로는 대항력이 생기지 않는다. [34]

    2. × 채무자에 대한 통지만으로도 대항력이 생긴다.

    ∟ 취득시효완성으로 인한 소유권이전등기청구권은 원소유자의 동의가 없어도 제3자에게 양도할 수 있다. [31]

    ∟ ○

    ∟ 취득시효완성으로 인한 소유권이전등기청구권은 시효완성 당시의 등기명의인이 동의해야만 양도할 수 있다. [32]

    ∟ × 동의 없이도 양도할 수 있다.

    ∟ 점유취득시효의 완성으로 점유자가 소유자에 대해 갖는 소유권이전등기청구권은 통상의 채권양도 법리에 따라 양도될 수 있다. [30]

    ∟ ○

▷ 중간생략등기

1. 甲은 자기 소유의 토지를 乙에게 매도하고 인도하였으며, 乙이 다시 丙에게 이를 전매하고 인도하였다.

    1.

    1) 甲, 乙, 丙이 甲에게서 丙으로 소유권이전등기를 해 주기로 합의하였다면 丙은 직접 甲에 대하여 소유권이전등기청구권을 행사할 수 있다. [20, 31, 35]

    1) ○

    2) 甲과 乙, 乙과 丙이 중간등기생략의 합의를 순차적으로 한 경우, 丙은 甲의 동의가 없더라도 甲을 상대로 중간생략등기청구를 할 수 있다. [23]

    2) × 전원의 의사합치, 즉 甲과 丙 사이에도 합의가 있어야 한다.

    3) 甲에서 직접 丙 앞으로의 등기이전에 관해 甲, 乙, 丙 전원의 합의가 없더라도 丙은 乙의 甲에 대한 소유권이전등기청구권을 대위행사할 수 있다. [15, 18, 35]

    3) ○

    4) 甲, 乙, 丙 간의 중간생략등기의 합의로 乙의 甲에 대한 등기청구권은 소멸한다. [16, 20, 23, 31]

    4) × 중간생략등기의 합의가 있었다 하여 중간매수인의 등기청구권이 소멸되는 것은 아니다.

5) 甲, 乙, 丙 간의 중간생략등기의 합의로 甲의 乙에 대한 매매대금채권의 행사는 제한받지 않는다. [31]

5) ○

└ 중간생략등기를 합의한 최초매도인은 그와 거래한 매수인의 대금미지급을 들어 최종매수인 명의로의 소유권이전등기의무의 이행을 거절할 수 있다. [23, 29]

└ ○

└ 甲, 乙, 丙의 중간생략등기의 합의가 있은 후에 甲과 乙이 매매대금을 인상하는 약정을 체결한 경우, 甲은 인상분의 미지급을 이유로 丙의 소유권이전등기청구를 거절할 수 없다. [16, 20]

└ × 중간생략등기의 합의가 있다고 해서 최초매도인(甲)이 중간자(乙)에 대해 갖는 매매대금채권의 행사가 제한되는 것은 아니다.

6) 甲으로부터 직접 丙 앞으로 된 소유권이전등기는 甲, 乙, 丙 전원의 합의가 없는 한 효력이 없다. [18, 20]

6) × 이미 경료되어 버린 중간생략등기는 그에 관한 합의가 없었다는 사실만으로는 무효라고 할 수 없다.

7) 중간생략등기의 합의 후 甲, 乙 사이의 매매계약이 합의해제된 경우, 甲은 丙 명의로의 소유권이전등기의무의 이행을 거절할 수 있다. [23]

7) ○

└ 甲, 乙 사이의 계약이 제한능력을 이유로 적법하게 취소된 경우, 甲은 丙 앞으로 경료된 중간생략등기의 말소를 청구할 수 있다. [23]

└ ○

8) 위 토지가 토지거래허가구역 내의 토지인 경우 甲, 乙, 丙 전원의 합의 아래 甲으로부터 직접 丙 앞으로 경료된 소유권이전등기는 甲과 丙을 매매당사자로 하는 토지거래허가를 받았다면 유효하다. [16, 18]

8) × 甲, 丙 간에 매매계약이 체결된 것이 아니므로, 이는 적법한 토지거래허가 없이 경료된 등기로서 무효이다.

2. 미등기건물의 원시취득자와 그 승계취득자의 합의에 의해 직접 승계취득자 명의로 한 소유권보존등기는 유효하다. [23]

2. ○

└ 미등기 건물의 양수인이 그 건물을 신축한 양도인의 동의를 얻어 직접 자기 명의로 보존등기를 한 경우, 그 등기는 유효하다. [29]

└ ○

└ 乙의 미등기건물을 매수한 甲이 직접 자기 명의로 보존등기를 경료한 경우, 甲은 건물의 소유권을 취득한다. [14]

└ ○

3. 乙이 甲의 토지를 상속한 뒤 丙에게 토지를 매도하고 직접 甲에서 丙으로 매매를 원인으로 하는 소유권이전등기가 이루어진 경우, 丙은 소유권을 취득한다. [21]

3. ○

└ 위조문서에 의한 등기라도 그것이 실체관계에 부합하거나 그 등기에 부합하는 물권행위가 있을 때에는 그 등기는 유효하다. [13]

└ ○

▷ 가등기

1. 물권적 청구권을 보전하기 위하여 가등기를 할 수 있다. [20, 32]

> 1. ✕ 가등기는 채권적 청구권을 보전하기 위해서만 할 수 있다.

2. 정지조건부 청구권을 보전하기 위한 가등기도 허용된다. [32]

> 2. ○

3. 소유권이전청구권 보전을 위한 가등기가 있으면 소유권이전등기를 청구할 어떠한 법률관계가 있다고 추정된다. [17, 20, 21, 25]

> 3. ✕ 가등기에는 추정적 효력이 없다.

4. 가등기 후 제3자에게 소유권이전등기가 경료된 경우, 본등기를 하지 않은 가등기 권리자는 가등기의무자에게 제3자 명의의 등기의 말소를 청구할 수 없다. [22]

> 4. ○

5. 가등기 이후에 부동산을 취득한 제3자는 가등기에 기한 소유권이전등기청구권이 시효완성으로 소멸되었다면, 가등기권리자에 대하여 본등기청구권의 소멸시효를 주장하여 그 가등기의 말소를 청구할 수 있다. [15]

> 5. ○

6. 가등기된 권리를 후에 본등기하면 가등기한 시점에서 다른 물권과의 우열이 정해진다. [14]

> 6. ○

┗ 甲 명의의 저당권설정의 가등기가 있은 후에 乙 명의의 저당권설정등기가 되었고, 그 후 甲의 가등기에 기해 본등기가 되었다면, 乙의 저당권이 甲의 저당권에 우선한다. [22]

> ┗ ✕ 甲의 저당권이 우선한다 (가등기의 순위보전적 효력).

7. 가등기 이후에 가압류등기가 마쳐지고 가등기에 기한 본등기가 된 경우, 등기관은 그 가압류등기를 직권으로 말소할 수 없다. [22]

> 7. ✕ 가압류등기도 중간처분 등기로서 직권말소된다.

8. 가등기에 기한 본등기 절차에 의하지 않고 별도의 본등기를 경료받은 경우, 제3자 명의로 중간처분의 등기가 있어도 가등기에 기한 본등기절차의 이행을 구할 수 없다. [32]

> 8. ✕ 이 경우 가등기에 기한 본등기청구권이 소유권과의 혼동으로 소멸하지 않으므로 그 본등기절차의 이행을 구할 수 있다.

9. 甲 소유의 X토지에 乙 명의로 소유권이전청구권 보전을 위한 가등기가 경료되어 있다.

> 9.

1) 만일 X토지에 관하여 제3자 명의로 중복된 소유권보존등기가 마쳐졌다면, 乙은 가등기에 기한 본등기를 하기 전에도 그 말소를 청구할 수 있다. [17]

> 1) ✕ 본등기를 하기 전에는 중복등기의 말소를 청구할 수 없다.

2) 乙은 가등기에 의해 보전된 소유권이전청구권을 가등기에 대한 부기등기의 방법으로 타인에게 양도할 수 있다. [21, 32]

> 2) ○

3) 甲이 토지에 대한 소유권을 丙에게 이전한 뒤 乙이 본등기를 하려면 丙에게 등기청구권을 행사하여야 한다. [17, 21]

> 3) × 甲에게 본등기청구권을 행사하여야 한다.

└ 소유권이전청구권을 보전하기 위한 가등기에 기한 본등기를 청구하는 경우, 가등기 후 소유자가 변경되더라도 가등기 당시의 등기명의인을 상대로 하여야 한다. [32]

> └ ○

4) 乙이 가등기에 기한 본등기를 하면 가등기를 경료한 때부터 소유권을 취득한다. [21]

> 4) × 본등기를 경료한 때 소유권을 취득한다.

└ 가등기에 기하여 본등기가 행해지면 물권변동의 효력은 본등기가 행해진 때 발생한다. [30]

> └ ○

└ 가등기에 기한 본등기에 의한 물권변동시기에는 소급효가 인정된다. [23]

> └ × 물권변동의 효력에는 소급효가 없다.

5) 甲이 토지에 대한 소유권을 丙에게 이전한 뒤 乙이 가등기에 기한 본등기를 하면 乙은 丙에게 그동안의 토지의 사용·수익에 관하여 부당이득반환을 청구할 수 있다. [17]

> 5) × 乙의 소유권취득에는 소급효가 없으므로 그동안의 丙의 토지에 대한 사용·수익은 乙에 대한 관계에서 부당이득이 아니다.

6) 乙의 가등기 후 甲이 丁에게 저당권을 설정해 주고, 그 후 乙이 본등기를 하면 乙은 丁을 위한 물상보증인의 지위에 있게 된다. [21]

> 6) × 乙의 본등기로 인해 丁의 저당권은 소멸하므로 乙은 물상보증인의 지위를 갖지 않는다.

▷ 중복등기(이중등기)

1. 甲이 자기 소유 부동산에 대해 이중으로 보존등기를 경료하고 나중에 경료된 보존등기에 기해 乙에게 소유권이전등기를 경료한 경우, 乙은 소유권을 취득한다. [15]

> 1. × 중복된 보존등기 중 무효인 후등기에 기초한 소유권이전등기 역시 무효이다.

2. 甲으로부터 토지를 매수한 乙이 甲 명의로 된 유효한 보존등기에 기초하여 소유권이전등기를 하지 않고 새로 등기부를 개설하여 乙 명의로 보존등기를 한 경우, 乙은 소유권을 취득하지 못한다. [21]

> 2. ○

3. 甲으로부터 겨우 기초공사만 한 건물을 매수한 乙은 건물을 완성하였는데, 미등기인 동안에 甲이 자기 명의로 보존등기를 한 후, 다시 丙에게 매도하여 丙에게 이전등기를 완료하여 주었다.

> 3.

1) 乙은 등기명의인인지 여부나 丙의 선의·악의와 상관없이 소유권자이다. [13]

> 1) ○

2) 甲으로부터 소유권을 이전받은 丙이 선의인 경우, 선의의 제3자로서 소유권을 취득한다. [13]

> 2) × 甲은 소유자가 아니고 등기에는 공신력이 없으므로 丙은 선의라도 소유권을 취득하지 못한다.

▷ 무효등기의 유용

1. 특별한 사정이 없으면 저당권이전을 부기등기하는 방법으로 무효인 저당권 등기를 다른 채권자를 위한 담보로 유용할 수 있다. [24]

   1. ○

2. 甲은 乙에 대한 금전채권을 담보하기 위해 乙의 X토지에 저당권을 취득하였고, 그 후 丙이 X토지에 대하여 저당권을 취득하였다. 만약 甲 명의의 저당권등기가 무효인 경우, 丙의 저당권이 존재하더라도 甲과 乙은 甲 명의의 저당권등기를 다른 채권의 담보를 위한 저당권등기로 유용할 수 있다. [25]

   2. × 등기상 이해관계 있는 제3자(丙)가 생긴 경우에는 무효등기의 유용이 허용되지 않는다.

3. 멸실된 건물의 보존등기는 신축된 건물의 보존등기로 유용하지 못한다. [15, 22, 26, 29]

   3. ○

4. 무효인 가등기를 유효한 등기로 전용하기로 약정하면 그 가등기는 소급하여 유효한 등기가 된다. [19, 28]

   4. × 소급하여→그때부터(무효 등기의 유용에는 소급효가 없다.)

▷ 등기의 추정력

1. 특정 부동산에 관한 등기는 특별한 사정이 없는 한 그 원인과 절차에 있어서 적법하게 경료된 것으로 추정된다. [15+, 20, 25]

   1. ○

2. 등기된 권리는 등기명의자에게 있는 것으로 추정된다. [15+]

   2. ○

3. 근저당권등기가 행해지면 피담보채권뿐만 아니라 그 피담보채권을 성립시키는 기본계약의 존재도 추정된다. [30]

   3. × 근저당권의 피담보채권을 성립시키는 법률행위가 있었는지 여부에 대한 증명책임은 그 존재를 주장하는 측에 있다.

4. 원인 없이 부적법 말소된 등기에는 권리소멸의 추정력이 인정되지 않는다. [23]

   4. ○

   ↳ 소유권이전등기가 불법말소된 경우, 말소된 등기의 최종명의인은 그 회복등기가 경료되기 전이라도 적법한 권리자로 추정된다. [25]

   ↳ ○

5. 등기명의인이 등기원인행위의 태양이나 과정을 다소 다르게 주장한다고 하여 이로써 등기의 추정력이 깨어지는 것은 아니다. [25]

   5. ○

6. 소유권이전등기의 원인으로 주장된 계약서가 진정하지 않은 것으로 증명되면 등기의 적법추정은 깨어진다. [31]

   6. ○

7. 사망자 명의로 신청하여 이루어진 이전등기는 특별한 사정이 없는 한 추정력이 인정되지 않는다. [30]

   7. ○

   ↳ 등기의무자의 사망 전에 그 등기원인이 이미 존재하는 때에는 사망자 명의의 등기신청에 의해 경료된 등기라도 추정력을 가진다. [15+]

   ↳ ○

8. 전 소유자가 실재하지 않는 경우, 현 등기명의자에 대한 소유권은 추정되지 않는다. [15+]

8. ○

9. 대리에 의한 매매계약을 원인으로 소유권이전등기가 이루어진 경우, 대리권의 존재는 추정된다. [30]

9. ○

ㄴ 乙이 甲을 대리하여 甲 소유의 X부동산을 丙에게 매도하는 계약을 체결하였다. 매매계약을 원인으로 丙 명의로 소유권이전등기가 된 경우, 甲이 무권대리를 이유로 그 등기의 말소를 청구하는 때에는 丙은 乙의 대리권의 존재를 증명할 책임이 있다. [31]

ㄴ × 등기의 추정력으로 인해 대리권의 존재가 추정되므로 甲은 乙의 대리권의 부존재, 즉 무권대리임을 증명하여야 한다.

ㄴ 대리인을 통한 부동산거래에서 상대방 앞으로 소유권이전등기가 마쳐진 경우, 대리권 유무에 대한 증명책임은 대리행위의 유효를 주장하는 상대방에게 있다. [33]

ㄴ × 대리권 유무에 대한 증명책임은 대리행위의 무효를 주장하는 본인에게 있다.

10. 소유권이전등기가 된 경우, 그 등기명의인은 전 소유자에 대하여도 적법한 등기원인에 기해 소유권을 취득한 것으로 추정된다. [19, 25]

10. ○

ㄴ 등기부상 물권변동의 당사자 사이에서는 등기의 추정력이 원용될 수 없다. [23, 31]

ㄴ × 소유권이전등기의 추정력은 물권변동의 당사자 간에도 미치므로, 소유권이전등기의 명의자는 전 등기명의인에 대해서도 등기의 추정력을 원용할 수 있다.

11. 건물 소유권보존등기의 명의인이 건물을 신축하지 않은 것으로 밝혀진 경우, 등기의 추정력은 깨어진다. [15+, 19, 23]

11. ○

ㄴ 건물 소유권보존등기 명의자가 전(前) 소유자로부터 그 건물을 양수하였다고 주장하는 경우, 전 소유자가 양도사실을 부인하더라도 그 보존등기의 추정력은 깨어지지 않는다. [30]

ㄴ × 전 소유자가 양도사실을 부인하면 소유권이전등기의 경우와는 달리 추정력이 깨어진다.

12. 양도인이 등기부상의 명의인과 동일인이며 그 명의를 의심할 만한 특별한 사정이 없는 경우, 그를 소유자로 믿고 그 부동산을 양수하여 점유하는 자는 과실(過失) 없는 점유자에 해당한다. [19, 33]

12. ○

▷ 기타

1. 신축건물의 보존등기를 건물 완성 전에 하였더라도 그 후 그 건물이 곧 완성된 이상 등기를 무효라고 볼 수 없다. [28]

   1. ○

2. 구분소유의 목적이 되는 건물의 등기부상 표시에서 전유부분의 면적 표시가 잘못된 경우, 그 잘못 표시된 면적만큼의 소유권보존등기를 말소할 수 없다. [34]

   2. ○

3. 등기가 불법하게 말소된 경우에 그 말소등기는 실체관계와 부합하지 않으므로 무효이다. [13]

   3. ○

   ┗ 물권에 관한 등기가 원인 없이 말소된 경우에 그 물권의 효력에는 아무런 영향을 미치지 않는다. [28, 30]

   ┗ ○

   ┗ 등기가 불법으로 말소된 경우 진정한 권리자는 권리를 잃지 않으며 말소회복등기를 할 수 있다. [13]

   ┗ ○

   ┗ 甲이 자기 소유 건물을 乙에게 매도하여 소유권이전등기를 해 준 뒤 관계서류를 위조하여 乙의 등기를 말소한 경우, 말소등기의 회복등기가 없더라도 乙은 소유권을 상실하지 않는다. [21]

   ┗ ○

4. 말소회복등기청구의 상대방은 말소 당시의 소유자가 아니라 현재의 소유명의인 이다. [13]

   4. × 말소회복등기청구는 말소 당시의 소유자를 상대로 하여야 한다.

5 물권의 소멸

▶ 그림민법 p.67

▷ 멸실

1. 토지가 포락되어 원상복구가 불가능한 경우, 그 토지에 대한 종전 소유권은 소멸한다. [32]

1. ○

└, 포락으로 복구가 심히 곤란하여 토지로서의 효용을 상실하여 소멸한 종전 토지 소유권은 다시 성토(盛土)되더라도 부활하지 않는다. [18, 20]

└, ○

▷ 포기

1. 지상권을 목적으로 저당권을 설정한 자는 저당권자의 동의 없이 지상권을 포기하지 못한다. [21]

1. ○

└, 전세권이 저당권의 목적인 경우, 저당권자의 동의 없이 전세권을 포기할 수 없다. [24]

└, ○

▷ 소멸시효

1. 소유권은 소멸시효에 걸리지 않는다. [17, 24]

1. ○

2. 지역권은 20년간 행사하지 않으면 소멸시효가 완성한다. [17]

2. ○

3. 피담보채권이 존속하는 한 저당권은 단독으로 소멸시효에 걸리지 않는다. [17, 24]

3. ○

▷ 혼동

1. 지상권자가 지상권이 설정된 토지의 소유권을 단독상속한 경우, 지상권은 혼동으로 인해 소멸한다. [19]

1. ○

2. 지상권이 저당권의 목적이면 지상권자가 목적토지의 소유자를 상속하더라도 지상권은 혼동으로 소멸하지 않는다. [17]

2. ○

└, 乙이 甲의 토지 위에 지상권을 설정받고 丙이 그 지상권 위에 저당권을 취득한 후 乙이 甲으로부터 그 토지를 매수한 경우, 乙의 지상권은 소멸한다. [15, 22, 25]

└, × 乙의 지상권은 제3자(丙)의 이익을 위해 존속한다.

3. 저당권자가 자신 또는 제3자의 이익을 위해 존속시킬 필요가 없는 저당권의 목적물에 대한 소유권을 취득한 경우, 저당권은 소멸한다. [25]

> 3. ○

∟ 甲 소유 토지에 저당권을 취득한 乙이 그 토지의 소유권을 취득하여도 저당권은 소멸하지 않는다. [15]

> ∟ × 乙의 저당권은 혼동으로 소멸한다.

∟ 甲의 토지에 乙이 지상권을 취득한 후, 그 토지에 저당권을 취득한 丙이 그 토지의 소유권을 취득하더라도 丙의 저당권은 소멸하지 않는다. [22, 24]

> ∟ × 丙의 저당권은 혼동으로 소멸한다.

4. 甲 소유의 토지에 乙이 1번 저당권, 丙이 2번 저당권을 가지고 있다가 乙이 증여를 받아 그 토지의 소유권을 취득하면 乙의 1번 저당권은 소멸한다. [22]

> 4. × 乙의 저당권은 자신(乙)의 이익을 위해 존속한다.

5. 저당권이 설정된 부동산에 가압류등기가 된 후 저당권자가 그 부동산의 소유권을 취득한 경우, 저당권은 혼동으로 소멸한다. [19]

> 5. × 저당권은 저당권자 자신의 이익을 위해 존속한다.

6. 乙은 甲 소유의 X주택을 보증금 2억 원에 임차하여 즉시 대항요건을 갖추고 확정일자를 받아 현재까지 거주하고 있다. 乙이 甲 소유의 주택을 양수한 경우, 특별한 사정이 없는 한 乙의 보증금반환채권은 소멸한다. [20]

> 6. ○

7. 甲 소유의 건물에 乙이 임차권의 대항요건을 갖춘 다음 날 丙의 저당권이 설정된 경우, 乙이 그 건물의 소유권을 취득하면 乙의 임차권은 소멸한다. [15, 19, 21]

> 7. × 乙의 임차권은 자신(乙)의 이익을 위해 존속한다.

8. 선순위 담보권 등이 없는 주택에 대해 대항요건과 확정일자를 갖춘 임차인이 경매절차에서 해당 주택의 소유권을 취득한 경우, 임대인에 대하여 보증금반환을 청구할 수 있다. [28]

> 8. × 임차권이 혼동으로 소멸하므로 보증금반환청구권도 소멸한다.

9. 甲의 지상권에 대해 乙이 1번 저당권, 丙이 2번 저당권을 취득한 후 乙이 그 지상권을 취득한 경우, 乙의 저당권은 혼동으로 소멸한다. [19]

> 9. × 乙의 저당권은 자신(乙)의 이익을 위해 존속한다.

10. 乙이 甲 소유 토지를 점유하다가 그 토지의 소유권을 취득한 경우, 乙의 점유권은 소멸한다. [15, 22]

> 10. × 점유권은 소유권과의 혼동으로 소멸하지 않는다.

11. 토지소유권과 광업권이 동일인에게 귀속하게 되면 광업권은 혼동으로 소멸한다. [17]

> 11. × 광업권은 토지소유권과의 혼동으로 소멸하지 않는다.

12. 토지소유자 甲이 담보목적의 소유권이전등기를 그 토지의 지상권자 乙에게 경료해 준 경우, 乙의 지상권은 소멸한다. [15]

> 12. × 지상권자가 양도담보권을 취득한 것일 뿐이므로 지상권은 소멸하지 않는다.

13. 저당권자가 저당권의 목적물을 매수하였으나 그 매매계약이 원인무효인 경우, 저당권은 혼동으로 소멸하지 않는다. [19]

> 13. ○

제3장 **점유권**

1 점유 ▶ 그림민법 p.68~69

▷ 점유의 개념

1. 특별한 사정이 없는 한 건물의 부지가 된 토지는 그 건물의 소유자가 점유하는 것으로 보아야 한다. [32]

　　1. ○

2. 건물소유자가 현실적으로 건물이나 그 부지를 점거하지 않더라도 특별한 사정이 없는 한 건물의 부지에 대한 점유가 인정된다. [17]

　　2. ○

└ 乙은 甲의 토지 위에 무단으로 공장건물을 축조한 뒤 기간 약정 없이 丙에게 임대하였고 현재까지 丙이 이를 점유하고 있다. 甲은 乙을 상대로 대지인도를 청구할 수 있다. [18]

　　└ ○

▷ 점유의 관념화

1. 점유권은 상속으로 상속인에게 이전될 수 없다. [22, 28]

　　1. × 점유권은 상속인에게 이전된다.

└ 甲이 토지를 점유하다가 사망한 경우, 상속인 乙은 상속개시의 사실을 알아야 甲의 점유권을 승계한다. [15]

　　└ × 상속개시사실을 알 필요는 없다.

2. 지상권, 전세권, 임대차 기타의 관계로 타인으로 하여금 물건을 점유하게 한 자는 간접으로 점유권이 있다. [14, 28]

　　2. ○

3. 점유매개관계를 발생시키는 법률행위가 무효라 하더라도 간접점유는 인정될 수 있다. [30]

　　3. ○

4. 甲이 乙로부터 임차한 건물을 乙의 동의 없이 丙에게 전대한 경우, 乙만이 간접점유자이다. [29]

　　4. × 甲과 乙 모두 간접점유자이다.

5. 간접점유자는 점유자이지만, 점유보조자는 점유자가 아니다. [14, 16]

　　5. ○

▷ 자주점유와 타주점유

1. 소유의사의 유무는 점유취득의 원인이 된 권원의 성질에 의하여 객관적으로 결정된다. [16]

　　1. ○

└ 자주점유인지 타주점유인지의 여부는 점유자 내심의 의사에 의하여 결정된다. [20, 26]

　　└ × 점유취득권원의 성질에 의해 객관적으로 결정된다.

2. 타인 소유의 토지임을 알면서 매수하여 점유한 자의 점유는 타주점유이다. [15+]

　2. × 자주점유이다.

┗ 매매계약에 의하여 토지를 점유한 경우에는 그 계약이 타인 토지의 매매에 해당하여 매수인이 즉시 소유권을 취득할 수 없다는 사실의 입증만으로 곧바로 자주점유의 추정이 번복되지는 않는다. [14]

　┗ ○

3. 물건을 매수하여 점유하고 있으나 매매가 무효인 것을 모르는 매수인은 자주점유자이다. [19]

　3. ○

4. 점유매개관계의 직접점유자는 타주점유자이다. [29]

　4. ○

5. 건물 소유의 목적으로 타인의 토지를 임차한 자의 토지점유는 타주점유이다. [14, 23]

　5. ○

6. 분묘기지권이 인정되는 경우, 분묘의 소유자에게 분묘기지에 대한 자주점유가 인정된다. [15+, 17, 18]

　6. × 분묘기지권자의 기지에 대한 점유는 타주점유이다.

7. 甲이 乙과의 명의신탁약정에 따라 자신의 부동산 소유권을 乙 명의로 등기한 경우, 乙의 점유는 자주점유이다. [29, 31]

　7. × 명의수탁자의 신탁부동산에 대한 점유는 타주점유이다.

8. 甲은 자신의 X토지 중 일부를 특정(Y부분)하여 乙에게 매도하면서 토지를 분할하는 등의 절차를 피하기 위하여 편의상 乙에게 Y부분의 면적 비율에 상응하는 공유지분등기를 마쳤다. 乙이 Y부분을 점유하는 것은 권원의 성질상 타주점유이다. [29]

　8. × 자주점유이다.

9. 지방자치단체가 도로개설공사의 시공자로서 사후 감정가격에 의하여 보상하기로 하고 소유자의 승낙을 얻어 토지를 점유하는 것은 자주점유이다. [14]

　9. ○

10. 甲이 토지를 타주점유하다가 사망한 경우, 상속인 乙은 상속을 새로운 권원으로 하여 자주점유로의 전환을 주장할 수 있다. [15, 17]

　10. × 상속은 새로운 점유취득의 권원이 될 수 없다.

┗ 피상속인의 점유가 소유의 의사가 없는 경우, 그 상속인의 점유도 타주점유이다. [19]

　┗ ○

┗ 타주점유자인 피상속인을 상속한 자가 새로운 권원에 의하여 다시 소유의 의사로 점유한 경우에는 자주점유로 전환된다. [16]

　┗ ○

11. 권원의 성질상 자주점유인지 타주점유인지 불분명한 점유는 자주점유로 추정된다. [19, 25, 28]

　11. ○

┗ 점유자는 스스로 자주점유임을 증명하여야 한다. [17]

　┗ × 상대방이 점유자의 점유가 타주점유임을 증명해야 한다.

12. 소유권취득원인이 될 수 있는 법률행위 기타 법률요건이 없음을 알면서 점유를 개시한 경우 자주점유의 추정이 깨어진다. [14]

12. ○

  ↳ 타인의 부동산에 대한 악의의 무단점유의 경우에는 자주점유의 추정이 깨어진다. [14, 30]

  ↳ ○

13. 실제 면적이 등기된 면적을 상당히 초과하는 토지를 매수하여 인도받은 때에는 특별한 사정이 없으면 초과부분의 점유는 자주점유이다. [29]

13. × 타주점유이다.

14. 점유자가 스스로 매매 등과 같은 자주점유의 권원을 주장하였으나 이것이 인정되지 않은 경우, 이 이유만으로도 자주점유의 추정은 깨어진다. [15, 17, 20, 26, 32]

14. × 그러한 사유만으로는 자주점유의 추정이 깨어지지 않는다.

  ↳ A는 B의 X토지를 매수하여 1992. 2. 2.부터 등기 없이 2014년 현재까지 점유하고 있다. A가 매매를 원인으로 하여 점유를 개시하였음을 증명하지 못하면 그의 점유는 타주점유로 본다. [25]

  ↳ × 매매사실을 증명하지 못했다고 해서 자주점유의 추정이 깨어지는 것은 아니다.

15. 자기 소유 부동산을 타인에게 매도하고 대금 전액을 지급받아 인도의무를 지고 있는 자의 점유는 특별한 사정이 없는 한 타주점유로 전환된다. [15+, 18]

15. ○

16. 타주점유자가 새로운 권원에 기하여 소유의 의사를 가지고 점유를 시작했으면 그때부터 자주점유자가 된다. [19]

16. ○

2 점유권의 취득과 소멸

▶ 그림민법 p.69

1. 점유권의 양도는 점유물의 인도로 그 효력이 생긴다. [17]

1. ○

2. 간접점유자는 목적물반환청구권을 양도함으로써(민법 제190조) 간접점유를 승계시킬 수 있다. [17]

2. ○

3. 점유자의 특정승계인은 자기의 점유와 전(前) 점유자의 점유를 아울러 주장할 수 있다. [24]

3. ○

4. 점유의 승계인이 전 점유자의 점유기간의 합산을 주장하는 경우에는 전 점유의 하자도 승계한다. [14, 26]

4. ○

5. 상속인은 새로운 권원이 있는 경우에도 피상속인의 점유를 아울러 주장하여야 하고 자기만의 점유는 주장하지 못한다. [14]

5. × 상속인도 새로운 권원(가령 매매)이 있는 경우에는 자기만의 점유를 분리하여 주장할 수 있다.

6. 사실상 지배가 계속되는 한 점유할 권리의 소멸로 점유권이 소멸하지 않는다. [17]

6. ○

3 점유권의 효력

▶ 그림민법 p.70~71

▷ 추정적 효력

1. 점유자는 소유의 의사로 선의, 평온 및 공연하게 점유한 것으로 추정한다. [28]

1. ○

↳ 점유자는 평온·공연하게 점유한 것으로 추정된다. [17, 19, 24, 28]

↳ ○

2. 점유자의 무과실은 일반적으로 추정된다. [16, 29]

2. × 무과실은 추정되지 않는다.

3. 선의의 점유자라도 본권에 관한 소에 패소하면 소제기 시부터 악의의 점유자로 본다. [23]

3. ○

↳ 선의의 점유자라도 본권에 관한 소에 패소한 때에는 그 판결이 확정된 때로부터 악의의 점유자로 본다. [16, 32, 33]

↳ × 그 소가 제기된 때로부터 악의의 점유자로 본다.

4. 전후 양시에 점유한 사실이 있는 때에는 그 점유는 계속한 것으로 추정한다. [28, 31]

4. ○

5. 전후 양 시점의 점유자가 다르더라도 점유의 승계가 증명된다면 점유의 계속은 추정된다. [20, 32]

5. ○

6. 점유자가 점유물에 대하여 행사하는 권리는 적법하게 보유한 것으로 추정한다. [24, 28]

6. ○

7. 점유의 권리적법추정 규정은 원칙적으로 부동산물권에는 적용이 없다. [19, 20, 23, 31]

7. ○

▷ 점유자와 회복자의 관계

1. 선의의 점유자는 점유물의 과실을 취득한다. [28]

1. ○

↳ 선의의 점유자가 과실을 취득했을 경우에는 이를 부당이득으로 반환하여야 한다. [13, 14, 15, 16]

↳ × 선의의 점유자가 취득한 과실은 부당이득이 아니다.

2. 선의의 점유자가 얻은 건물의 사용이익은 건물의 과실에 준하여 취급된다. [16, 23]

2. ○

↳ 甲은 그의 X건물을 乙에게 매도하여 점유를 이전하였는데 甲과 乙 사이의 계약이 무효인 것으로 밝혀졌다. 선의의 乙은 甲에 대하여 점유·사용으로 인한 이익을 반환할 의무가 있다. [25]

↳ × 선의의 점유자가 얻은 사용이익은 부당이득이 아니다.

3. 매매계약이 취소된 경우, 선의의 점유자인 매수인의 과실취득권이 인정되는 이상 선의의 매도인도 지급받은 대금의 운용이익 내지 법정이자를 반환할 의무가 없다. [34]

3. ○

4. 점유자가 악의인 경우에도 과실수취권이 인정된다. [25]

4. × 악의의 점유자는 과실취득권이 없다.

5. 악의의 점유자가 과실(過失)로 인하여 점유물의 과실(果實)을 수취하지 못한 경우, 그 과실(果實)의 대가를 보상해야 한다. [27]

5. ○

└ 악의의 점유자는 과실(過失) 없이 과실(果實)을 수취하지 못한 때에도 그 과실(果實)의 대가를 회복자에게 보상하여야 한다. [24, 26]

└ × 과실(過失) 없이 과실을 수취하지 못한 때에는 과실의 대가를 보상을 할 필요가 없다.

└ 악의의 점유자가 점유물의 과실을 수취하여 소비한 경우, 특별한 사정이 없는 한 그 점유자는 그 과실의 대가를 보상하여야 한다. [33]

└ ○

6. 악의의 점유자는 받은 이익에 이자를 붙여 반환하고 그 이자의 이행지체로 인한 지연손해금까지 지급하여야 한다. [29]

6. ○

7. 은비(隱祕)에 의한 점유자는 점유물의 과실을 수취할 권리가 있다. [33, 34]

7. × 은비점유자는 과실수취권이 없다(제201조 제3항).

8. 점유자의 책임 있는 사유로 점유물이 훼손된 경우, 소유권이 있다고 오신한 선의의 점유자는 회복자에 대하여 이익이 현존하는 한도에서 배상책임을 진다. [13]

8. ○

└ 甲 소유의 물건을 점유할 권리 없이 점유하는 乙에 대해 甲이 소유권에 기하여 반환을 청구하였다. 乙이 책임 있는 사유로 그 물건을 훼손한 경우, 乙이 선의의 자주점유자라면 이익이 현존하는 한도에서 배상하여야 한다. [19]

└ ○

└ 점유물의 전부가 점유자의 책임 있는 사유로 멸실된 경우, 선의의 자주점유자는 특별한 사정이 없는 한 그 멸실로 인한 손해의 전부를 배상해야 한다. [33]

└ × 현존이익의 한도 내에서 배상하면 된다.

9. 점유물의 멸실·훼손에 대하여 선의의 타주점유자는 현존이익의 한도 내에서 배상책임을 진다. [13, 23, 26, 34]

9. × 손해의 전부를 배상해야 한다.

└ 점유물이 점유자의 책임 있는 사유로 멸실된 경우, 소유의 의사가 없는 점유자는 선의의 경우에도 손해의 전부를 배상해야 한다. [27, 28]

└ ○

10. 악의점유자는 자주점유이든 타주점유이든 그의 귀책사유로 점유물이 멸실·훼손된 경우, 손해 전부에 대한 책임을 진다. [16, 29]

10. ○

└ 악의의 점유자가 책임 있는 사유로 점유물을 훼손한 경우, 이익이 현존하는 한도에서 배상해야 한다. [31]

└ × 악의의 점유자는 손해의 전부를 배상해야 한다.

11. 점유자가 필요비를 지출한 경우, 그 가액의 증가가 현존한 경우에 한하여 상환을 청구할 수 있다. [28]

12. 악의의 점유자도 점유물에 지출한 필요비의 상환을 청구할 수 있다. [19, 27]

└ 점유자의 회복자에 대한 유익비상환청구권에 관하여는 선의점유와 악의점유를 구별할 실익이 없다. [22]

13. 점유물의 과실을 취득한 선의의 점유자는 통상의 필요비의 상환을 청구하지 못한다. [16, 27, 29, 31, 32]

└ 甲은 그의 X건물을 乙에게 매도하여 점유를 이전하였고, 乙은 X건물을 사용·수익하면서 X건물의 보존·개량을 위하여 비용을 지출하였는데, 甲과 乙 사이의 계약이 무효인 것으로 밝혀졌다. 선의의 乙은 甲에 대하여 통상의 필요비의 상환을 청구할 수 있다. [25]

└ 악의의 점유자는 특별한 사정이 없는 한 점유물에 지출한 통상의 필요비의 상환을 청구할 수 없다. [33, 34]

14. 유익비는 점유물의 가액의 증가가 현존한 때에 한하여 상환을 청구할 수 있다. [13, 25, 29]

15. 점유자가 유익비를 지출한 경우, 점유자의 선택에 좇아 그 지출금액이나 증가액의 상환을 청구할 수 있다. [31]

└ 甲 소유의 물건을 점유할 권리 없이 점유하는 乙에 대해 甲이 소유권에 기하여 반환을 청구하였다. 乙이 유익비를 지출한 경우 가액의 증가가 현존한 때에 한하여 乙의 선택에 따라 지출금액이나 증가액의 상환을 청구할 수 있다. [19]

16. 점유자와 회복자의 관계에서 점유자의 비용상환청구권은 비용을 지출할 때 즉시 이행기가 도래한다. [26]

└ 점유자는 특별한 사정이 없는 한 회복자가 점유물의 반환을 청구하기 전에도 그 점유물의 반환 없이 회복자에게 유익비상환청구권을 행사할 수 있다. [33]

17. 점유자의 필요비상환청구에 대해 법원은 회복자의 청구에 의해 상당한 상환기간을 허여할 수 있다. [27, 34]

18. 법원이 유익비의 상환을 위하여 상당한 기간을 허여한 경우, 유치권은 성립하지 않는다. [29]

11. × 필요비는 가액의 증가 여부와 상관없이 상환을 청구할 수 있다.

12. ○

└ ○

13. ○

└ × 乙은 건물을 사용·수익하였으므로(과실을 취득한 것과 마찬가지) 통상의 필요비의 상환을 청구하지 못한다.

└ × 악의의 점유자는 과실취득권이 없으므로 통상의 필요비 상환을 청구할 수 있다.

14. ○

15. × 점유자의 선택→회복자의 선택

└ × 乙의 선택 → 甲의 선택

16. × 회복자에게서 점유물의 반환을 청구받은 때에 이행기가 도래한다.

└ × 점유물을 반환할 때 유익비의 상환을 청구할 수 있다.

17. × 필요비상환청구에 대하여는 법원이 상환기간을 허여할 수 없다.

18. ○

19. 甲은 자기 소유의 X상가건물을 乙에게 보증금 4억 원에 임대하였다. 임대차기간 중 乙은 X건물에 유지비 2백만 원, 개량비 8백만 원을 지출하였고, 그 후 甲은 임대인의 지위를 승계시키지 않은 채 X건물을 丙에게 양도하였다.

19.

1) 乙은 X건물의 반환을 청구하는 丙에 대하여 점유자의 비용상환청구권(민법 제203조)에 의하여 비용의 상환을 청구할 수 있다. [17]

1) ✕ 乙은 비용을 지출할 당시의 계약관계의 상대방인 甲에 대하여 임차인의 비용상환청구권(제626조)에 의해 비용의 상환을 청구하여야 한다.

2) 乙은 임차인의 비용상환청구권(민법 제626조)에 기하여 임대차 종료 시에 그 가액의 증가가 현존한 때에는 甲에게 유익비의 상환을 청구할 수 있다. [17]

2) ○

20. 무효인 매매계약의 매수인이 점유목적물에 필요비 등을 지출한 후 매도인이 그 목적물을 제3자에게 양도한 경우, 점유자인 매수인은 양수인에게 비용상환을 청구할 수 있다. [31]

20. ○

▷ **점유 자체의 보호(점유보호청구권, 자력구제권)**

1. 甲으로부터 가옥을 임차하여 점유한 乙을 丙이 불법으로 몰아내고 그 가옥을 현재 점유하고 있다.

1.

1) 乙은 丙에 대하여 점유물반환청구권을 갖는다. [14]

1) ○

2) 甲은 丙에 대하여 점유물반환청구권을 갖지 않는다. [14, 16]

2) ✕ 간접점유자인 甲도 점유물반환청구권을 가진다.

↳ 제3자가 직접점유자의 점유를 방해한 경우, 간접점유자에게는 점유권에 기한 방해배제청구권(=점유보호청구권)이 인정되지 않는다. [30, 33]

↳ ✕ 간접점유자에게도 점유보호청구권이 인정된다.

2. 사기에 의해 물건을 인도한 자는 점유물반환청구권을 행사할 수 없다.
[15+, 16, 19, 21, 32, 35]

2. ○

3. 직접점유자가 그 점유를 임의로 양도한 경우, 그 점유이전이 간접점유자의 의사에 반하더라도 간접점유가 침탈된 것은 아니다. [30]

3. ○

↳ 직접점유자 乙이 간접점유자 甲의 의사에 반하여 점유물을 丙에게 인도한 경우, 甲은 丙에게 점유물반환청구권을 행사할 수 없다. [20, 21]

↳ ○

4. 甲이 점유하고 있는 물건을 乙이 침탈하였다. 乙이 선의의 丙에게 그 물건을 매도·인도한 경우, 甲은 丙에 대하여 점유물반환청구권을 행사할 수 있다. [16, 21]

4. ✕ 점유침탈자(乙)의 선의의 특별승계인(丙)에 대하여는 점유물반환청구권을 행사할 수 없다.

5. 甲이 점유하고 있는 물건을 乙이 침탈하여 선의의 丙에게 양도하고, 다시 丙이 악의의 丁에게 양도한 때에는 甲은 丁에게 점유물반환청구권을 행사할 수 있다. [15, 19]

5. × 선의의 丙에게 물건이 인도된 이상 점유의 침탈은 종식되었으므로, 丁이 악의라도 甲은 丁에게 점유물반환청구권을 행사할 수 없다(엄폐물법칙).

6. 점유자가 점유물반환청구권을 행사하는 경우, 침탈된 날로부터 1년 내에 행사하여야 한다. [14, 21, 28]

6. ○

7. 점유회수청구권(＝점유물반환청구권)의 행사기간은 출소기간(出訴期間)이다. [16, 20]

7. ○

8. 공사로 인하여 점유의 방해를 받은 경우, 그 공사가 완성한 때에는 방해의 제거를 청구하지 못한다. [35]

8. ○

9. 점유의 방해를 받은 점유자는 방해의 제거 및 손해의 배상을 청구할 수 있으나, 손해배상을 청구하려면 방해자의 고의나 과실이 있어야 한다. [19]

9. ○

10. 점유의 방해를 받을 염려가 있을 때 점유자는 방해의 예방과 손해배상의 담보를 함께 청구할 수 있다. [19, 28]

10. × 방해예방이나 손해배상 중 하나를 선택하여 청구해야 한다.

11. 점유권에 기인한 소는 본권에 관한 이유로 재판할 수 있다. [28, 35]

11. × 점유권에 기인한 소는 본권에 관한 이유로 재판할 수 없다.

12. 소유물의 점유를 침탈당한 소유자는 본권을 이유로 반환청구하거나 점유회수를 청구할 수 있다. [20]

12. ○

13. 점유보조자는 원칙적으로 점유물반환청구권을 행사할 수 없다. [21]

13. ○

14. 점유보조자는 자력구제권을 행사할 수 없다. [18]

14. × 행사할 수 있다.

제4장 소유권

1 총설 ▶ 그림민법 p.72

2 부동산소유권의 범위 ▶ 그림민법 p.72

▷ 상린관계

• 주위토지통행권

1. 기존의 통로가 있으면 그것이 당해 토지의 이용에 부적합하여 실제로 통로로서의 충분한 기능을 하지 못할 때에도 주위토지통행권은 인정되지 않는다. [15+, 18, 20, 24, 27]

   1. × 기존의 통로가 통로로서의 기능이 불충분한 경우(가령 매우 협소) 주위토지통행권이 인정된다.

2. 기존의 통로보다 더 편리하다는 이유만으로 다른 곳으로 통행할 권리를 갖는 것은 아니다. [15+, 24]

   2. ○

3. 주위토지통행권의 성립에는 등기가 필요 없다. [27]

   3. ○

4. 대외적으로 소유권을 주장할 수 없는 명의신탁자에게는 통행권이 인정되지 않는다. [20]

   4. ○

5. 주위토지통행권의 범위는 장차 건립될 아파트의 건축을 위한 이용상황까지 미리 대비하여 정할 수 있다. [27]

   5. × 현재의 토지의 용법에 따른 이용범위에서 인정된다.

6. 건축법상 도로의 폭 등에 관하여 제한규정이 있다면 반사적 이익으로서 포위된 토지소유자에게 이와 일치하는 통행권이 인정된다. [15+]

   6. × 건축법에서 정하는 도로의 폭이나 면적 등과 일치하는 통행권이 바로 생긴다고 할 수 없다.

7. 주위토지통행권이 인정되는 경우 통로개설이나 유지비용은 원칙적으로 통행권자가 부담하여야 한다. [27, 28]

   7. ○

8. 주위토지통행권자는 통행지 소유자가 설치한 담장과 같은 축조물이 통행에 방해가 되더라도 그 철거를 청구할 수 없다. [24, 27, 28]

   8. × 주위토지통행권의 본래적 기능 발휘를 위하여 그 철거를 청구할 수 있다.

9. 통행권자는 통행지소유자의 점유를 배제할 권능이 없고, 그 소유자도 통행권자가 통행지를 배타적으로 점유하지 않는 이상 통행지의 인도를 청구할 수 없다. [20]

   9. ○

10. 주위토지통행권은 일단 발생하면 나중에 그 토지에 접하는 공로가 개설되어 그 통행권을 인정할 필요가 없어지더라도 소멸하지 않는다. [24, 32]

    10. × 그 토지에 접하는 공로가 개설되면 주위토지통행권은 소멸한다.

11. 통행지 소유자는 통행권자의 허락을 얻어 사실상 통행하고 있는 자에게 손해의 보상을 청구할 수 없다. [15+, 20]

11. ○

12. 甲과 乙이 공유하는 토지가 甲의 토지와 乙의 토지로 분할됨으로 인하여 甲의 토지가 공로에 통하지 못하게 된 경우, 甲은 공로에 출입하기 위하여 乙의 토지를 통행할 수 있으나, 乙에게 보상할 의무는 없다. [26]

12. ○

13. 토지분할로 무상통행권을 취득한 분할토지의 소유자가 그 토지를 양도한 경우, 양수인에게는 무상주위토지통행권이 인정되지 않는다. [20, 24]

13. ○

ㄴ 분할이나 토지의 일부양도로 포위된 토지의 특정승계인의 경우에는 주위토지 통행권에 관한 일반원칙에 따라 그 통행권의 범위를 따로 정하여야 한다. [15+]

ㄴ ○

• 그 밖의 상린관계

1. 甲이 건물을 건축하기 위해서 이웃한 乙 소유 대지의 사용이 필수적인 경우, 필요한 범위 내에서 그 대지를 임의로 사용할 수 있다. [17]

1. × 임의로→乙의 승낙을 얻어

ㄴ 지상권자는 지상권의 목적인 토지의 경계나 그 근방에서 건물을 수선하기 위하여 필요한 범위 내에서 이웃토지의 사용을 청구할 수 있다. [26]

ㄴ ○

2. 甲이 이웃한 乙 소유 주택에 들어갈 필요가 있는 경우에는 乙의 승낙을 받아야 하고, 乙이 거절하면 판결로 이에 갈음할 수 있다. [17]

2. × 토지사용과는 달리 주거에의 출입은 법원의 판결로 乙의 승낙에 갈음할 수 없다.

3. 토지 주변의 소음이 사회통념상 수인한도를 넘지 않은 경우에도 그 토지소유자는 소유권에 기하여 소음피해의 제거를 청구할 수 있다. [33]

3. × 수인한도를 넘는 경우에만 소음피해의 제거나 예방을 청구할 수 있다.

4. 타인의 토지를 통과하지 않으면 필요한 수도를 설치할 수 없는 토지의 소유자는 그 타인의 승낙 없이도 수도를 시설할 수 있다. [32]

4. ○

5. 토지소유자가 부담하는 자연유수의 승수의무(承水義務)에는 적극적으로 그 자연유수의 소통을 유지할 의무가 포함된다. [33]

5. × 자연히 흘러오는 물을 막지 못한다는 것일 뿐, 적극적으로 소통을 유지할 의무까지는 없다.

6. 토지의 경계에 담이 없는 경우, 특별한 사정이 없는 한 인접지 소유자는 공동 비용으로 통상의 담을 설치하는 데 협력할 의무가 없다. [25]

6. × 인지소유자는 그에 협력할 의무가 있다.

7. 서로 인접한 토지의 통상의 경계표를 설치하는 경우, 측량비용을 제외한 설치 비용은 다른 관습이 없으면 쌍방이 토지면적에 비례하여 부담한다. [26]

7. × 설치비용은 쌍방이 절반하여 부담하고, 측량비용은 토지의 면적에 비례하여 부담한다.

8. 인지소유자는 자기의 비용으로 담의 높이를 통상보다 높게 할 수 있다. [26]

8. ○

9. 경계에 설치된 경계표 또는 담은 상린자의 공유로 추정한다. [18, 25]

9. ○

10. 경계에 설치된 담이 상린자의 공유인 경우, 상린자는 공유를 이유로 공유물분할을 청구하지 못한다. [28]

10. ○

11. 甲과 乙의 대지 및 주택이 이웃하고 있는 경우, 乙 소유 주택의 일부는 甲 소유 대지와 乙 소유 대지의 경계표인 담이 될 수 없다. [17]

11. × 건물의 일부가 담이 될 수도 있다.

12. 인접지의 수목뿌리가 경계를 넘은 때에는 임의로 제거할 수 있다. [17, 28]

12. ○

13. 건물을 축조함에는 특별한 관습이 없으면 경계로부터 그 건물의 가장 돌출된 부분까지 반 미터 이상의 거리를 두어야 한다. [25]

13. ○

14. 경계선 부근의 건축 시 경계로부터 반 미터 이상의 거리를 두어야 하는데 이를 위반한 경우, 건물이 완성된 후에도 착공일로부터 1년이 경과되지 않았다면 건물의 철거를 청구할 수 있다. [17, 28]

14. × 건물이 완성된 후에는 건물의 철거를 청구할 수 없고 손해배상만 청구할 수 있다.

15. 우물을 파는 경우에 경계로부터 2미터 이상의 거리를 두어야 하지만, 당사자 사이에 이와 다른 특약이 있으면 그 특약이 우선한다. [33]

15. ○

③ 소유권의 취득

▶ 그림민법 p.73~77

▷ 취득시효

• 점유취득시효

1. 자기 소유의 부동산에 대한 취득시효는 인정되지 않는다. [17]

1. × 자기 소유의 부동산도 취득시효의 대상이 될 수 있다.

2. 부동산에 관하여 적법·유효한 등기를 하여 소유권을 취득한 사람이 부동산을 점유하는 경우, 사실상태를 권리관계로 높여 보호할 필요가 없다면 그 점유는 취득시효의 기초가 되는 점유라고 할 수 없다. [28]

2. ○

3. 성명불상자(姓名不詳者)의 소유물에 대하여 시효취득을 인정할 수 있다. [32]

3. ○

4. 국유재산 중 일반재산(舊 잡종재산)은 시효취득의 대상이 된다. [26, 31, 32]

4. ○

5. 잡종재산(現 일반재산)이던 당시에 취득시효가 완성된 후 그 잡종재산이 행정재산으로 되었다면, 그 후 시효완성을 이유로 소유권이전등기를 청구할 수 없다. [17, 34]

5. ○

6. 토지의 일부에 대하여도 점유취득시효로 소유권을 취득할 수 있다. [27, 30]

6. ○

7. 집합건물의 공용부분은 시효취득의 대상이 될 수 없다. [26, 30, 34]

7. ○

8. 타주점유자는 자신이 점유하는 부동산에 대한 소유권을 시효취득할 수 없다. [33]

8. ○

└ 부동산 명의수탁자는 신탁부동산을 점유시효취득할 수 없다. [22]

└ ○

9. 시효취득을 주장하는 점유자는 자주점유를 증명할 책임이 없다. [22, 23]

9. ○

└ 소유권의 시효취득을 주장하는 점유자는 특별한 사정이 없는 한 자신의 점유가 자주점유에 해당함을 증명하여야 한다. [33]

└ × 자주점유는 추정되므로 점유자는 자신의 점유가 자주점유에 해당함을 증명할 필요가 없다.

10. 점유취득시효의 기초인 점유에는 간접점유도 포함된다. [20, 30, 33]

10. ○

11. 부동산에 대한 압류 또는 가압류는 점유취득시효를 중단시킨다. [30, 34]

11. × 압류나 가압류조치로써 종래의 점유상태의 계속이 파괴되었다고 할 수 없으므로 이는 취득시효의 중단사유가 될 수 없다.

12. 점유의 승계가 있는 경우 시효이익을 받으려는 자는 자기 또는 전(前) 점유자의 점유개시일 중 임의로 점유기산점을 선택할 수 있다. [32]

12. ○

13. 토지의 취득시효를 주장하는 자는 점유기간 중 소유자의 변동이 없으면 취득시효의 기산점을 임의로 선택할 수 없다. [17]

13. × 임의로 선택할 수 있다.

14. 부동산을 20년간 점유함으로써 취득시효가 적법하게 완성된 경우, 등기를 하여야 비로소 물권변동의 효력이 발생한다. [15, 16]

14. ○

└ 시효취득자는 취득시효의 완성으로 바로 소유권을 취득할 수 없고, 이를 원인으로 소유권이전등기청구권이 발생할 뿐이다. [24]

└ ○

└ 乙 명의로 등기된 토지를 甲이 소유의 의사로 평온·공연하게 25년간 점유하였으나, 아직 이전등기는 경료받지 못한 경우, 그 부동산의 소유권은 甲에게 있지 않다. [14]

└ ○

15. 미등기 부동산의 점유자는 취득시효의 완성만으로 즉시 부동산의 소유권을 취득한다. [20]

15. × 미등기 부동산의 경우에도 등기를 해야 소유권을 취득한다.

└ 미등기 부동산에 대한 시효가 완성된 경우, 점유자는 등기 없이도 소유권을 취득한다. [34]

└ × 上同

16. 시효완성으로 인한 소유권취득은 승계취득이다. [20]

16. × 원시취득이다.

17. 점유취득시효 완성 후 이전등기 전에 원소유자가 해당 부동산에 관하여 근저당권을 설정한 경우, 특별한 사정이 없는 한 취득시효 완성자는 소유권이전등기를 경료함으로써 담보권 제한이 없는 소유권을 취득한다. [23]

17. × 저당권의 부담이 있는 현상 그대로의 상태에서 소유권을 취득한다.

18. 취득시효완성 후 등기 전에 원소유자가 시효완성된 토지에 저당권을 설정하였고, 등기를 마친 시효취득자가 피담보채무를 변제한 경우, 원소유자에게 부당이득반환을 청구할 수 있다. [31]

18. × 그 변제는 자신의 이익을 위한 행위여서 구상권이나 부당이득반환청구권을 행사할 수 없다.

19. 취득시효로 인한 소유권취득의 효과는 점유를 개시한 때에 소급한다. [22]

19. ○

20. 시효완성으로 이전등기를 경료받은 자가 취득시효기간 중에 체결한 임대차에서 발생한 임료는 원소유자에게 귀속한다. [23]

20. × 시효취득자에게 귀속한다.

21. 甲 소유의 부동산에 대한 乙의 점유취득시효가 완성되었다. 乙이 甲으로부터 아직 소유권이전등기를 경료받지 못한 경우에도 甲은 乙에게 점유로 인한 부당이득반환을 청구할 수 없다. [15, 19, 32]

21. ○

└ 시효완성 후 점유자 명의로 소유권이전등기가 경료되기 전에 부동산 소유명의자는 점유자에 대해 점유로 인한 부당이득반환청구를 할 수 있다. [34]

└ × 부당이득반환청구를 할 수 없다.

└ 甲 소유의 부동산에 대한 乙의 점유취득시효가 완성되었다. 甲은 乙에게 불법점유를 이유로 부동산의 인도를 청구할 수 없다. [15, 20]

└ ○

22. 취득시효가 완성된 점유자는 토지소유자가 시효완성 후 당해 토지에 무단으로 담장 등을 설치하더라도 그 철거를 청구할 수 없다. [23]

22. × 시효완성자는 점유권에 기한 방해배제청구로서 담장의 철거를 청구할 수 있다.

23. 시효진행 중에 목적부동산이 전전양도된 후 시효가 완성된 경우, 시효완성자는 최종 등기명의자에 대해 이전등기를 청구할 수 있다. [23]

23. ○

└ A는 B의 X토지를 매수하여 1992. 2. 2.부터 등기 없이 2014년 현재까지 점유하고 있다. C가 2010. 9. 9. X토지를 B로부터 매수하여 소유권을 취득한 경우, A는 X토지를 시효취득할 수 없다. [25]

└ × C는 취득시효완성 당시(2012. 2. 2.)의 소유자이므로 A는 C를 상대로 시효완성을 원인으로 소유권이전등기를 청구할 수 있다.

24. 시효완성 당시의 소유권보존등기나 이전등기가 무효라면 원칙적으로 그 등기명의인은 시효완성을 원인으로 한 소유권이전등기청구의 상대방이 될 수 없다. [20, 34]

24. ○

└ 등기부상 소유명의자가 진정한 소유자가 아니면 원칙적으로 그를 상대로 취득시효의 완성을 원인으로 소유권이전등기를 청구할 수 없다. [24]

└ ○

25. 시효취득자의 점유가 계속되는 동안 이미 발생한 소유권이전등기청구권은 시효로 소멸하지 않는다. [24]

25. ○

└ 점유취득시효 완성으로 인한 이전등기청구권은 점유가 계속되더라도 시효로 소멸한다. [34]

└ × 점유가 계속되는 동안에는 소멸시효에 걸리지 않는다.

26. 시효취득자가 제3자에게 목적물을 처분하여 점유를 상실하면 그의 소유권이전등기청구권은 즉시 소멸한다. [22]

26. × 즉시 소멸하는 것이 아니라 그때부터 10년의 소멸시효가 진행한다.

27. 취득시효완성 후 시효취득자가 소유권이전등기절차 이행의 소를 제기하였으나 그 후 상대방의 소유를 인정하여 합의로 소를 취하한 경우, 특별한 사정이 없으면 이는 시효이익의 포기이다. [24]

27. ○

28. 시효취득으로 인한 소유권이전등기청구권이 발생하면 부동산소유자와 시효취득자 사이에 계약상의 채권관계가 성립한 것으로 본다. [24]

28. × 계약상의 채권·채무관계가 성립한 것은 아니다.

29. 취득시효완성 후 소유권이전등기 전에 제3자 앞으로 소유권이전등기가 경료되면 시효취득자는 등기명의자에게 시효취득을 주장할 수 없음이 원칙이다. [15, 16, 22]

29. ○

30. 아직 등기하지 않은 시효완성자는 그 완성 전에 이미 설정되어 있던 가등기에 기하여 시효완성 후에 소유권이전의 본등기를 마친 자에 대하여 시효완성을 주장할 수 있다. [30]

30. × 이 경우 본등기를 한 자는 시효완성 후에 소유권을 취득한 제3자에 해당하므로, 시효완성자는 그 자에게 시효완성의 효과를 주장할 수 없다.

31. 취득시효완성 후 명의신탁 해지를 원인으로 명의수탁자에서 명의신탁자로 소유권이전등기가 된 경우, 시효완성자는 특별한 사정이 없는 한 명의신탁자에게 시효완성을 주장할 수 없다. [31]

31. ○

└ 시효기간 만료 후 명의수탁자로부터 적법하게 이전등기 받은 명의신탁자는 시효완성자에게 대항할 수 없다. [23]

└ × 이 경우 명의신탁자는 시효완성 후에 소유권을 취득한 제3자이므로 시효완성자는 명의신탁자에게 시효완성으로 대항할 수 없다.

32. 甲 소유의 토지를 乙이 소유의 의사로 평온·공연하게 20년간 점유하였지만, 乙 명의의 등기 전에 甲이 丙에게 그 토지를 매도하고 소유권이전등기를 해 주었다.

32.

1) 乙은 丙에 대하여 취득시효를 주장할 수 없는 것이 원칙이다. [15, 16, 20, 22]

1) ○

2) 1)에서 어떤 사유로 甲에게로 다시 토지소유권이 회복되면 乙은 甲에게 시효취득을 주장할 수 있다. [16, 19]

2) ○

3) 甲이 취득시효가 완성된 사실을 알고 토지를 丙에게 처분하여 乙에게 손해가 발생하였다면, 乙은 甲에게 불법행위로 인한 손해배상을 청구할 수 있다. [15, 20]

3) ○

4) 甲이 乙로부터 소유권이전등기청구를 받은 후 丙과 통정하여 허위로 丙 앞으로 소유권이전등기를 했다면 乙은 甲을 대위하여 丙 명의의 등기말소를 청구할 수 있다. [15, 16]

4) ○

5) 丙이 소유권을 취득한 시점을 새로운 기산점으로 삼아 다시 취득시효가 완성된 경우에도 乙은 丙에게 소유권이전등기를 청구할 수 없다. [16]

5) × 乙은 丙에게 2차 취득시효의 완성을 주장하여 소유권이전등기를 청구할 수 있다.

• 등기부취득시효

1. 甲의 토지를 무단으로 점유하던 乙이 문서를 위조하여 자기 앞으로 등기를 이전한 다음, 丙에게 매도하여 丙이 소유자로 등기되어 있다. 丙 명의의 등기 후 선의·무과실로 토지를 10년간 점유하면 丙은 그 토지를 시효취득할 수 있다. [22]

1. ○

2. 등기부취득시효가 완성된 이후에는 등기원인의 실효를 주장하여 등기명의자의 소유권취득을 부인할 수 없다. [23]

2. ○

3. 중복등기로 인해 무효인 소유권보존등기에 기한 등기부취득시효는 부정된다. [31]

3. ○

4. 甲종중은 자신의 X토지를 적법하게 종원(宗員) 乙에게 명의신탁하였다. 乙이 평온, 공연하게 10년간 X토지를 점유한 경우, 乙은 이를 시효취득할 수 있다. [21]

4. × 명의수탁자(乙)의 점유는 타주점유이므로 10년간 점유하더라도 시효취득할 수 없다.

5. 등기부취득시효가 완성되기 위해서는 점유자가 과실 없이 점유를 개시하여야 한다. [19]

5. ○

6. 乙 소유의 부동산에 대한 甲의 등기부취득시효가 완성된 후 甲 명의의 등기가 적법한 원인 없이 불법말소되더라도 甲은 소유권을 상실하지 않는다. [15, 19]

6. ○

• 소유권 이외의 권리의 취득시효

1. 토지소유자의 승낙 없이 분묘를 설치한 후 20년간 평온·공연하게 그 기지를 점유한 자는 그 기지의 소유권을 시효취득한다. [17]

1. × 소유권이 아니라 분묘기지권을 시효취득한다.

2. 계속되고 표현된 지역권은 시효취득의 대상이 된다. [13, 16, 26, 27, 32]

2. ○

3. 저당권은 시효취득할 수 없다. [26]

3. ○

▷ **사실행위**

1. 무주(無主)의 토지는 국유이므로, 선점(先占)의 대상이 되지 않는다. [18]

    1. ○

    ↳ 무주의 부동산을 점유한 자연인은 그 부동산의 소유권을 즉시 취득한다. [33]

    ↳ × 부동산은 무주물선점의 대상이 아니다.

2. 자주점유는 무주물선점에 의한 소유권취득의 요건이 아니다. [19]

    2. × 무주의 동산을 소유의 의사로 점유(＝자주점유)하여야 그 소유권을 취득한다.

3. 타인의 토지에서 발견된 매장물은 특별한 사정이 없는 한 발견자가 단독으로 그 소유권을 취득한다. [33]

    3. × 토지소유자와 발견자가 절반하여 취득한다(공유).

4. 매장물이 학술·고고의 중요한 재료가 되는 경우에 발견자가 소유권을 취득하지 못한다. [18]

    4. ○

▷ **첨부**

  • **부합**

1. 주유소 지하에 매설된 유류저장탱크는 토지에 부합된다. [16]

    1. ○

2. 건물임차인이 부착한 벽걸이 에어컨은 건물에 부합되지 않는다. [16]

    2. ○

3. 부동산에 부합된 동산의 가격이 부동산의 가격을 초과하더라도 동산의 소유권은 원칙적으로 부동산의 소유자에게 귀속된다. [30]

    3. ○

    ↳ 시가 1억 원 상당의 부동산에 시가 2억 원 상당의 동산이 부합하면, 특약이 없는 한 동산의 소유자가 그 부동산의 소유권을 취득한다. [23]

    ↳ × 부동산에 부합한 물건의 가격이 부동산의 가격을 초과하더라도 부동산의 소유자가 부합물의 소유권을 취득한다.

4. 건물은 토지에 부합한다. [29]

    4. × 건물이 토지에 부합하는 일은 결코 없다.

    ↳ 乙은 甲의 토지 위에 무단으로 공장건물을 축조하였다. 건물은 토지에 부합하므로 甲의 소유에 속한다. [18]

    ↳ × 건물은 토지에 부합하지 않으므로 乙의 소유에 속한다.

5. 적법한 권원 없이 타인의 토지에 식재한 수목의 소유권은 토지소유자에게 속한다. [16, 21, 28]

    5. ○

    ↳ 토지임차인의 승낙만을 받아 임차토지에 나무를 심은 사람은 다른 약정이 없으면 토지소유자에 대하여 그 나무의 소유권을 주장할 수 없다. [29]

    ↳ ○

6. 토지소유자와 사용대차계약을 맺은 사용차주가 자신 소유의 수목을 그 토지에 식재한 경우, 그 수목의 소유권자는 여전히 사용차주이다. [30]

    6. ○

7. 타인의 토지에서 무단으로 경작한 농작물의 소유권은 경작자에게 있다. [16, 28]

    ↳ 정당한 권원에 의하여 타인의 토지에서 경작·재배하는 농작물은 토지에 부합한다. [29]

8. 지상권에 기하여 토지에 부속된 공작물은 토지에 부합하지 않는다. [25]

    ↳ 지상권자가 지상권에 기하여 토지에 부속시킨 물건은 지상권자의 소유로 된다. [28]

9. 부동산 간에도 부합이 인정될 수 있다. [30]

10. 증축된 부분이 기존의 건물과 구조상·이용상 독립성이 없는 경우, 그 부분은 기존의 건물에 부합한다. [32]

    ↳ 건물임차인이 권원에 기하여 증축한 부분은 구조상·이용상 독립성이 없더라도 임차인의 소유에 속한다. [23, 28]

    ↳ 건물에 부합된 증축부분이 경매절차에서 경매목적물로 평가되지 않은 때에는 매수인은 그 소유권을 취득하지 못한다. [29]

11. 부합으로 인하여 소유권을 상실한 자는 부당이득의 요건이 충족되는 경우에 보상을 청구할 수 있다. [30]

    ↳ 매수인이 제3자와의 도급계약에 따라 매도인에게 소유권이 유보된 자재를 제3자의 건물에 부합한 경우, 매도인은 선의·무과실의 제3자에게 보상을 청구할 수 있다. [29]

    ↳ 매도인에게 소유권이 유보된 시멘트를 매수인이 제3자 소유의 건물 건축공사에 사용한 경우, 그 제3자가 매도인의 소유권 유보에 대해 악의라면 특별한 사정이 없는 한 시멘트는 건물에 부합되지 않는다. [30]

4 소유권에 기한 물권적 청구권

▶ 그림민법 p.77

---

7. ○

↳ × 농작물은 토지에 부합하지 않는다.

8. ○

↳ ○

9. ○

10. ○

↳ × 독립성이 없는 건물의일부는 독립된 소유권의 객체가 될 수 없다.

↳ × 경매목적물로 평가되지 않았더라도 매수인(경락인)이 그 소유권을 취득한다.

11. ○

↳ × 제3자는 선의취득의 경우와 마찬가지로 그 자재의 귀속으로 인한 이익을 보유할 법률상 원인이 있으므로, 매도인은 제3자에게 보상청구를 할 수 없다.

↳ × 건축공사에 사용된 시멘트는 건물에 부합된다.

⑤ 공동소유

▶ 그림민법 p.78~81

▷ 공유

1. 甲과 乙이 X토지를 공유하고 있는 경우, 1/5 지분권자 乙은 甲의 동의 없이 자신의 지분을 丙에게 처분하지 못한다. [21]

　1. × 공유자는 자신의 지분을 다른 공유자의 동의 없이 자유롭게 처분할 수 있다.

　└ 공유자끼리 그 지분을 교환하는 것은 지분권의 처분이므로 이를 위해서는 교환당사자가 아닌 다른 공유자의 동의가 필요하다. [33]

　└ × 지분처분은 자유이므로 다른 공유자의 동의는 요하지 않는다.

2. 부동산 공유자는 자기 지분 위에 다른 공유자의 동의 없이 저당권을 설정할 수 있다. [16]

　2. ○

　└ 다른 공유자의 동의 없이 자신의 공유지분에 대해 저당권을 설정하는 행위는 무효이다. [23]

　└ × 유효하다.

3. 甲, 乙, 丙이 토지를 공유하고 있는데, 3분의 2 지분권자인 丙이 상속인 없이 사망한 경우, 그 지분은 국유가 된다. [19]

　3. × 甲과 乙에게 각 지분의 비율로 귀속된다.

4. 부동산 공유자 중 1인이 포기한 지분은 국가에 귀속한다. [20]

　4. × 다른 공유자에게 각 지분의 비율로 귀속된다.

　└ 甲, 乙, 丙은 X토지를 각 1/2, 1/4, 1/4의 지분으로 공유하고 있다. 乙이 X토지에 대한 자신의 지분을 포기한 경우, 乙의 지분은 甲, 丙에게 균등한 비율로 귀속된다. [32]

　└ × 균등한 비율로→각 지분의 비율로

5. 부동산 공유자 중 1인의 공유지분 포기에 따른 물권변동은 그 포기의 의사표시가 다른 공유자에게 도달함으로써 효력이 발생하며 등기를 요하지 않는다. [30]

　5. × 법률행위에 의한 물권변동이므로 등기를 해야 효력이 발생한다.

　└ 甲, 乙, 丙은 각 1/3 지분으로 나대지인 X토지를 공유하고 있다. 甲이 공유지분을 포기한 경우, 등기를 하여야 포기에 따른 물권변동의 효력이 발생한다. [31, 33]

　└ ○

6. 공유자는 공유물 전부를 지분의 비율로 사용·수익할 수 있다. [35]

　6. ○

7. 공유자는 다른 공유자의 동의 없이 공유물을 처분하지 못한다. [27, 35]

　7. ○

　└ 甲은 2/3, 乙은 1/3의 지분으로 X토지를 공유하고 있다. 甲이 乙의 동의 없이 X토지 전부를 丙에게 매도한 경우, 그 매매계약은 유효하다. [21]

　└ ○

　└ 위에서 丙 명의로 소유권이전등기를 마친 경우, 甲의 지분 범위 내에서 그 등기는 유효하다. [28]

　└ ○

8. 甲, 乙, 丙은 X토지를 각 1/2, 1/4, 1/4의 지분으로 공유하고 있다. 당사자 간의 특약이 없는 경우, 甲은 단독으로 X토지를 제3자에게 임대할 수 있다. [32]

8. × 임대는 관리행위이므로 지분의 과반수로 결정해야 한다. (1/2은 반수이지 과반수가 아님)

└ 상가건물의 공유자인 임대인이 임차인에게 갱신거절의 통지를 하는 행위는 공유물의 관리행위이므로, 공유지분의 과반수로써 결정하여야 한다. [22]

└ ○

└ 공유자 전원이 임대인으로 되어 있는 공유물을 임대한 경우, 그 임대차계약을 해지하는 것은 특별한 사정이 없는 한 공유물의 보존행위이다. [30]

└ × 공유물의 관리행위로서 지분의 과반수로써 결정한다.

9. 甲은 2/3, 乙은 1/3의 지분으로 X토지를 공유하고 있다. 甲이 乙의 동의 없이 단독으로 丙에게 X토지의 특정 일부를 임대한 경우, 乙은 丙을 상대로 X토지의 인도를 청구할 수 있다. [18, 19, 21, 26, 27, 28]

9. × 과반수지분권자인 甲은 공유물의 임대를 관리방법으로 정할 수 있으므로, 乙은 丙을 상대로 X토지의 인도를 청구할 수 없다.

└ 건물에 대한 과반수지분의 공유자로부터 건물의 특정부분의 배타적 사용을 허락받은 점유자에 대하여 소수지분의 공유자는 그 점유자가 사용하는 건물 부분에서의 퇴거를 청구할 수 없다. [18]

└ ○

10. 9에서 乙은 丙을 상대로 자신의 지분에 상응하는 임료 상당액을 부당이득으로 반환청구할 수 있다. [19, 28]

10. × 甲을 상대로 부당이득반환을 청구해야 한다.

└ 과반수지분권자가 단독으로 공유토지를 임대한 경우, 소수지분권자는 과반수지분권자에게 부당이득반환을 청구할 수 없다. [30]

└ × 청구할 수 있다.

11. 공유지분권의 본질적 부분을 침해한 공유물의 관리에 관한 특약은 공유지분의 특정승계인에게 효력이 미친다. [27, 32]

11. × 그러한 특약(가령 지분권자로서의 사용수익권을 사실상 포기하는 특약)은 특정승계인에게 승계되지 않는다.

12. 甲, 乙, 丙은 각 1/3 지분으로 나대지인 X토지를 공유하고 있다. 甲과 乙이 X토지에 건물을 신축하기로 한 것은 공유물 관리방법으로 부적법하다. [31, 32]

12. ○

└ 甲은 2/3, 乙은 1/3의 지분으로 X토지를 공유하고 있다. X토지가 나대지인 경우, 甲은 乙의 동의 없이 건물을 신축할 수 없다. [26]

└ ○

└ 甲과 乙이 X토지를 공유하고 있다. 1/2 지분권자 甲이 乙의 동의 없이 X토지에 건물을 축조한 경우, 乙은 甲에게 그 건물 전부의 철거를 청구하지 못한다. [21]

└ × 공유물의 보존행위로서 철거를 청구할 수 있다.

13. 甲은 2/3, 乙은 1/3의 지분으로 X토지를 공유하고 있다. 乙은 甲과의 협의 없이 X토지 면적의 1/3에 해당하는 특정부분을 배타적으로 사용·수익할 수 있다. [28]

13. × 소수지분권자인 乙은 공유토지의 특정부분의 배타적 사용·수익을 관리방법으로 정할 수 없다.

14. 공유물의 보존행위는 공유자 각자가 할 수 있다. [35]

14. ○

15. 공유건물의 소수지분권자는 건물을 공유자와의 협의 없이 배타적으로 점유하는 다른 소수지분권자를 상대로 자신에게의 반환을 청구할 수 없다. [18, 27]

15. ○

∟ 甲, 乙, 丙은 각 1/3 지분으로 나대지인 X토지를 공유하고 있다. 甲은 특별한 사정이 없는 한 X토지를 배타적으로 점유하는 丙에게 보존행위로서 X토지의 인도를 청구할 수 없다. [31, 32]

∟ ○

∟ 甲과 乙은 X토지를 각 1/2의 지분을 가지고 공유하고 있다. 甲이 乙의 동의 없이 X토지 전부를 단독으로 사용하고 있다면, 乙은 공유물의 보존행위로서 X토지 전부를 자기에게 반환할 것을 청구할 수 있다. [24]

∟ × 반환을 청구할 수는 없고, 지분권에 기하여 제214조에 따른 방해배제청구권(방해제거청구나 방해예방청구)을 행사할 수 있을 뿐이다.

16. 甲은 2/3, 乙은 1/3의 지분으로 X토지를 공유하고 있다. 甲이 부정한 방법으로 X토지 전부에 관한 소유권이전등기를 甲의 단독명의로 행한 경우, 乙은 甲을 상대로 자신의 지분에 관하여 그 등기의 말소를 청구할 수 있다. [26]

16. ○

∟ 공유부동산에 대하여 공유자 중 1인의 단독명의로 원인무효의 소유권이전등기가 행해졌다면 다른 공유자는 등기명의인인 공유자를 상대로 그 등기 전부의 말소를 청구할 수 있다. [19, 30]

∟ × 그 공유자의 공유지분을 제외한 나머지 공유지분에 관하여만 말소를 청구할 수 있다.

17. 공유자는 특약이 없는 한 지분비율로 공유물의 관리비용을 부담한다. [27]

17. ○

18. 제3자가 공유물을 불법점유하고 있는 경우, 공유자는 단독으로 공유물 전부의 반환을 청구할 수 있다. [16]

18. ○

19. 부동산 공유자 중 1인은 공유물에 관한 보존행위로서 그 공유물에 마쳐진 제3자 명의의 원인무효등기 전부의 말소를 구할 수 없다. [28]

19. × 전부의 말소를 청구할 수 있다.

∟ 甲과 乙은 X토지를 각 1/2의 지분을 가지고 공유하고 있다. 제3자가 권원 없이 자기 명의로 X토지의 소유권이전등기를 한 경우, 甲은 공유물의 보존행위로 원인무효의 등기 전부의 말소를 청구할 수 있다. [24, 26]

∟ ○

20. 공유자 중 1인이 다른 공유자의 지분권을 대외적으로 주장하는 행위는 공유물의 보존행위로 볼 수 있다. [20]

20. × 보존행위로 볼 수 없다.

∟ 甲과 乙은 X토지를 각 1/2의 지분을 가지고 공유하고 있다. 甲의 지분에 관하여 제3자 명의로 원인무효의 등기가 이루어진 경우, 乙은 공유물의 보존행위로 그 등기의 말소를 청구할 수 있다. [24]

∟ × 이는 乙이 甲의 지분권을 대외적으로 주장하는 것으로 공유물의 보존행위로 볼 수 없고, 따라서 乙은 그 등기의 말소를 청구할 수 없다.

21. X토지를 甲이 2/3지분, 乙이 1/3지분으로 공유하고 있는데 戊가 X토지 위에 무단으로 건물을 신축한 경우, 乙은 특별한 사유가 없는 한 자신의 지분에 대응하는 비율의 한도 내에서만 戊를 상대로 손해배상을 청구할 수 있다. [26]

21. ○

└ 甲과 乙이 X토지를 공유하고 있다. 丙이 X토지를 불법점유하고 있는 경우, 甲은 乙의 지분에 관하여도 특별한 사정이 없는 한 단독으로 丙에게 손해배상을 청구할 수 있다. [21]

└ × 손해배상청구는 자신의 지분의 비율의 한도 내에서만 행사할 수 있다.

22. 공유물 무단점유자에 대한 차임 상당 부당이득반환청구권은 특별한 사정이 없는 한 각 공유자에게 지분 비율만큼 귀속된다. [35]

22. ○

23. 공유자는 자신의 지분에 관하여 단독으로 제3자의 취득시효를 중단시킬 수 없다. [35]

23. × 공유자의 한 사람이 공유물의 보존행위로서 공유물의 일부 지분에 관하여서만 재판상 청구를 하면 그로 인한 시효중단의 효력은 그 공유자와 그 청구한 소송물에 한하여 발생한다.

24. 분할청구가 있으면 공유자 전원은 그 협의에 응할 의무를 진다. [15+]

24. ○

└ 각 공유자는 단독으로 공유물의 분할을 청구할 수 있고, 이때 공유물의 분할은 공유자의 지분의 과반수로써 정한다. [20]

└ × 공유자 전원의 협의에 의해 정한다.

25. 공유물분할금지의 약정은 갱신할 수 있다. [29]

25. ○

26. 등기된 분할금지특약은 채권적 효력을 가질 뿐이므로, 그 지분권의 승계인에게 효력을 미치지 않는다. [15+]

26. × 분할금지특약을 등기하면 제3자(가령 지분의 양수인)에 대한 효력이 생긴다.

27. 공유자 전원이 분할절차에 참가하지 않은 공유물분할은 무효이다. [20]

27. ○

└ 공유물분할의 소는 결국 분할방법을 정하기 위한 것이고, 그 상대방은 다른 공유자 전원이어야 한다. [15+]

└ ○

28. 공유자 사이에 분할에 관한 협의가 성립하면 재판상 분할청구는 인정되지 않는다. [15+, 16]

28. ○

└ 공유자 사이에 이미 분할협의가 성립하였는데 일부 공유자가 분할에 따른 이전 등기에 협조하지 않은 경우, 공유물분할소송을 제기할 수 없다. [35]

└ ○

29. 재판에 의하여 공유물을 분할하는 경우에는 대금분할이 원칙이다. [16]

29. × 현물분할이 원칙이다.

30. 공유물을 공유자 1인의 단독소유로 하되 현물을 소유하게 되는 공유자로 하여금 다른 공유자에 대하여 그 지분의 가격을 배상시키는 분할방법은 허용되지 않는다. [18]

30. × 가격배상도 현물분할의 하나로 허용된다.

31. 재판상 분할에서 분할을 원하는 공유자의 지분만큼은 현물분할하고, 분할을 원하지 않는 공유자는 계속 공유로 남게 할 수 있다. [35]

31. ○

32. 현물분할의 합의에 의하여 공유토지에 대한 단독소유권을 취득하는 경우에는 등기가 있어야 물권변동이 일어난다. [25]

32. ○

└ 토지의 협의분할은 등기를 마치면 그 등기가 접수된 때 물권변동의 효력이 있다. [35]

└ ○

33. 공유물분할청구소송에서 현물분할의 협의가 성립하여 조정이 된 때에는 등기가 있어야 단독소유권을 취득한다. [27]

33. ○

34. 공유토지 분할판결이 확정된 때에는 분할등기 전이더라도 물권변동이 일어난다. [18]

34. ○

35. 각 공유자는 다른 공유자가 분할로 인하여 취득한 물건에 관하여 그 지분의 비율로 매도인과 동일한 담보책임을 진다. [15, 16, 35]

35. ○

36. 공유자 중 1인의 지분 위에 설정된 저당권은 특별한 사정이 없는 한 공유물분할로 인하여 그 설정자 앞으로 분할된 부분에 집중된다. [15, 20, 29]

36. × 저당권은 분할된 각 부분 위에 종전의 지분의 비율대로 그대로 존속하고, 설정자 앞으로 분할된 부분에 집중되지 않는다.

▷ 구분소유적 공유(상호명의신탁)

1. 甲은 자신의 X토지 중 일부를 특정(Y부분)하여 乙에게 매도하면서 토지를 분할하는 절차를 피하기 위하여 편의상 乙에게 Y부분의 면적 비율에 상응하는 공유지분등기를 마쳤다. 甲과 乙은 상호명의신탁을 하고 있는 것이다. [29]

1. ○

2. 甲과 乙은 토지의 위치와 면적을 특정하여 구분소유하기로 약정하고 1필지의 토지를 공동으로 매수하였는데, 분필에 의한 소유권이전등기를 하지 않고 그 필지 전체에 관하여 양수부분의 면적비율에 상응하는 공유지분등기를 하였다.

2.

1) 甲과 乙은 각 특정부분 이외의 부분에 관한 등기는 상호명의신탁을 하고 있는 것이다. [15]

1) ○

2) 甲은 자신이 양수한 특정부분을 배타적으로 사용·수익할 수 있다. [15]

2) ○

└ 甲이 자신이 구분소유하는 지상에 건물을 신축하더라도 乙은 그 건물의 철거를 청구할 수 없다. [24]

└ ○

└ 甲의 특정 구분부분에 대한 乙의 방해행위에 대하여 甲은 소유권에 기한 방해배제를 청구할 수 있다. [25]

└ ○

3) 甲과 乙은 자신들의 특정 구분부분을 단독으로 처분할 수 있다. [25, 29]

3) ○

4) 제3자 丙이 위 토지를 무단으로 점유하고 있는 경우, 甲은 전체 토지에 대하여 공유물의 보존행위로서 그 배제를 구할 수 있다. [15, 29]

4) ○

└ 乙의 특정 구분부분에 대한 丙의 방해행위에 대하여 甲은 丙에게 공유물의 보존행위로서 방해배제를 청구할 수 없다. [25]

└ × 청구할 수 있다.

5) 甲과 乙의 공유물에 대한 제3자 丙의 불법행위가 있는 경우, 甲은 자신의 지분에 대응한 비율의 한도에서만 손해배상을 청구할 수 있다. [15]

5) ○

6) 甲은 乙에 대하여 공유물분할을 청구할 수 있다. [15, 29]

6) × 공유물분할은 청구할 수 없고, 상호명의신탁 해지를 원인으로 하는 지분이전등기절차의 이행을 청구해야 한다.

└ 상호명의신탁의 경우 공유물분할청구의 소를 제기하여 구분소유적 공유관계를 해소할 수 없다. [22]

└ ○

7) 구분소유적 공유관계가 해소되는 경우, 공유지분권자 상호간의 지분이전등기 의무는 동시이행관계에 있다. [22, 25, 35]

7) ○

8) 丁이 경매를 통하여 乙의 지분을 취득한 경우, 甲·丁 사이에 구분소유적 공유관계가 당연히 인정되는 것은 아니다. [25]

8) ○

9) 甲이 자신의 특정 구분부분에 건물을 신축하여 소유한 경우, 乙이 강제경매를 통하여 甲의 지분을 취득하더라도 甲은 그 건물을 위한 관습법상의 법정지상권을 취득할 수 있다. [25]

9) ○

└ 甲이 배타적으로 사용하는 특정부분 위에 乙이 건물을 신축한 뒤 대지의 분할 등기가 이루어져 건물의 대지부분이 甲의 단독소유가 된 경우, 관습상 법정지상권이 성립한다. [19, 29]

└ × 당초부터 건물과 토지의 소유자가 서로 다른 경우여서 관습상의 법정지상권이 성립될 여지가 없다.

▷ 합유

1. 합유자의 권리는 합유물 전부에 미친다. [34]

1. ○

2. 합유물의 보존행위는 합유자가 각자가 할 수 있다. [27, 34]

2. ○

└ 합유물에 관하여 경료된 원인무효의 소유권이전등기의 말소를 구하는 소는 합유자 각자가 제기할 수 있다. [33]

└ ○

3. 합유재산에 관하여 합유자 중 1인이 임의로 자기 단독의 명의의 소유권보존등기를 한 경우, 자신의 지분 범위 내에서는 유효한 등기이다. [27]

4. 합유자는 그 전원의 동의 없이 합유지분을 처분하지 못한다. [34]

└ 합유자는 다른 합유자의 동의 없이 합유지분을 처분할 수 있다. [29]

└ 합유자 중 1인은 다른 합유자의 동의 없이 자신의 지분을 단독으로 제3자에게 유효하게 매도할 수 있다. [33]

5. 부동산에 관한 합유지분 포기에 따른 물권변동의 효력은 등기 없이도 발생한다. [22, 27]

6. 합유자는 합유물의 분할을 청구하지 못한다. [34]

7. 조합체의 해산으로 인하여 합유는 종료한다. [27]

8. 합유자 중 1인이 사망한 경우, 특별한 약정이 없는 한 그 상속인이 합유자의 지위를 승계한다. [18, 29, 34]

└ 합유자 중 일부가 사망한 경우 특약이 없는 한 합유물은 잔존 합유자가 2인 이상이면 잔존 합유자의 합유로 귀속된다. [27]

▷ **총유**

1. 법인 아닌 종중이 그 소유 토지의 매매를 중개한 중개업자에게 중개수수료를 지급하기로 하는 약정을 체결하는 것은 총유물의 관리·처분행위에 해당한다. [33]

2. 비법인사단의 사원은 단독으로 총유물의 보존행위를 할 수 있다. [29]

3. 사원총회의 결의를 거쳐야 처분할 수 있는 비법인사단의 총유재산을 대표자가 임의로 처분한 경우에도 권한을 넘은 표현대리에 관한 규정이 준용될 수 있다. [22]

4. 법인 아닌 사단인 교회가 사실상 2개로 분열된 경우, 분열되기 전 교회의 재산은 분열된 각 교회의 구성원들에게 각각 총유적으로 귀속된다. [18]

---

3. × 실질관계에 부합하지 않는 원인무효의 등기이다.

4. ○

└ × 합유지분을 처분함에는 합유자 전원의 동의를 요한다.

└ × 합유자 전원의 동의가 없는 합유지분의 처분은 무효이다.

5. × 법률행위에 의한 것이므로 등기를 해야 효력이 생긴다.

6. ○

7. ○

8. × 사망한 합유자의 상속인은 합유자로서의 지위를 승계하지 않는다.

└ ○

1. × 단순한 채무부담행위에 불과할 뿐 총유물의 관리·처분행위라고 할 수 없다.

2. × 총유물의 보존행위는 사원총회의 결의에 의한다.

3. × 강행법규를 위반한 법률행위에 대해서는 표현대리에 관한 규정이 준용되지 않는다.

4. × 교회의 분열은 허용되지 않는바, 종전 교회의 재산은 잔존 교인들의 총유로 귀속된다.

제5장 **용익물권**

1 지상권

▶ 그림민법 p.82~87

▷ 총설

1. 지료의 지급은 지상권의 성립요건이 아니다. [25, 31]

1. ○

2. 지상권설정계약 당시 건물이나 공작물이 없더라도 지상권은 유효하게 성립할 수 있다. [28]

2. ○

▷ 존속기간

1. 지상권에는 최장기간의 제한이 정하여져 있다. [14]

1. × 최장기간의 제한은 없다.

2. 지상권의 존속기간을 영구(永久)로 약정하는 것도 허용된다. [17]

2. ○

3. 견고한 건물의 소유를 목적으로 하는 지상권의 존속기간은 약정이 없으면 30년이다. [17]

3. ○

4. 종류를 정하지 않은 수목의 소유를 목적으로 한 지상권의 존속기간은 약정이 없으면 15년이다. [17]

4. × 30년이다.

5. 건물 이외의 공작물의 소유를 목적으로 존속기간을 5년으로 하여 지상권이 설정된 경우, 지상권의 존속기간은 15년이다. [19]

5. × 5년이다.

6. 지상권의 존속기간을 정하지 않은 경우, 토지소유자는 언제든지 지상권의 소멸을 청구할 수 있다. [26]

6. × 존속기간을 정하지 않은 때에는 지상물의 종류에 따른 최단존속기간으로 정해진다.

7. 기간만료로 지상권이 소멸하면 지상권자는 갱신청구권을 행사할 수 있다. [31]

7. ○

ㄴ 존속기간의 만료로 지상권이 소멸한 경우, 건물이 현존하더라도 지상권자는 계약의 갱신을 청구할 수 없다. [26]

ㄴ × 청구할 수 있다.

▷ 효력

1. 지상권이 설정된 토지를 양수한 자는 지상권자에게 토지의 인도를 청구할 수 없다. [21, 23, 26]

1. ○

2. 지상권자가 토지를 사용하는 경우, 인접한 토지와의 이용관계에 대해서는 상린관계에 관한 규정이 적용된다. [15]

2. ○

┗ 지상권자는 지상권의 목적인 토지의 경계나 그 근방에서 건물을 수선하기 위하여 필요한 범위 내에서 이웃토지의 사용을 청구할 수 있다. [26]

┗ ○

3. 지상권자는 토지소유자의 의사에 반하여 지상권을 타인에게 양도할 수 없다. [25, 26, 28]

3. × 지상권자는 토지소유자의 동의 없이 지상권을 타인에게 양도할 수 있다.

4. 지상권의 양도를 금지하는 특약이 있더라도 지상권의 양도는 절대적으로 보장된다. [17]

4. ○

5. 乙은 甲과의 지상권설정계약으로 甲 소유의 X토지에 지상권을 취득한 후, 그 지상에 Y건물을 완성하여 소유권을 취득하였다. 乙은 지상권을 유보한 채 Y건물 소유권만을 제3자에게 양도할 수 있다. [34]

5. ○

┗ 위에서 乙은 Y건물 소유권을 유보한 채 지상권만을 제3자에게 양도할 수 있다. [29, 34]

┗ ○

6. 지상권은 저당권의 객체가 될 수 있다. [28]

6. ○

7. 乙은 甲 소유의 토지 위에 건물을 소유하기 위하여 지상권을 취득하였다. 乙이 지상권을 丙에게 양도한 경우, 甲과 乙 사이에 지료지급의 특약에 관한 등기가 경료되지 않더라도 甲은 丙에게 지료지급을 주장할 수 있다. [15]

7. × 지료등기를 하지 않은 경우에는 무상의 지상권으로 양도되어 甲은 丙에게 지료지급을 청구할 수 없다.

┗ 위에서 乙이 지료를 연체한 상태에서 丙에게 지상권을 양도한 경우, 甲은 지료약정이 등기된 때에만 연체사실로 丙에게 대항할 수 있다. [29]

┗ ○

┗ 지료가 등기되지 않은 지상권이 타인에게 매도되어 이전등기된 경우, 지료증액청구권이 발생하지 않는다. [19]

┗ ○

8. 지료지급약정이 있음에도 지상권자가 3년분의 지료를 미지급한 경우, 토지소유자는 지상권소멸을 청구할 수 있다. [34]

8. ○

┗ 지상권자가 약정한 지료의 1년 6개월분을 연체한 경우, 토지소유자는 지상권의 소멸을 청구할 수 있다. [26]

┗ × 2년 이상의 지료를 연체하여야 소멸을 청구할 수 있다.

9. 지상권자의 지료지급 연체가 토지소유권의 양도 전후에 이루어진 경우, 토지양수인에 대한 연체기간이 2년이 되어야만 양수인이 지상권소멸청구를 할 수 있다. [19, 32]

9. ○

┗ 甲 소유의 토지에 乙의 지상권이 설정된 경우, 甲의 토지를 양수한 丙은 乙의 甲에 대한 지료연체액을 합산하여 2년의 지료가 연체되면 지상권소멸을 청구할 수 있다. [29, 31]

┗ × 丙에 대한 연체기간이 단독으로 2년이 되지 않는다면 丙은 지상권소멸청구를 할 수 없다.

10. 지상권이 저당권의 목적인 경우, 2년 이상의 지료연체를 이유로 하는 지상권 소멸청구는 인정되지 않는다. [17]

　　└ 지상권이 저당권의 목적인 경우 지료연체를 이유로 한 지상권소멸청구는 저당권자에게 통지하면 즉시 그 효력이 생긴다. [28]

　　└ 甲 소유의 토지에 乙의 지상권이 설정된 경우, 乙이 丙에게 지상권을 목적으로 하는 저당권을 설정한 경우, 지료연체를 원인으로 하는 甲의 지상권소멸청구는 丙에게 통지한 후 상당한 기간이 경과함으로써 효력이 생긴다. [29]

▷ **소멸**

1. 지상권설정의 목적이 된 건물이 전부 멸실하면 지상권은 소멸한다. [17, 23]

2. 지상권 소멸 시 지상권설정자가 상당한 가액을 제공하여 공작물 등의 매수를 청구한 때에는 지상권자는 정당한 이유 없이 이를 거절하지 못한다. [28]

3. 지상권자는 반대특약이 없는 한 유익비의 상환을 청구할 수 있다. [17]

▷ **담보지상권**

1. 저당권이 설정된 나대지의 담보가치 하락을 막기 위해 저당권자 명의의 지상권이 설정된 경우, 피담보채권이 변제되어 저당권이 소멸하면 그 지상권도 소멸한다. [23, 25, 30, 32]

2. 甲은 乙은행에 대한 채무의 이행을 담보하고자 그 소유 X토지에 乙 명의의 저당권과 함께 X토지의 담보가치 유지만을 위한 乙 명의의 지상권을 설정하였고, 이후 甲과 丙은 X토지에 Y건물을 축조하였다.

1) 乙이 지상권침해를 이유로 丙에 대하여 Y건물의 철거를 청구할 경우, 특별한 사정이 없는 한 丙은 甲에 대한 채권을 이유로 乙에게 대항할 수 있다. [30]

2) 乙은 丙에게 X토지의 사용·수익을 이유로 부당이득의 반환을 청구할 수 있다. [30]

　　└ 채권담보를 위하여 토지에 저당권과 함께 무상의 담보지상권을 취득한 채권자는 특별한 사정이 없는 한 제3자가 토지를 불법점유하더라도 임료 상당의 손해배상 청구를 할 수 없다. [31]

3) Y건물의 축조로 X토지의 교환가치가 피담보채권액 미만으로 하락하면 乙은 甲에게 저당권침해를 이유로 손해배상을 청구할 수 있다. [30]

---

10. × 인정된다.

└ × 저당권자에게 통지한 후 상당한 기간이 경과함으로써 효력이 생긴다.

└ ○

1. × 지상물이 멸실하여도 지상권은 소멸하지 않는다.

2. ○

3. ○

1. ○

2.

1) × 물권(乙의 지상권)이 채권(가령 丙의 임차권)에 우선하므로 丙은 甲에 대한 채권으로 乙에게 대항할 수 없다.

2) × 丙의 불법점유가 없었더라도 乙에게 임료 상당의 이익이나 소득이 발생할 여지가 없으므로, 손해배상이나 부당이득반환을 청구할 수 없다.

└ ○

3) ○

▷ **특수한 지상권**

• **구분지상권**

1. 지상의 공간은 상하의 범위를 정하여 공작물을 소유하기 위한 지상권의 목적으로 할 수 있다. [28]

   1. ○

2. 구분지상권은 건물 기타의 공작물 및 수목을 소유하기 위해서 설정할 수 있다. [13, 25]

   2. × 수목 소유를 위해서 구분지상권을 설정할 수는 없다.

3. 구분지상권의 행사를 위하여 토지소유자의 토지사용을 제한하는 특약을 설정행위에서 할 수 있다. [13]

   3. ○

4. 구분지상권을 설정하려는 토지에 이미 제3자가 사용·수익할 권리를 가지고 있는 경우에는 이들의 동의를 얻어야 한다. [13]

   4. ○

5. 존속기간이 영구적인 구분지상권설정계약은 무효이다. [23]

   5. × 유효하다.

• **분묘기지권(墳墓基地權)**

1. 등기는 분묘기지권의 취득요건이다. [17, 22, 27]

   1. × 분묘기지권의 취득은 등기를 요하지 않는다.

   ↳ 분묘기지권은 봉분 등 외부에서 분묘의 존재를 인식할 수 있는 형태를 갖추고 등기하여야 성립한다. [35]

   ↳ × 上同

2. 토지소유자의 승낙을 얻어 분묘를 설치함으로써 분묘기지권을 취득한 경우, 설치할 당시 토지소유자와의 합의에 의하여 정한 지료지급의무의 존부나 범위의 효력은 그 토지의 승계인에게는 미치지 않는다. [35]

   2. × 승낙형 분묘기지권의 경우 당사자 간의 지료에 관한 약정의 효력은 토지의 승계인에게도 미친다.

3. 분묘기지권을 시효취득한 자는 토지소유자가 지료를 청구한 날부터의 지료를 지급할 의무가 있다. [17, 21, 26, 32]

   3. ○

4. 자기 소유 토지에 분묘를 설치한 사람이 그 토지를 양도하면서 분묘를 이장하겠다는 특약을 하지 않음으로써 분묘기지권을 취득한 경우, 분묘기지권자는 분묘기지권이 성립한 때부터 지료를 지급할 의무가 있다. [35]

   4. ○

5. 존속기간에 관한 약정이 없는 분묘기지권의 존속기간은 5년이다. [17]

   5. × 분묘가 존속하고 수호봉사가 계속되는 한 존속한다.

6. 제사주재인인 장남 甲은 1985년 乙의 토지에 허락 없이 부친의 묘를 봉분 형태로 설치한 이래 2015년 현재까지 평온·공연하게 분묘의 기지(基地)를 점유하여 분묘의 수호와 봉사를 계속하고 있다.

   6.

1) 甲은 乙에게 분묘기지에 대한 소유권이전등기를 청구할 수 있다. [26]

   ∟ 토지소유자의 승낙 없이 분묘를 설치한 후 20년간 평온·공연하게 그 기지를 점유한 자는 그 기지의 소유권을 시효취득한다. [17]

2) 乙은 甲에게 분묘의 이장을 청구할 수 있다. [26]

3) 甲은 부친의 묘에 모친의 시신을 단분(單墳) 형태로 합장할 권능이 있다. [26]

4) 甲이 분묘기지권을 포기하는 의사를 표시한 경우, 점유의 포기가 없더라도 분묘기지권이 소멸한다. [26]

• 관습법상 법정지상권

1. 甲 소유의 토지와 그 지상건물 중 乙이 토지를 매수하고 이전등기를 경료한 경우, 甲은 乙의 건물철거청구를 거절할 수 없다. [14]

   ∟ 乙 소유의 토지와 그 지상건물 중 甲이 건물을 매수하고 이전등기를 경료한 경우, 甲은 乙의 건물철거청구를 거절할 수 없다. [14]

2. 무허가건물이나 미등기건물을 위해서는 관습법상 법정지상권이 인정될 수 없다. [21]

3. 대지와 건물을 동일인이 소유하고 있었으나 증여, 매매, 대물변제, 공매, 환지처분 등의 원인에 의하여 그 소유자를 달리한 경우, 관습상 법정지상권이 성립한다. [15+]

4. 토지 또는 그 지상건물이 경매된 경우, 매각대금 완납 시를 기준으로 토지와 건물의 동일인 소유 여부를 판단한다. [29]

5. 甲은 그 소유 나대지(X토지)에 乙의 저당권을 설정한 뒤 건물을 신축하였다. 저당권설정 뒤 X토지에 대해 통상의 강제경매가 실시되어 丙이 그 토지를 취득한 경우, 甲은 관습상 법정지상권을 취득하지 못한다. [26]

6. 乙 소유의 토지 위에 乙의 승낙을 얻어 신축한 丙 소유의 건물을 甲이 매수한 경우, 甲은 관습상의 법정지상권을 취득한다. [33]

7. 미등기건물을 대지와 함께 양수한 사람이 그 대지에 대해서만 소유권이전등기를 넘겨받은 뒤 그 대지가 경매되어 타인의 소유로 된 경우, 법정지상권이 성립한다. [21]

---

1) × 甲은 타주점유자이므로 소유권을 시효취득할 수 없다.

∟ × 소유권이 아니라 분묘기지권을 시효취득한다.

2) × 甲은 이미 분묘기지권을 취득하였으므로 乙은 甲에게 분묘의 이장을 청구할 수 없다.

3) × 분묘기지권에는 새로운 분묘를 신설할 권능은 포함되지 않는다.

4) ○

1. × 甲은 관습상 법정지상권을 취득하였으므로 乙의 건물철거청구를 거절할 수 있다.

∟ × 上同

2. × 무허가·미등기건물을 위해서도 관습상의 법정지상권이 성립할 수 있다.

3. × 환지처분의 경우는 관습상 법정지상권이 성립하지 않는다.

4. × 압류의 효력이 발생한 때를 기준으로 판단한다.

5. ○

6. × 건물이 처분될 당시부터 토지와 건물의 소유자가 달랐으므로 관습상 법정지상권이 성립하지 않는다.

7. × 대지가 경매될 당시 대지와 건물이 동일인의 소유가 아니었으므로 법정지상권이 성립하지 않는다.

8. 토지의 매수인이 이전등기를 하지 않은 상태에서 매도인의 승낙을 받아 건물을 신축한 후 매매계약이 해제된 경우, 매수인은 관습상 법정지상권을 취득한다. [18]

8. × 매수인은 토지를 원상복구하여 반환하여야 하므로 법정지상권을 취득할 수 없다.

9. 동일인 소유의 토지와 건물이 매매로 인하여 서로 소유자가 다르게 되었으나 당사자가 그 건물을 철거하기로 합의한 때에는 관습법상 법정지상권이 성립하지 않는다. [24]

9. ○

10. 건물소유자가 토지소유자와 건물 소유를 목적으로 하는 토지임대차계약을 체결한 경우에도 관습상 법정지상권을 포기하였다고 볼 수 없다. [18]

10. × 별도의 토지임대차계약을 체결하였다면 관습상 법정지상권의 취득을 포기한 것으로 볼 수 있다.

11. 甲은 자신의 토지와 그 지상건물 중 건물만을 乙에게 매도하고 건물철거 등의 약정 없이 건물의 소유권이전등기를 해 주었다. 乙은 관습상의 법정지상권을 등기 없이 취득한다. [28]

11. ○

12. 법정지상권자는 그 지상권을 등기하여야 지상권을 취득할 당시의 토지소유자로부터 토지를 양수한 제3자에게 대항할 수 있다. [24, 28]

12. × 등기 없이 제3자에 대항(=지상권을 주장)할 수 있다.

13. 강제경매로 인해 성립한 관습상 법정지상권을 법률행위에 의해 양도하기 위해서는 등기하여야 한다. [18, 24, 30]

13. ○

14. 법정지상권이 성립한 후에도 대지소유자는 타인에게 그 대지 전부를 목적으로 한 전세권을 설정할 수 있다. [18]

14. × 지상권이 성립한 이상 동일한 토지부분에 다시 전세권을 설정할 수는 없다(물권의 배타성).

15. 지료에 관하여 토지소유자와 협의가 이루어지지 않으면 당사자의 청구에 의하여 법원이 이를 정한다. [24]

15. ○

16. 법정지상권의 경우, 지료에 관한 협의나 법원의 지료결정이 없으면 토지소유자는 지료연체를 주장하지 못한다. [29]

16. ○

17. 법원이 결정한 지료의 지급을 2년분 이상 지체한 경우, 토지소유자는 법정지상권의 소멸을 청구할 수 있다. [23]

17. ○

18. 법정지상권이 있는 건물이 증·개축된 경우에는 법정지상권이 소멸한다. [18]

18. × 소멸하지 않는다.

19. 법정지상권자가 지상건물을 제3자에게 양도한 경우, 제3자는 그 건물과 함께 법정지상권을 당연히 취득한다. [29]

19. × 등기를 해야 취득한다.

20. 甲 소유의 토지와 건물 중 건물에 관하여만 강제경매가 이루어져 乙 소유가 되었고, 乙은 이 건물을 丙에게 매매한 후 건물에 대한 소유권이전등기를 경료하였다. 지상권에 관하여는 현재 아무런 등기도 없다.

20.

1) 현재 지상권에 관하여 등기가 없으므로 乙, 丙 모두 지상권자가 아니다. [13]

1) × 乙은 지상권자이고, 丙은 아직 지상권자가 아니다.

2) 乙은 丙에게 건물만 매도하였으므로, 丙은 乙에게 지상권이전등기를 청구할 수 없다. [13]

2) × 건물과 함께 법정지상권도 매매하였으므로 丙은 乙에게 지상권이전등기를 청구할 수 있다.

3) 丙은 甲에게 자신의 명의로 지상권설정등기를 경료해 줄 것을 청구할 수 있다. [13]

3) × 丙은 乙을 대위하여 지상권설정등기를 청구하고, 이어서 乙에게 지상권이전등기를 청구해야 한다.

└ 丙은 甲, 乙에게 지상권설정 및 이전을 순차적으로 청구할 수 있다. [13]

└ ○

4) 丙은 법정지상권자이므로 지상권등기가 없더라도 甲은 丙에게 건물철거를 청구할 수 없다. [13]

4) × 법정지상권자이므로 → 장차 법정지상권을 취득할 지위에 있으므로

5) 甲의 丙에 대한 건물철거 및 토지인도청구는 신의성실상의 원칙상 허용될 수 없다. [28]

5) ○

6) 甲은 丙에게 토지의 사용에 대한 부당이득반환청구를 할 수 있다. [28]

6) ○

└ 법정지상권이 있는 건물의 양수인으로서 장차 법정지상권을 취득할 지위에 있는 자가 그 대지를 점유·사용함으로 인하여 얻은 이득은 부당이득이다. [18]

└ ○

7) 만약 丙이 경매에 의하여 건물의 소유권을 취득한 경우라면 丙은 등기 없이도 관습상의 법정지상권을 취득한다. [28]

7) ○

└ 건물을 위한 법정지상권이 성립한 경우, 그 건물에 대한 저당권이 실행되면 경락인은 등기하여야 법정지상권을 취득한다. [29]

└ × 등기 없이도 당연히 취득한다.

21. 토지공유자 중 1인이 공유지분 과반수의 동의를 얻어 건물을 건축한 후 토지와 건물의 소유자가 달라진 경우, 관습법상의 법정지상권이 성립한다. [21]

21. × 성립하지 않는다.

22. 토지공유자 중 1인이 공유토지 위에 건물을 소유하고 있다가 토지지분만 전매한 경우, 관습상의 법정지상권의 성립이 부정된다. [21]

22. ○

23. 공유자 중 1인 소유의 건물이 있는 공유대지를 분할하여 대지의 소유권이 공유에서 단독소유로 바뀐 경우, 특별한 사정이 없는 한 건물소유자는 관습상의 법정지상권을 취득한다. [15]

23. ○

24. 甲과 乙이 구분소유적으로 공유하는 토지 중 甲이 자신의 특정 구분부분에 건물을 신축하여 소유한 경우, 乙이 강제경매를 통하여 甲의 지분을 취득하더라도 甲은 그 건물을 위한 관습법상의 법정지상권을 취득할 수 있다. [25]

24. ○

└, 위에서 甲이 배타적으로 사용하는 특정부분 위에 乙이 건물을 신축한 뒤 대지의 분할등기가 이루어져 건물의 대지부분이 甲의 단독소유가 된 경우, 관습상 법정지상권이 성립한다. [19]

└, × 당초부터 건물과 토지의 소유자가 서로 다른 경우여서 관습상의 법정지상권이 성립될 여지가 없다.

25. 환매등기가 경료된 나대지에 건물이 신축된 후 환매권이 행사된 경우, 그 건물을 위한 관습상의 법정지상권은 발생하지 않는다. [23, 27]

25. ○

② 지역권

▶ 그림민법 p.88~89

▷ **총설**

- **의의**

1. 지역권자는 일정한 목적을 위하여 타인의 토지를 자기 토지의 편익에 이용할 수 있다. [25]

1. ○

2. 자기 소유의 토지에 도로를 개설하여 타인에게 영구적으로 사용하도록 약정하고 대금을 수령하는 것은 지역권설정에 관한 합의이다. [29]

2. ○

3. 승역지 등기부 을구에 지역권설정등기가 등재되고, 요역지 등기부 을구에는 요역지지역권의 등기가 등재된다. [13]

3. ○

- **성질**

1. 지역권은 유상, 무상을 불문하고 설정될 수 있다. [16]

1. ○

2. 요역지는 1필의 토지 전부여야 하나, 승역지는 1필의 토지의 일부일 수 있다. [23, 24, 26, 30, 33]

2. ○

└, 토지의 일부를 위한 지역권은 인정되지 않는다. [20]

└, ○

└, 1필의 토지의 일부에는 지역권을 설정할 수 없다. [32]

└, × 설정할 수 있다.

3. 지상권, 전세권 및 지역권은 용익권자가 독점적으로 목적물의 사용·수익할 권리를 갖는다. [14]

3. × 지역권에는 배타성(독점성)이 없다.

4. 승역지에 수개의 용수지역권이 설정된 때에는 후순위의 지역권자는 선순위의 지역권자의 용수를 방해하지 못한다. [28]

4. ○

5. 지역권은 용익물권이므로 부종성이나 수반성이 인정되지 않는다. [13]

5. × 지역권은 요역지소유권에 부종하여 이전하며(부종성), 요역지와 분리하여 양도하지 못한다(수반성).

6. 요역지의 소유권이 이전되면 다른 약정이 없는 한 지역권도 이전된다. [35]

6. ○

└ 요역지의 소유권이 이전되더라도 특별한 사정이 없는 한 지역권은 이전되지 않는다. [31, 33]

└ × 지역권은 요역지소유권에 부종하여 이전한다.

7. 지역권의 이전을 위해서 지역권의 이전등기가 필요한 것은 아니다. [20]

7. ○

8. 요역지의 전세권자는 특별한 사정이 없으면 지역권을 행사할 수 있다. [24]

8. ○

└ 요역지의 지상권자는 자신의 용익권 범위 내에서 지역권을 행사할 수 있다. [30]

└ ○

9. 지역권은 요역지와 분리하여 양도할 수 없다. [14, 16, 23, 25, 26, 27, 29, 32, 34, 35]

9. ○

└ 지역권은 요역지와 분리하여 저당권의 목적이 될 수 있다. [20, 27, 28]

└ × 될 수 없다.

10. 통행지역권을 주장하는 사람은 통행으로 편익을 얻는 요역지가 있음을 주장·증명하여야 한다. [29, 31, 34]

10. ○

11. 공유자의 1인은 다른 공유자의 동의 없이 지역권을 설정할 수 없다. [29]

11. ○

12. 요역지 공유자의 1인이 지역권을 취득하면 다른 공유자도 이를 취득한다. [14, 16, 17, 21, 23, 24, 25, 26, 30, 31, 32, 34, 35]

12. ○

13. 요역지 공유자의 1인은 자신의 지분에 관하여 지역권을 소멸시킬 수 없다. [20, 27, 28, 33, 35]

13. ○

14. 승역지 공유자 중 1인은 자신의 지분만에 대해서 지역권을 소멸시킬 수 없다. [27]

14. ○

15. 점유로 인한 지역권 취득기간의 중단은 지역권을 행사하는 모든 공유자에 대한 사유가 아니면 그 효력이 없다. [14, 31]

15. ○

16. 요역지가 수인의 공유인 경우에 그 1인에 의한 지역권소멸시효의 중단은 다른 공유자를 위하여 효력이 있다. [14, 28]

16. ○

▷ 취득

1. 지역권은 계속되고 표현된 것에 한하여 시효취득의 대상이 된다.

[13, 16, 26, 27, 32, 34]

ㄴ 지역권은 표현된 것이 아니더라도 시효취득할 수 있다. [35]

2. 통로의 개설 없이 20년간 통로로 사실상 사용하여 온 경우는 지역권의 시효취득이 인정되지 않는다. [13]

3. 지상권자는 인접한 토지에 통행지역권을 시효취득할 수 없다. [28]

4. 요역지의 불법점유자는 통행지역권의 시효취득을 주장할 수 없다.

[20, 24, 26, 30, 34]

5. 통행지역권을 시효취득하였다면 특별한 사정이 없는 한 요역지 소유자는 도로 설치로 인해 승역지 소유자가 입은 손실을 보상하지 않아도 된다. [30, 31]

▷ 존속기간

1. 지역권의 존속기간을 영구무한으로 약정할 수는 없다. [33]

▷ 효력

1. 지역권자에게 방해제거청구권과 방해예방청구권은 인정되지만, 반환청구권은 인정되지 않는다. [14, 15+, 23, 24, 26, 32]

ㄴ 지역권자는 승역지를 권원 없이 점유한 자에게 그 반환을 청구할 수 있다. [33]

ㄴ 승역지의 점유가 침탈된 때에도 지역권자는 승역지의 반환을 청구할 수 없다.

[24]

ㄴ 소유권에 기한 소유물반환청구권에 관한 규정은 지역권에 준용된다. [29]

▷ 소멸

1. 요역지의 소유자는 지역권설정자에게 지역권에 필요한 부분의 토지소유권을 위기(委棄)하여 공작물의 설치나 수선의무의 부담을 면할 수 있다. [26]

---

1. ○

ㄴ × 지역권은 계속되고 표현된 것에 한해 시효취득의 대상이 된다.

2. ○

3. × 지상권자나 전세권자도 지역권자가 될 수 있다.

4. ○

5. × 통행지역권을 시효취득한 경우 요역지 소유자는 승역지 소유자가 입은 손해를 보상해야 한다.

1. × 영구무한으로 약정할 수 있다.

1. ○

ㄴ × 지역권에는 목적물반환청구권이 인정되지 않는다.

ㄴ ○

ㄴ × 준용되지 않는다(제301조 참고).

1. × 요역지 소유자는 지역권설정자에게 → 승역지 소유자는 지역권자에게

3 전세권

▶ 그림민법 p.90~93

▷ 총설

• 성질

1. 전세권은 용익물권적 성격과 담보물권적 성격을 겸비하고 있다. [21, 27]

2. 채권담보의 목적으로 전세권을 설정한 경우, 그 설정과 동시에 목적물을 인도하지 않았으나 장래 전세권자의 사용·수익을 완전히 배제하는 것이 아니라면 그 전세권은 유효하다. [27, 32]

   ↳ 전세권의 사용·수익 권능을 배제하고 채권담보만을 위해 전세권을 설정하는 것은 허용된다. [34]

3. 전세권의 존속기간이 시작되기 전에 마친 전세권설정등기는 원칙적으로 무효이다. [29, 31]

4. 채권담보 목적의 전세권의 경우, 채권자와 전세권설정자 및 제3자의 합의가 있으면 그 전세권의 명의를 그 제3자로 하는 것도 가능하다. [27]

5. 전세권의 존속기간이 만료되면 전세권의 용익물권적 권능은 말소등기 없이도 당연히 소멸한다. [20, 25, 28]

• 전세금

1. 전세금의 지급은 전세권의 성립요소이다. [21, 32]

2. 전세금의 지급은 반드시 현실적으로 수수되어야 하고, 기존의 채권으로 그 지급에 갈음할 수 없다. [18, 27, 28, 31]

3. 지상권에는 지료증감청구권이 인정되지만, 전세권에는 전세금증감청구권이 인정되지 않는다. [14]

4. 전세권의 존속기간 중 전세목적물의 소유권이 양도되면 그 양수인이 전세권설정자의 지위를 승계한다. [32]

   ↳ 전세권이 성립한 후 전세목적물의 소유권이 이전되면 전세금반환채무도 신 소유자에게 이전된다. [17, 21]

   ↳ 甲은 그 소유 X건물에 乙 명의의 전세권을 설정하였다. 甲이 X건물의 소유권을 丙에게 양도한 후 존속기간이 만료되면 乙은 甲에 대하여 전세금반환을 청구할 수 없다. [30]

---

1. ○

2. ○

   ↳ × 허용되지 않는다(물권법정주의 위반).

3. × 전세권은 용익물권과 담보물권의 성격을 모두 갖추고 있으므로 그러한 등기도 유효한 것으로 추정된다.

4. ○

5. ○

1. ○

2. × 전세금이 반드시 현실적으로 수수되어야 하는 것은 아니고, 기존의 채권으로 그 지급에 갈음할 수 있다.

3. × 인정된다(제312조의2).

4. ○

   ↳ ○

   ↳ ○

5. 전세권자는 전세권 존속 중에도 장래 전세권이 소멸하는 경우에 전세금반환채권이 발생하는 것을 조건으로 전세권과 분리하여 그 조건부 채권을 양도할 수 있다. [17, 18]

5. ○

6. 전세권의 존속기간 만료 시 전세권자는 특별한 사정이 없는 한 전세금반환채권을 타인에게 양도할 수 있다. [30]

6. ○

∟ 甲은 乙에게 자신의 토지에 전세권을 설정해 주었는데, 그 후 전세권의 존속기간이 만료되었다. 만약 乙이 丙에게 전세금반환채권을 양도하였다면, 전세권이전등기가 없더라도 丙은 우선변제권을 행사할 수 있다. [20]

∟ × 丙은 전세권이전등기를 하여야 전세권을 취득하므로 전세권이전등기 없이는 우선변제권을 행사할 수 없다.

▷ 취득

1. 전세목적물의 인도는 전세권의 성립요건이 아니다. [21, 34]

1. ○

▷ 존속기간

1. 전세권의 존속기간은 당사자가 임의로 정할 수 있고, 그 최장기간에 제한은 없다. [14]

1. × 전세권의 존속기간은 10년을 넘지 못한다.

∟ 토지전세권을 처음 설정할 때에는 존속기간에 제한이 없다. [33]

∟ × 上同

∟ 전세권의 존속기간을 15년으로 정하더라도 그 기간은 10년으로 단축된다. [31]

∟ ○

2. 건물에 대한 전세권의 최단존속기간은 2년이다. [15+]

2. × 1년이다.

3. 토지전세권에 있어서 존속기간을 1년 미만으로 정한 때에는 이를 1년으로 한다. [14, 33]

3. × 토지전세권에는 최단존속기간(1년)의 제한이 없다.

4. 전세권의 존속기간을 1년으로 약정하더라도 전세권자는 그 존속기간을 2년으로 주장할 수 있다. [20]

4. × 1년으로 약정하였다면 약정한 대로 1년이다.

5. 전세권의 존속기간을 약정하지 않은 경우 각 당사자는 언제든지 전세권의 소멸을 통고할 수 있고, 상대방이 이 통고를 받은 날로부터 전세권은 소멸한다. [14]

5. × 통고를 받은 날로부터 6월이 경과하면 전세권이 소멸한다.

∟ 토지전세권의 존속기간을 약정하지 않은 경우, 각 당사자는 6개월이 경과해야 상대방에게 전세권의 소멸통고를 할 수 있다. [28]

∟× 6개월이 경과해야 → 언제든지

6. 토지전세권의 설정은 갱신할 수 있으나 그 기간은 갱신한 날로부터 10년을 넘지 못한다. [33]

6. ○

7. 토지전세권설정자가 존속기간 만료 전 6월부터 1월 사이에 갱신거절의 통지를 하지 않은 경우, 동일한 조건으로 다시 전세권을 설정한 것으로 본다. [33]

7. × 법정갱신은 건물전세권에만 인정된다.

8. 건물전세권이 법정갱신된 경우, 그 존속기간은 전(前) 전세권의 약정기간과 동일하다. [22]

8. × 존속기간은 정함이 없는 것으로 본다.

↳ 건물에 대한 전세권이 법정갱신되는 경우, 그 존속기간은 2년으로 본다. [26]

↳ × 上同

↳ 건물전세권이 법정갱신되는 경우, 그 존속기간은 1년이다. [30]

↳ × 上同

9. 전세권이 법정갱신된 경우, 전세권자는 갱신의 등기 없이도 전세목적물을 취득한 제3자에 대하여 전세권을 주장할 수 있다. [18, 20, 21, 25, 27, 28, 31, 32, 34]

9. ○

▷ **효력**

1. 타인의 토지에 있는 건물에 전세권을 설정한 경우, 전세권의 효력은 그 건물의 소유를 목적으로 한 지상권에 미친다. [31, 34]

1. ○

↳ 타인의 토지 위에 건물을 신축한 자가 그 건물에 전세권을 설정한 경우, 전세권은 건물의 소유를 목적으로 하는 토지임차권에도 그 효력이 미친다. [23]

↳ ○

2. 타인의 토지에 지상권을 설정한 자가 그 위에 건물을 신축하여 그 건물에 전세권을 설정한 경우, 그 건물소유자는 전세권자의 동의 없이 지상권을 소멸하게 하는 행위를 할 수 없다. [35]

2. ○

3. 타인의 토지에 지상권을 취득한 자가 건물을 축조하고 그 건물에 전세권을 설정하여 준 경우, 건물소유자가 지료를 체납하여 지상권이 소멸하였더라도 전세권자는 토지소유자에게 대항할 수 있다. [22]

3. × 대항할 수 없다.

4. 대지와 건물이 동일한 소유자에 속하는 그 건물에 전세권을 설정한 경우, 그 대지소유권의 특별승계인은 전세권자에 대하여 지상권을 설정한 것으로 본다. [17, 35]

4. × 전세권자→전세권설정자 (=건물의 소유자)

↳ 甲 소유의 토지와 그 지상건물 중 건물에 전세권이 설정된 후 乙이 토지를 매수하고 이전등기를 경료한 경우, 甲은 乙의 건물철거청구를 거절할 수 없다. [14]

↳ × 甲은 제305조의 법정지상권을 취득하였으므로 乙의 건물철거청구를 거절할 수 있다.

5. 전세권자가 그 목적물의 성질에 의하여 정하여진 용도에 따라 목적물을 사용·수익하지 않으면 전세권설정자는 전세권의 소멸을 청구할 수 있다. [24]

5. ○

6. 전세목적물의 통상 관리에 속한 수선의무는 전세권설정자에게 있다. [17, 34]

6. × 전세권자에게 있다.

7. 전세권자는 특약이 없는 한 전세목적물의 현상유지를 위해 지출한 통상필요비의 상환을 청구할 수 없다. [26, 30, 35]

7. ○

8. 전세권이 설정된 토지 위에 제3자가 건물을 무단으로 건축한 경우, 토지소유자가 아닌 전세권자는 건물의 철거를 청구할 수 없다. [20]

8. × 전세권자도 물권적 청구권을 행사하여 건물의 철거를 청구할 수 있다.

ㄴ 제3자가 불법점유하는 건물에 대해 용익목적으로 전세권을 취득한 자는 그 제3자를 상대로 건물의 인도를 청구할 수 있다. [26]

ㄴ ○

9. 전세권자는 그의 점유가 침해당한 때에는 점유보호청구권을 행사할 수 있다. [23, 24]

9. ○

10. 건물전세권자와 인지(隣地)소유자 사이에는 상린관계에 관한 규정이 준용되지 않는다. [24, 28]

10. × 전세권자에게도 상린관계의 규정이 준용된다.

11. 전세권자는 설정행위로 금지되지 않는 한 전세권설정자의 동의 없이 전세권을 제3자에게 양도할 수 있다. [17, 24, 25]

11. ○

12. 전세권양도금지특약은 이를 등기하여야 제3자에게 대항할 수 있다. [23]

12. ○

13. 전세권은 저당권의 객체가 될 수 없다. [34]

13. × 될 수 있다(권리저당).

14. 전세권을 저당권의 목적으로 한 경우 저당권자에게 물상대위권이 인정되지 않는다. [27]

14. × 저당권의 목적인 전세권이 기간만료로 소멸하면 저당권자는 전세금반환채권에 대해 물상대위권을 행사할 수 있다.

15. 甲은 乙에게 자신의 토지에 전세권을 설정해 주고, 丙은 乙의 전세권 위에 저당권을 취득하였는데, 그 후 전세권의 존속기간이 만료되었다.

15.

1) 丙은 전세권 자체에 대해 저당권을 실행할 수 있다. [17, 19, 20, 23]

1) × 전세권이 기간의 만료로 소멸하였으므로 저당권자는 더 이상 전세권 자체에 대해 저당권을 실행할 수 없다.

2) 丙이 전세금반환채권을 압류한 경우에도 丙은 전세금반환채권에 대해 우선변제권을 행사할 수 없다. [20]

2) × 丙이 전세금반환채권을 압류하면 그로부터 우선변제권을 행사할 수 있다(물상대위).

16. 원전세권자가 소유자의 동의 없이 전전세를 하면 원전세권은 소멸한다. [26]

16. × 전전세를 할 때 소유자의 동의는 요하지 않으므로, 원전세권은 소멸하지 않는다.

17. 전전세의 존속기간은 원전세권의 범위를 넘을 수 없다. [23]

17. ○

18. 전전세한 목적물에 불가항력으로 인한 손해가 발생한 경우, 그 손해가 전전세하지 않았으면 면할 수 있는 것이었던 때에는 전세권자는 그 책임을 부담한다. [35]

18. ○

19. 전전세권자는 원전세권이 소멸하지 않은 경우에도 전전세권의 목적부동산에 대해 경매를 신청할 수 있다. [26]

19. × 전전세권자는 원전세권이 소멸한 경우에만 목적부동산에 대한 경매를 신청할 수 있다.

▷ 소멸

1. 전세권이 소멸한 때에 전세권자의 목적물인도 및 전세권설정등기말소의무와 전세권설정자의 전세금반환의무는 동시이행관계에 있다. [18, 29]

   1. ○

   ∟ 甲은 乙에게 자신의 토지에 전세권을 설정해 주었는데, 그 후 전세권의 존속기간이 만료되었다. 甲은 乙로부터 전세권설정등기의 말소등기에 필요한 서류를 반환받기 전까지는 전세금반환을 거절할 수 있다. [20]

   ∟ ○

   ∟ 전세금의 반환은 전세권말소등기에 필요한 서류를 교부하기 전에 이루어져야 한다. [35]

   ∟ × 전세금의 반환과 전세권 말소등기서류의 교부는 동시이 행관계이다.

2. 전세권설정자가 전세금의 반환을 지체하면 전세권자는 그 목적물의 경매를 청구할 수 있다. [24]

   2. ○

3. 건물의 일부에 대한 전세에서 전세권설정자가 전세금의 반환을 지체하는 경우, 전세권자는 전세권에 기하여 건물 전부에 대해서 경매청구할 수 있다. [32]

   3. × 건물 일부의 전세권자가 건물 전부의 경매를 청구할 수는 없다.

   ∟ 구분소유권의 객체가 될 수 없는 건물의 일부에 전세권이 설정된 경우, 전세권자는 전세권에 기하여 건물 전체의 경매를 신청할 수 없다. [21, 22, 27, 30]

   ∟ ○

   ∟ 甲은 乙 소유 단독주택의 일부인 X부분에 대해 전세권을 취득하였다. 乙이 전세금의 반환을 지체한 경우, 甲은 X부분이 아닌 나머지 주택 부분에 대하여 경매를 청구할 수 없다. [25]

   ∟ ○

4. 건물의 일부에 대하여 전세권이 설정되어 있는 경우, 그 전세권자는 건물 전부에 대하여 후순위권리자 기타 채권자보다 전세금의 우선변제를 받을 권리가 있다. [18, 25]

   4. ○

5. 전세권자는 전세권설정자의 동의를 얻지 않고 부속시킨 물건의 매수를 청구할 수 있다. [20]

   5. × 설정자의 동의를 얻거나 설정자로부터 매수하여 부속 시킨 경우에만 매수청구를 할 수 있다.

6. 토지전세권자에게는 토지임차인과 달리 지상물매수청구권이 인정될 수 없다. [33]

   6. × 토지전세권자에게도 토지 임차인의 지상물매수청구권에 관한 규정(제643조)이 유추적 용된다.

   ∟ 甲은 乙 소유 단독주택의 일부인 X부분에 대해 전세권을 취득하였다. 전세권의 존속기간이 만료한 경우, 甲은 지상물매수를 청구할 수 있다. [25]

   ∟ × 甲은 토지가 아닌 건물의 전세권자이므로 지상물매수청구 권을 가질 수 없다.

제6장 담보물권

1 담보물권 총설
▶ 그림민법 p.95

2 유치권
▶ 그림민법 p.96~99

▷ 총설

1. 유치권에는 유치적 효력은 인정되지만, 우선변제적 효력은 인정되지 않는다. [13, 22, 28]

   1. ○

2. 유치권에는 부종성, 수반성, 불가분성이 인정된다. [31]

   2. ○

3. 甲은 乙과의 계약에 따라 乙 소유의 구분건물 201호, 202호 전체를 수리하는 공사를 완료하였지만, 乙이 공사대금을 지급하지 않자 甲이 201호만을 점유하고 있다. 甲의 유치권은 乙 소유의 구분건물 201호, 202호 전체의 공사대금을 피담보채권으로 하여 성립한다. [28]

   3. ○

4. 유치권에는 물상대위가 인정되지 않는다. [15+, 23, 31]

   4. ○

   ┗ 유치권자의 과실 없이 유치물이 소실된 경우, 유치권자의 권리는 화재보험금청구권 위에 미친다. [17]

   ┗ × 유치권자는 물상대위권이 없으므로 유치권자의 권리는 화재보험금청구권에 미치지 않는다.

▷ 성립요건

• 타인의 물건의 점유

1. 채무자 이외의 제3자의 소유물에도 유치권이 성립할 수 있다. [21, 23]

   1. ○

2. 유치권자가 유치물의 소유자인지 여부는 유치권의 성립에 영향을 미치지 않는다. [30]

   2. × 영향을 미친다(자기 소유의 물건에는 유치권이 성립할 수 없기 때문).

3. 甲은 자신이 점유하고 있는 건물에 관하여 乙을 상대로 유치권을 주장하고 있다. 甲이 건물의 수급인으로서 소유권을 갖는다면 甲의 유치권은 인정되지 않는다. [27]

   3. ○

   ┗ 신축건물의 소유권을 도급인에게 귀속시키기로 한 경우, 수급인은 공사대금채권을 담보하기 위하여 완성된 건물을 유치할 수 있다. [15+]

   ┗ ○

4. 유치권은 동산과 부동산뿐만 아니라 유가증권에 관하여서도 성립한다. [13]

   4. ○

5. 점유는 유치권의 성립요건이다. [22]

5. ○

6. 유치권자의 점유가 직접점유인지 간접점유인지 여부는 유치권의 성립에 영향을 미치지 않는다. [30, 31]

6. ○

└ 유치권자가 제3자와의 점유매개관계에 의해 유치물을 간접점유하는 경우, 유치권은 소멸하지 않는다. [23]

└ ○

└ 유치권자가 제3자에게 유치물을 보관시키면 유치권은 소멸한다. [24]

└ × 유치권자의 점유는 간접점유라도 무방하므로, 이 경우 유치권은 소멸하지 않는다.

7. 채권자가 채무자를 직접점유자로 하여 간접점유하는 경우에도 유치권은 성립할 수 있다. [20, 21, 23, 26, 27, 33]

7. × 채무자를 직접점유자로 하여 간접점유하는 경우에는 유치권이 성립할 수 없다.

8. 점유가 불법행위로 인한 경우에는 유치권이 성립하지 않는다. [21, 30]

8. ○

└ 甲 소유의 주택을 임차한 乙이 임대차가 해지된 후에도 정당한 이유 없이 건물을 점유하면서 비용을 지출한 경우, 乙의 비용상환에 관하여 유치권이 인정된다. [15]

└ × 불법점유 중에 생긴 채권에 관하여는 유치권이 인정되지 않는다.

└ 건물임차인이 점유할 권원이 없음을 알면서 계속 건물을 점유하여 유익비를 지출한 경우, 그 비용상환청구권에 관하여 유치권은 성립하지 않는다. [18]

└ ○

9. 甲은 자신이 점유하고 있는 건물에 관하여 乙을 상대로 유치권을 주장하고 있다. 甲은 유치권의 행사를 위해 자신의 점유가 불법행위로 인한 것이 아님을 증명해야 한다. [27]

9. × 유치권의 성립을 부정하는 乙이 甲의 점유가 불법행위로 인한 것임을 증명해야 한다.

• 물건과 채권 사이의 견련성(牽連性)

1. 甲 소유의 주택을 임차한 乙이 임대차 종료 시에 주택을 원상복구하기로 약정한 경우, 이는 강행법규에 위반한 약정이므로 주택에 지출한 비용의 상환에 관하여 乙은 유치권을 행사할 수 있다. [15]

1. × 임대차에서 원상복구특약은 임차인이 유익비상환청구권을 포기하는 약정으로 유효하므로, 乙은 비용상환청구권에 관해 유치권을 행사할 수 없다.

└ 원상회복약정이 있는 경우 임차인은 유익비상환청구권을 피담보채권으로 하여 임차물에 관한 유치권을 행사할 수 있다. [27]

└ × 上同

2. 임차인이 임대차기간 만료 전에 임차목적물을 보존하기 위해 비용을 지출한 경우, 비용상환청구권은 목적물에 관하여 생긴 채권으로 본다. [16]

2. ○

└ 임차인의 비용상환청구권은 유치권의 피담보채권이 될 수 있다. [21]

└ ○

3. 필요비상환채무의 불이행으로 인한 손해배상청구권은 임차인이 임차물에 관한 유치권을 행사하기 위하여 주장할 수 있는 피담보채권이다. [27]

3. ○

4. 乙은 甲 소유의 주택을 임차하였다. 甲으로부터 소유권을 양도받은 丙의 인도청구에 대하여 乙은 甲의 배신행위로 인한 채무불이행을 이유로 한 손해배상채권을 가지고 유치권을 행사할 수 있다. [15]

4. × 임대인의 채무불이행으로 인한 손해배상청구권은 임차주택에 관하여 생긴 채권이 아니므로(견련성 없음) 乙은 그 손해배상채권을 가지고 주택에 대한 유치권을 행사할 수 없다.

5. 임차인의 부속물매수청구에 따른 매매대금채권과 그 임차목적물 사이에는 견련성이 인정된다. [15+]

5. × 인정되지 않는다.

6. 임대차계약 종료 후 임차인은 보증금반환채권을 변제받기 위하여 임차목적물을 유치할 수 있다. [15, 15+, 17, 22, 27, 32]

6. × 보증금반환채권과 임차목적물 사이에는 견련성이 인정되지 않는다.

7. 임대인과 권리금반환약정을 체결한 임차인은 권리금반환채권을 담보하기 위하여 임차목적물을 유치할 수 있다. [15+, 18, 20, 27, 32]

7. × 권리금반환채권과 임차목적물 사이에는 견련성이 인정되지 않는다.

└ 권리금반환청구권은 유치권의 피담보채권이 될 수 없다. [35]

└ ○

8. 건축자재를 매도한 자는 그 자재로 건축된 건물에 대해 자신의 대금채권을 담보하기 위하여 유치권을 행사할 수 있다. [23, 25]

8. × 건축자재대금채권은 매매계약상의 매매대금채권일 뿐 건물 자체에 관하여 생긴 채권이 아니므로(견련성 없음) 건물에 관한 유치권의 피담보채권이 될 수 없다.

9. 건물신축공사를 도급받은 수급인이 사회통념상 독립한 건물이 되지 못한 정착물을 토지에 설치한 상태에서 공사가 중단된 경우, 그 토지에 대해 유치권을 행사할 수 없다. [34, 35]

9. ○

10. 계약명의신탁의 신탁자는 매매대금 상당의 부당이득반환청구권을 피담보채권으로 하여 자신이 점유하는 신탁부동산에 대해 유치권을 행사할 수 있다. [21]

10. × 매수자금에 대한 부당이득반환청구권과 신탁부동산 사이에는 견련성이 없다.

11. 가축이 타인의 농작물을 먹어 발생한 손해에 관한 배상청구권에 기해 그 타인이 그 가축에 대한 유치권을 주장하는 경우, 유치권 성립을 위한 견련관계가 인정된다. [32]

11. ○

12. 목적물에 대한 점유를 취득한 뒤 그 목적물에 관하여 성립한 채권을 담보하기 위한 유치권은 인정되지 않는다. [26]

12 × 채권발생과 점유취득의 순서는 묻지 않으므로 물건에 대한 점유취득 후에 채권이 발생한 경우에도 유치권은 성립한다.

└ 어떤 물건을 점유하기 전에 그 물건에 관하여 발생한 채권에 대해서는 후에 채권자가 그 물건의 점유를 취득하더라도 유치권이 성립하지 않는다. [18]

└ × 채권발생 후에 물건의 점유를 취득한 경우에도 유치권은 성립한다.

• 채권의 변제기 도래

1. 피담보채권의 변제기 도래는 유치권의 성립요건이다. [13, 16, 30]

1. ○

↳ 유치권은 피담보채권의 변제기가 도래하지 않으면 성립할 수 없다. [34]

↳ ○

2. 임대차종료 후 법원이 임차인의 유익비상환청구권에 유예기간을 인정한 경우, 임차인은 그 기간 내에는 유익비상환청구권을 담보하기 위해 임차목적물을 유치할 수 없다. [26]

2. ○

• 배제특약의 부존재

1. 유치권은 법정담보물권이므로 이를 미리 포기하는 특약은 무효이다. [16]

1. × 유치권의 성립요건에 관한 민법규정은 임의규정이므로 이를 미리 포기하는 특약도 유효하다.

↳ 유치권의 성립을 배제하는 당사자의 특약은 유효하다. [21, 23, 30, 34]

↳ ○

▷ **효력**

• 유치권자의 권리

1. 회복자가 소유권이전등기 말소를 구하는 경우에 점유자는 비용상환청구권으로 유치권항변을 할 수 있다. [13]

1. × 유치란 물건의 인도를 거절하는 것이지 등기의 말소를 거절하는 것이 아니므로 등기말소청구에 대하여는 유치권항변을 할 수 없다.

2. 유치권자는 피담보채권의 변제를 받을 때까지 누구에 대해서나 그 목적물의 유치를 할 수 있다. [13]

2. ○

↳ 유치권의 목적부동산이 제3자에게 양도된 경우, 유치권자는 특별한 사정이 없는 한 제3자에게 유치권을 주장할 수 있다. [20, 25]

↳ ○

↳ X건물에 대해 A가 1순위 근저당권, B가 2순위 근저당권을 가지고 있고, C가 유치권을 행사하고 있다. A가 경매신청을 하여 D가 경락받아 새 소유자가 된 경우, C는 D에게 X건물의 반환을 거부할 수 있다. [13]

↳ ○

3. 유치권자는 매수인(경락인)에 대해서도 피담보채권의 변제를 청구할 수 있다. [23]

3. × 경락인이 채무를 인수한 것은 아니므로 유치권자는 경락인에게 피담보채권의 변제를 청구할 수 없다.

4. 경매개시결정의 기입등기 전에 유치권을 취득한 자는 저당권이 실행되더라도 그의 채권이 완제될 때까지 매수인에 대하여 목적물의 인도를 거절할 수 있다. [22]

4. ○

5. 경매개시결정의 기입등기 후 그 소유자인 채무자가 건물에 관한 공사대금채권자에게 그 건물의 점유를 이전한 경우, 공사대금채권자의 유치권은 성립할 수 없다. [22]

5. ✕ 압류(＝경매개시결정기입등기)의 처분금지효는 상대적인 것이므로 압류 후에도 유치권은 성립할 수 있고, 다만 그 유치권으로 경락인에게 대항할 수 없을 뿐이다.

6. 甲은 X건물에 관하여 생긴 채권을 가지고 있다. 乙의 경매신청에 따라 X건물에 압류의 효력이 발생하였고, 丙은 경매절차에서 X건물의 소유권을 취득하였다.

6.

1) X건물에 위 압류의 효력이 발생한 후에 甲이 X건물의 점유를 이전받은 경우, 甲은 丙에게 유치권을 행사할 수 있다. [29]

1) ✕ 압류의 효력이 발생한 후에 유치권을 취득한 자는 경락인에게 그 유치권을 내세워 대항할 수 없다.

2) X건물에 위 압류의 효력이 발생한 후에 甲의 피담보채권의 변제기가 도래한 경우, 甲은 丙에게 유치권을 행사할 수 있다. [29]

2) ✕ 上同

3) X건물에 위 압류의 효력이 발생하기 전에 甲이 유치권을 취득하였지만, 乙의 저당권이 甲의 유치권보다 먼저 성립한 경우, 甲은 丙에게 유치권을 행사할 수 있다. [29]

3) ○

4) X건물에 위 압류의 효력이 발생하기 전에 甲이 유치권을 취득하였지만, 乙의 가압류등기가 甲의 유치권보다 먼저 마쳐진 경우, 甲은 丙에게 유치권을 행사할 수 있다. [29]

4) ○

7. 물건의 인도청구소송에서 피고의 유치권항변이 인용되는 경우, 법원은 그 물건에 관하여 생긴 채권의 변제와 상환으로 물건을 인도할 것을 명하여야 한다. [16]

7. ○

└ 원고의 목적물인도청구에 대해 법원이 피고의 유치권항변을 인용하는 경우, 원고패소판결을 해야 한다. [21]

└ ✕ 상환이행판결(원고일부승소판결)을 해야 한다.

8. 유치권자에게는 경매권이 인정된다. [17, 19, 24, 25, 33, 34]

8. ○

└ 甲은 乙과의 계약에 따라 乙 소유의 구분건물 201호, 202호 전체를 수리하는 공사를 완료하였지만, 乙이 공사대금을 지급하지 않자 甲이 201호만을 점유하고 있다. 甲은 乙 소유의 구분건물 201호, 202호 전체에 대해 유치권에 의한 경매를 신청할 수 있다. [28]

└ ✕ 202호는 점유하고 있지 않아 유치권이 없으므로, 유치권이 성립한 201호에 대해서만 유치권에 의한 경매를 신청할 수 있다.

└ 유치권에 의한 경매가 목적부동산 위의 부담을 소멸시키는 법정매각조건으로 실시된 경우, 그 경매에서 유치권자는 일반채권자보다 우선하여 배당을 받을 수 있다. [35]

└ ✕ 유치권자에게는 우선변제권이 인정되지 않는다.

9. 유치권자에게는 간이변제충당권이 인정된다. [19, 24]

9. ○

10. 유치권자에게는 과실수취권이 인정된다. [24]

10. ○

└ 유치권자는 유치물로부터 생기는 과실을 수취하여 다른 채권보다 먼저 자신의 채권변제에 충당할 수 있다. [23, 33]

└ ○

11. 유치권자는 유치물의 보존에 필요하더라도 채무자의 승낙 없이는 유치물을 사용할 수 없다. [13, 26]

11. × 보존에 필요한 경우에는 채무자의 승낙 없이도 유치물을 사용할 수 있다.

12. 공사대금채권에 기하여 유치권을 행사하는 자가 스스로 유치물인 주택에 거주하며 사용하는 것은 특별한 사정이 없는 한 유치물의 보존에 필요한 사용에 해당한다. [35]

12. ○

└ 유치권자가 유치물인 주택에 거주하며 이를 사용하는 경우, 특별한 사정이 없는 한 채무자는 유치권소멸을 청구할 수 있다. [23]

└ × 이는 보존에 필요한 사용에 해당하므로, 채무자는 무단 사용을 이유로 유치권의 소멸을 청구할 수 없다.

13. 甲은 자기 소유 X건물의 전면적 수리를 乙에게 의뢰하였고, 대금지급기일이 경과했음에도 그 대금을 지급함이 없이 수리를 완료한 乙에게 건물의 반환을 요구한다. 乙이 보존행위로서 X건물을 사용한 경우, 乙은 甲에 대하여 불법행위에 기한 손해배상책임을 지지 않는다. [17]

13. ○

14. 유치권자에게도 비용상환청구권이 인정된다. [19, 24]

14. ○

└ 유치권자는 유치물에 관해 지출한 필요비를 소유자에게 상환청구할 수 없다. [33]

└ × 상환청구할 수 있다.

15. 유치권자의 비용상환청구권을 담보하기 위한 유치권은 인정되지 않는다. [20]

15. × 인정된다(비용상환청구권도 유치물과의 견련성이 인정되므로).

16. 유치권자가 점유를 침탈당한 경우, 유치권에 기한 반환청구권을 행사할 수 있다. [18, 19, 26]

16. × 유치권에 기한→점유권에 기한

└ 유치권자는 점유권에 기한 물권적 청구권을 행사할 수 있다. [26, 30]

└ ○

17. 甲은 자신이 점유하고 있는 건물에 관하여 乙을 상대로 유치권을 주장하고 있다. 丙이 건물의 점유를 침탈하였더라도 甲이 점유물반환청구권을 행사하여 점유를 회복하면 甲의 유치권은 되살아난다. [27]

17. ○

• 유치권자의 의무

1. 유치권자는 선량한 관리자의 주의로 유치물을 점유하여야 한다. [17, 29, 34]

1. ○

└ 유치권자가 유치물의 점유에 관하여 선관주의의무를 위반하면 채무자는 유치권의 소멸을 청구할 수 있다. [27]

└ ○

2. 유치권자가 소유자의 승낙 없이 제3자에게 유치물을 임대한 경우, 임차인은 소유자에게 임대차의 효력을 주장할 수 없다. [16, 18, 28]

2. ○

┗ 甲은 乙과의 계약에 따라 乙 소유의 구분건물 201호, 202호 전체를 수리하는 공사를 완료하였지만, 乙이 공사대금을 지급하지 않자 甲이 201호만을 점유하고 있다. 甲이 乙의 승낙 없이 201호를 丙에게 임대한 경우, 乙은 유치권의 소멸을 청구할 수 없다. [28]

┗ × 乙은 甲의 의무위반(무단 임대)을 이유로 유치권의 소멸을 청구할 수 있다.

3. 유치권자는 채무자의 승낙 없이 유치물을 제3자에게 담보로 제공할 수 없다. [25, 33]

3. ○

▷ **소멸**

1. 멸실, 포기, 혼동, 피담보채권의 소멸은 유치권의 소멸사유이다. [24, 28]

1. ○

2. 유치권자와 유치물의 소유자 사이에 유치권을 포기하기로 특약한 경우, 제3자는 특약의 효력을 주장할 수 없다. [31]

2. × 제3자도 주장할 수 있다.

3. 소유자의 목적물 양도는 유치권의 소멸사유이다. [28]

3. × 유치물이 양도되어 소유자가 바뀌더라도 유치권은 소멸하지 않는다.

4. 유치권의 행사는 피담보채권 소멸시효의 진행에 영향을 미치지 않는다. [35]

4. ○

┗ 유치권을 행사하는 동안에는 피담보채권의 소멸시효가 진행하지 않는다. [23]

┗ × 유치권의 행사는 채권의 소멸시효의 진행에 영향을 미치지 않는다.

5. 점유의 상실은 유치권의 소멸사유이다. [24, 28]

5. ○

3 저당권

▶ 그림민법 p.100~109

▷ 저당권의 성립

1. 저당권설정행위는 처분행위이므로 처분의 권리 또는 권한을 가진 자만이 저당권을 설정할 수 있다. [24]

    1. ○

2. 저당권설정계약에는 조건을 붙이지 못한다. [18]

    2. × 붙일 수 있다.

3. 채무자 이외의 제3자도 저당권설정자가 될 수 있다. [18, 31]

    3. ○

└ 채무자가 아닌 제3자도 근저당권을 설정할 수 있다. [35]

    └ ○

4. 채권자가 아닌 제3자 명의의 근저당권설정등기는 특별한 사정이 없는 한 무효이다. [15+, 31]

    4. ○

└ 채권자, 채무자와 제3자 사이에 합의가 있고 채권이 실질적으로 제3자에게 귀속되었다고 볼 수 있는 사정이 있으면 제3자 명의의 저당권설정등기도 유효하다. [15+, 24]

    └ ○

5. 1필지의 일부에 대해서는 저당권을 설정할 수 없다. [16, 21, 33]

    5. ○

6. 공유지분을 목적으로 저당권을 설정할 수 있다. [22]

    6. ○

7. 지상권, 지역권, 전세권, 광업권, 어업권은 저당권의 객체가 될 수 있다. [22, 28, 34]

    7. × 지역권은 요역지와 분리하여 저당권의 목적이 될 수 없다.

└ 지역권에 저당권을 설정하는 계약은 무효이다. [23]

    └ ○

8. 등기된 입목이나 등록된 건설기계는 저당권의 객체가 된다. [18]

    8. ○

9. 저당권에 의하여 담보할 수 있는 채권은 금전채권에 한하지 않는다. [18]

    9. ○

10. 장래의 특정한 채권은 저당권의 피담보채권이 될 수 있다. [23]

    10. ○

11. 저당권은 법률규정에 의해 성립할 수 없다. [35]

    11. × 저당권은 계약이 아닌 법률규정에 의해서도 성립할 수 있다(제649조의 법정저당권).

▷ **저당권의 효력**

• 피담보채권의 범위

1. 원본, 위약금, 저당권의 실행비용, 저당목적물의 하자로 인한 손해배상금, 원본의 이행기일을 경과한 후의 1년분의 지연배상금은 저당권의 피담보채권의 범위에 속한다. [29]

   1. × 저당목적물의 하자로 인한 손해배상금은 저당권의 피담보채권에 속하지 않는다.

2. 甲은 2020. 1. 1. 乙에게 1억 원을 대여하면서 변제기 2020. 12. 31., 이율 5%, 이자는 매달 말일 지급하기로 약정하였고, 그 담보로 당일 乙 소유 토지에 저당권을 취득하였다. 乙이 차용일 이후부터 한 번도 이자를 지급하지 않았고, 甲은 2023. 7. 1. 저당권실행을 위한 경매를 신청하였다. 2023. 12. 31. 배당절차에서 배당재원 3억 원으로 배당을 실시하게 되었는데, 甲은 총 1억 2,000만 원의 채권신고서를 제출하였다. 甲보다 우선하는 채권자는 없으나 2억 원의 후순위 저당권자가 있고, 공휴일 및 소멸시효와 이자에 대한 지연손해금 등은 고려하지 않을 때, 甲의 배당금액은 1억 1,000만 원이다. [35]

   2. ○

3. 원본의 반환이 2년간 지체된 경우, 채무자는 원본 및 지연배상금의 전부를 변제하여야 저당권등기의 말소를 청구할 수 있다. [26]

   3. ○

• 저당권의 효력이 미치는 목적물의 범위

1. 저당권의 효력은 저당권설정 전에 목적부동산에 권원 없이 부합된 물건에 미치지 않는다. [22]

   1. × 부합의 시기를 불문하고 저당권의 효력은 부합물에 미친다.

2. 저당권의 효력은 저당권설정 이후의 저당부동산의 부합물로서 분리·반출되지 않은 것에 미친다. [30]

   2. ○

3. 저당권의 목적인 건물에 증축되어 독립적 효용이 없는 부분에는 저당권의 효력이 미친다. [27]

   3. ○

   ↳ 건물에 부합된 증축부분이 경매절차에서 경매목적물로 평가되지 않은 때에는 매수인은 그 소유권을 취득하지 못한다. [29]

   ↳ × 건물에 부합된 증축부분은 경매목적물로 평가되지 않았더라도 경락인이 그 소유권을 취득한다.

4. 토지저당권의 우선변제적 효력은 토지에 저당권이 설정된 후 토지소유자가 그 토지에 매설한 유류저장탱크에 미친다. [33]

   4. ○

5. 저당권이 설정된 토지의 소유자가 그 위에 건물을 신축하여 보존등기를 경료한 경우, 저당권의 우선변제적 효력은 건물에도 미친다. [22, 33]

   5. × 토지와 건물은 항상 별개의 물건이므로 토지저당권의 효력이 그 지상건물에 미치는 일은 절대로 없다.

6. 저당권의 효력은 저당부동산에 부합된 물건에 미치므로, 명인방법을 갖춘 수목에도 토지저당권의 효력이 미친다. [18]

6. × 명인방법을 갖춘 수목은 토지와 독립된 별개의 물건이므로 토지저당권의 효력은 명인방법을 갖춘 수목에 미치지 않는다.

└ 토지에 저당권이 설정된 후 토지의 전세권자가 그 토지에 식재하고 등기한 입목에도 토지저당권의 효력이 미친다. [33]

└ × 토지의 전세권자가 식재한 수목은 토지와 독립된 별개의 물건이므로 토지저당권의 효력이 미치지 않는다.

7. 토지저당권의 효력은 제3자가 무단으로 경작한 수확기의 농작물에 미친다. [18]

7. × 수확기의 농작물은 토지의 부합물이 아니므로, 토지저당권의 효력은 농작물에 미치지 않는다.

8. 저당권의 효력은 부합물에 미친다는 민법규정은 임의규정이다. [21]

8. ○

└ 저당권설정 이후에 부합한 물건에 대하여 저당권의 효력이 미칠 수 없음을 약정할 수 있다. [23]

└ ○

9. 저당권의 효력은 특별한 사정이 없는 한 저당부동산의 종물에도 미친다. [26, 28, 30]

9. ○

10. 당사자는 설정계약으로 저당권의 효력이 종물에 미치지 않는 것으로 정할 수 있다. [32]

10. ○

11. 건물저당권의 효력은 특별한 사정이 없는 한 그 건물의 소유를 목적으로 한 지상권에도 미친다. [29]

11. ○

└ 건물의 소유를 목적으로 한 토지임차인이 건물에 저당권을 설정한 경우, 그 저당권의 효력은 토지임차권에 미친다. [27, 32]

└ ○

└ 甲은 건물 소유를 목적으로 乙 소유의 X토지를 임차하여 Y건물을 신축하고 보존등기를 마쳤다. 甲이 Y건물에 설정한 저당권이 실행되어 丙이 그 소유권을 취득한 경우, 특별한 사정이 없는 한 甲의 토지임차권은 丙에게 이전된다. [23, 30]

└ ○

12. 구분건물의 전유부분에 관하여 설정된 저당권은 그 후 전유부분의 소유자가 취득하여 전유부분과 일체가 된 대지사용권에도 그 효력이 미친다. [22, 27]

12. ○

13. 저당토지가 저당권실행으로 압류된 후 그 토지에 관하여 발생한 저당권설정자의 차임채권에는 저당권의 효력이 미친다. [33]

13. ○

└ 저당부동산에 대한 압류가 있으면 압류 이전에 저당권설정자의 저당부동산에 관한 차임채권에도 저당권의 효력이 미친다. [29, 30, 32]

└ × 압류 이후의 차임채권에만 저당권의 효력이 미친다.

14. 저당물의 멸실로 인하여 저당물의 소유자가 받을 금전(가령 화재보험금)이 소유자에게 지급되기 전에 그 지급청구권이 압류된 경우, 저당권자는 물상대위권을 행사할 수 있다. [21, 27, 34]

14. ○

15. 물상대위권 행사를 위한 압류는 그 권리를 행사하는 저당권자에 의해서만 가능하다. [23, 27]

15. × 물상대위를 위한 압류는 제3자가 해도 무방하다.

└ 저당목적물의 변형물인 금전에 대해 이미 제3자가 압류한 경우 저당권자는 물상대위권을 행사할 수 없다. [32]

└ × 행사할 수 있다.

16. 저당권설정자에게 대위할 물건이 인도된 후에 저당권자가 그 물건을 압류한 경우 물상대위권을 행사할 수 있다. [27]

16. × 이 경우 저당권자는 설정자에 대하여 부당이득반환청구권을 행사할 수 있을 뿐, 물상대위권(＝우선변제권)을 행사할 수는 없다.

17. 甲은 그 소유의 X토지(나대지)에 乙에 대한 채무담보를 위해 乙 명의의 저당권을 설정하였다. 甲이 X토지를 매도하는 경우, 乙은 그 매매대금에 대해 물상대위권을 행사할 수 없다. [30]

17. ○

└ 저당권이 설정된 토지가 공익사업을 위한 토지 등의 취득 및 보상에 관한 법률에 따라 협의취득된 경우, 저당권자는 토지소유자가 수령할 보상금에 대하여 물상대위를 할 수 없다. [26, 27, 32]

└ ○

• 우선변제적 효력

1. 경매신청 이전에 대항요건을 구비한 주택임대차보호법 제8조의 보증금 중 일정액은 저당권자에게 우선하여 변제된다. [13, 15+, 16]

1. ○

2. 근로기준법상의 임금채권 중 일정 부분은 선순위 저당권보다 우선한다. [14]

2. ○

└ 최종 3개월분의 임금과 재해보상금은 저당권에 의해 담보된 채권보다 우선하여 변제된다. [16]

└ ○

3. 주택임대차보호법상 대항요건을 갖춘 임차권은 보증금에 대하여 선순위 저당권보다 우선한다. [14]

3. × 주택임차인은 대항요건과 확정일자를 갖추어야 보증금에 대한 우선변제권을 취득하며, 그 경우에도 선순위 저당권자보다 우선할 수는 없다.

4. 가압류등기가 먼저 된 후 저당권이 설정된 경우, 물권자인 저당권자는 가압류채권자에 우선하여 변제받는다. [16]

4. × 선순위 가압류채권자와 후순위 저당권자는 채권액에 따른 안분배당을 받는다.

• 저당권의 실행

1. 후순위 저당권의 실행으로 저당물이 매각된 경우, 선순위 저당권은 소멸하지 않는 것이 원칙이다. [13, 20, 24]

   1. × 저당권은 순위에 관계없이 매각으로 모두 소멸한다.

2. 저당권보다 먼저 설정된 지상권은 저당권자의 경매신청에 따른 매각으로 매수인에게 인수되지만, 저당권보다 나중에 설정된 지상권은 매각으로 소멸한다. [16, 21]

   2. ○

3. 저당권보다 먼저 설정된 전세권이 있는 경우, 저당권자가 신청한 경매절차에서 전세권자가 배당요구를 하였다면 그 전세권은 매각으로 소멸한다. [16, 19]

   3. ○

4. 甲은 X건물에 1번 저당권을 취득하였고, 이어서 乙이 전세권을 취득하였다. 그 후 丙이 2번 저당권을 취득하였고, 경매신청 전에 X건물의 소유자의 부탁으로 비가 새는 X건물의 지붕을 수리한 丁이 현재 유치권을 행사하고 있다. 丙의 경매신청으로 戊가 X건물을 매수하면 丁의 유치권을 제외한 모든 권리는 소멸한다. [13, 24]

   4. ○

• 저당물의 제3취득자

1. 저당부동산의 제3취득자는 저당권을 실행하는 경매에 참가하여 매수인이 될 수 있다. [32]

   1. ○

   ↳ 저당물의 소유권을 취득한 제3자는 그 저당물의 경매에서 경매인이 될 수 없다. [20, 29]

   ↳ × 저당물의 제3취득자는 경매인(=경락인)이 될 수 있다.

2. 저당부동산에 대하여 지상권이나 전세권을 취득한 자는 저당권자에게 그 부동산으로 담보된 채권을 변제하고 저당권의 소멸을 청구할 수 있다. [22, 23]

   2. ○

   ↳ 근저당부동산의 소유권을 취득한 제3자는 피담보채무가 확정된 이후에 그 채무를 채권최고액의 범위 내에서 변제하고 근저당권의 소멸을 청구할 수 있다. [21]

   ↳ ○

3. 저당부동산에 대한 후순위저당권자는 저당부동산의 피담보채권을 변제하고 그 저당권의 소멸을 청구할 수 있는 제3취득자에 해당하지 않는다. [32]

   3. ○

   ↳ 선순위 근저당권의 확정된 피담보채권액이 채권최고액을 초과하는 경우, 후순위 근저당권자가 그 채권최고액을 변제하더라도 선순위 근저당권의 소멸을 청구할 수 없다. [26]

   ↳ ○

4. 저당부동산의 제3취득자는 부동산의 보존·개량을 위해 지출한 비용을 그 부동산의 경매대가에서 우선상환받을 수 있다. [28, 29, 32]

   4. ○

ㄴ 저당물의 소유권을 취득한 제3자는 그 저당물의 보존을 위해 필요비를 지출하더라도 그 저당물의 경매대가에서 우선상환을 받을 수 없다. [34]

ㄴ × 저당물의 제3취득자는 저당물의 경매대가에서 비용의 우선상환을 받을 수 있다.

ㄴ 甲은 그 소유 X토지에 乙의 저당권을 설정한 뒤 건물을 신축하였다. 저당권설정 뒤 丙이 X토지를 매수취득하여 그 토지에 필요비를 지출한 경우, 乙의 저당권이 실행되면 丙은 경매대가로부터 필요비를 우선상환받을 수 없다. [26]

ㄴ × 저당물의 제3취득자(丙)는 저당물의 경매대가로부터 비용의 우선상환을 받을 수 있다.

5. 물상보증인이 저당물에 필요비를 지출한 경우, 저당물의 매각대금에서 우선상환을 받을 수 있다. [20]

5. × 물상보증인은 제3취득자가 아니므로 저당물의 경매대가에서 비용의 우선상환을 받을 수 없다.

• 저당권실행경매로 인한 법정지상권(= 제366조의 법정지상권)

1. 甲 소유의 나대지에 乙이 저당권을 취득한 후 甲이 그 나대지에 건물을 신축한 경우, 저당권실행으로 토지와 건물의 소유자가 다르게 되어도 법정지상권은 성립하지 않는다. [16, 22, 26]

1. ○

ㄴ 甲 소유의 토지 위에 저당권이 설정된 후 甲이 건물을 축조한 경우, 저당권이 실행되어 乙이 토지를 경락받고 경락대금을 완납한 경우, 甲은 乙의 건물철거청구를 거절할 수 없다. [14]

ㄴ ○

ㄴ 건물 건축개시 전의 나대지에 저당권이 설정될 당시 저당권자가 그 토지소유자의 건물 건축에 동의한 경우, 저당토지의 임의경매로 인한 법정지상권은 성립하지 않는다. [34, 35]

ㄴ ○

2. 甲 소유의 토지에 존재하는 그 소유 건물에만 설정된 저당권실행으로 乙이 건물의 소유권을 취득한 경우, 乙은 법정지상권을 취득한다. [16]

2. ○

ㄴ 甲 소유의 토지와 그 지상건물 중 건물에 설정된 저당권이 실행되어 乙이 건물을 경락받고 경락대금을 완납한 경우, 乙은 甲의 건물철거청구를 거절할 수 없다. [14]

ㄴ × 乙은 제366조에 의하여 법정지상권을 취득하였으므로 甲의 건물철거청구를 거절할 수 있다.

3. 토지에 관한 저당권설정 당시 존재하였던 건물이 무허가건물인 경우, 법정지상권은 성립하지 않는다. [35]

3. × 무허가건물을 위해서도 법정지상권이 성립할 수 있다.

4. 토지에 관하여 저당권이 설정될 당시 존재하는 건물이 미등기상태라면 법정지상권이 성립할 수 없다. [18]

4. × 미등기건물을 위해서도 법정지상권이 성립할 수 있다.

5. 토지에 관한 저당권설정 당시 해당 토지에 일시사용을 위한 가설건축물이 존재하였던 경우, 법정지상권은 성립하지 않는다. [35]

5. ○

6. 토지에 저당권이 설정될 당시 그 지상에 건물이 토지소유자에 의하여 건축 중이었고, 건물의 규모, 종류가 외형상 예상할 수 있는 정도까지 건축이 진전된 후 저당권의 실행으로 토지가 매각된 경우, 법정지상권이 성립한다. [22]

6. ○

7. 甲 소유의 토지 및 그 지상건물에 乙이 공동저당권을 취득한 후 甲이 건물을 철거하고 그 토지에 건물을 신축한 경우, 특별한 사정이 없는 한 저당권의 실행으로 토지와 신축건물의 소유자가 다르게 되면 신축건물을 위한 법정지상권이 성립하지 않는다. [16, 22]

7. ○

8. 乙이 甲으로부터 甲 소유 토지와 지상의 미등기건물을 매수하여 토지에 대해서만 소유권이전등기를 받은 후, 토지에 乙이 설정해 준 저당권이 실행되어 토지와 건물의 소유자가 다르게 된 경우, 법정지상권이 성립한다. [16, 33]

8. × 저당권설정 당시 토지와 건물이 동일인의 소유가 아니었으므로 乙은 제366조의 법정지상권을 취득하지 못한다.

9. 대지 위에 건물을 소유하고 있는 甲은 그 대지에 대하여 乙에게 저당권을 설정해 준 다음, 건물을 丙에게 매도하여 이전등기를 해 주었다. 그 후 乙의 저당권 실행으로 대지가 丁에게 매각되었다.

9.

1) 丙은 건물의 소유권을 이전받는 즉시 관습상 법정지상권을 취득하고, 이를 계속하여 丁에게 대항할 수 있다. [15+]

1) × 丙이 취득한 관습상 법정지상권은 선순위인 乙의 저당권실행으로 인해 소멸하므로 이를 丁에게 대항할 수 없다.

2) 丙은 乙의 저당권실행에 의해 법정지상권(민법 제366조)을 취득한다. [15+]

2) ○

└, 토지에 저당권이 설정될 당시 지상에 건물이 존재하고 있었고 그 양자가 동일소유자에게 속하였다가 그 후 저당권의 실행으로 토지가 매각되기 전에 건물이 제3자에게 양도된 경우, 저당권이 실행되면 제366조의 법정지상권이 성립한다. [22]

└, ○

10. 乙 소유의 토지 위에 甲과 乙이 건물을 공유하면서 토지에만 저당권을 설정하였다가 그 실행을 위한 경매로 丙이 토지소유권을 취득한 경우, 甲은 법정지상권을 취득하지 못한다. [33]

10. × 甲과 乙은 법정지상권을 함께 취득한다(준공유).

11. 저당목적물인 토지에 대하여 법정지상권을 배제하는 저당권설정 당사자 사이의 약정은 효력이 없다. [29]

11. ○

• 일괄경매청구권

1. 일괄경매청구권이 인정되기 위해서는 토지에 대한 저당권이 설정될 당시 이미 건물이 존재하고 있어야 한다. [16]

   1. × 토지에 저당권이 설정될 당시에 건물이 없었어야 한다.

   ┗ 甲이 乙 소유의 X토지에 저당권을 취득하기 전에 이미 X토지 위에 乙의 Y건물이 존재한 경우, 甲은 X토지와 Y건물에 대해 일괄경매를 청구할 수 없다. [31]

   ┗ ○

2. 나대지에 저당권이 설정된 후 설정자가 건물을 신축하여 소유하고 있는 경우, 토지저당권자는 건물에 대하여 일괄경매를 청구할 수 있다. [20, 21]

   2. ○

   ┗ 甲이 乙 소유의 X토지에 저당권을 취득한 후 乙이 X토지 위에 Y건물을 축조하여 소유하고 있는 경우, 甲은 X토지와 Y건물에 대해 일괄경매를 청구할 수 있다. [31]

   ┗ ○

3. 저당권설정자가 건축하여 제3자에게 양도한 건물에 대하여도 일괄경매를 청구할 수 있다. [16, 24]

   3. × 토지와 건물의 소유자가 동일하지 않으므로 일괄경매를 청구할 수 없다.

   ┗ 甲은 그 소유 나대지(X토지)에 乙의 저당권을 설정한 뒤 건물을 신축하였다. X토지에 대한 저당권실행을 위한 경매개시결정 전에 甲이 A에게 건물소유권을 이전한 경우, 乙은 X토지와 건물에 대해 일괄경매를 청구할 수 있다. [26]

   ┗ × 上同

4. 甲은 그 소유의 X토지(나대지)에 乙에 대한 채무담보를 위해 乙 명의의 저당권을 설정하였고, 이후 丙은 甲으로부터 X토지를 임차하여 Y건물을 완성하였다. 乙이 X토지에 대한 저당권을 실행하는 경우, Y건물에 대해서도 일괄경매를 청구할 수 있다. [30]

   4. × 토지와 건물의 소유자가 다르므로 乙은 일괄경매를 청구할 수 없다.

5. 저당권설정자로부터 용익권을 설정받은 자가 건축한 건물이라도 저당권설정자가 나중에 소유권을 취득하였다면 일괄경매청구가 허용된다. [16]

   5. ○

   ┗ 甲이 乙 소유의 X토지에 저당권을 취득한 후 丙이 X토지에 지상권을 취득하여 Y건물을 축조하고 乙이 그 건물의 소유권을 취득한 경우, 甲은 X토지와 Y건물에 대해 일괄경매를 청구할 수 있다. [31]

   ┗ ○

6. 일괄경매청구의 요건이 갖추어지면 저당권자는 일괄경매를 청구할 의무가 있으므로 토지만 경매를 신청하는 것은 허용되지 않는다. [16]

   6. × 일괄경매청구권은 권리일 뿐 의무가 아니므로, 토지만의 경매를 신청하는 것도 허용된다.

7. 저당권이 설정된 나대지에 건물이 축조된 경우, 토지와 건물이 일괄경매되더라도 저당권자는 그 건물의 매각대금으로부터 우선변제를 받을 수 없다. [16, 23, 34]

   7. ○

└ 甲의 토지에 乙이 저당권을 취득한 후 丙이 토지 위에 축조한 건물의 소유권을 甲이 취득한 경우, 乙은 토지와 건물에 대해 일괄경매를 청구하여 그 매각대금 전부로부터 우선변제를 받을 수 있다. [19]

└ × 토지매각대금으로부터만 우선변제를 받을 수 있다.

• 저당권의 침해에 대한 구제

1. 저당권자는 목적물반환청구권을 갖지 않는다. [15+, 21, 26]

1. ○

└ 건물의 저당권자는 저당권의 침해를 이유로 자신에게 건물을 반환할 것을 청구할 수 있다. [19]

└ × 저당권자는 저당물의 반환을 청구할 수 없다.

└ 저당권자는 목적물에서 임의로 분리, 반출된 물건을 자신에게 반환할 것을 청구할 수 있다. [31, 34]

└ × 上同

2. 저당물에 제3자 명의로 원인무효의 소유권이전등기가 있는 경우, 저당권자는 그 등기의 말소를 청구할 수 있다. [20]

2. × 이는 저당권침해가 아니므로 저당권자는 그 등기의 말소를 청구할 수 없다.

3. 저당권이 설정된 토지의 소유자가 그 위에 건물을 신축하는 경우, 저당권자는 교환가치의 실현이 방해될 염려가 있으면 공사의 중지를 청구할 수 있다. [22]

3. ○

4. 甲은 乙에 대한 금전채권을 담보하기 위해 乙의 X토지에 저당권을 취득하였고, 그 후 丙이 X토지에 대하여 저당권을 취득하였다. 저당권등기는 효력존속요건이므로 甲 명의의 저당권등기가 불법말소되면 甲의 저당권은 소멸한다. [25]

4. × 등기는 물권의 효력발생요건일 뿐 존속요건이 아니므로 저당권등기가 불법말소되더라도 저당권은 소멸하지 않는다.

└ 위에서 甲 명의의 저당권등기가 불법말소된 후 丙의 경매신청으로 X토지가 제3자에게 매각되더라도 甲의 저당권등기는 회복될 수 있다. [18, 20, 25]

└ × 저당권은 경매로 소멸하였으므로 甲은 말소회복등기를 청구할 수 없다.

5. 채무자가 저당물을 손상, 멸실하였을 때에는 기한의 이익을 상실한다. [22]

5. ○

▷ 저당권의 처분과 소멸

• 처분

1. 저당권은 그 담보하는 채권과 분리하여 타인에게 양도할 수 없다. [21, 25, 28, 29, 34]

1. ○

└ 피담보채권의 양도 없는 근저당권만의 양도는 무효이다. [14]

└ ○

2. 저당권은 그 담보하는 채권과 분리하여 다른 채권의 담보로 하지 못한다. [26]

2. ○

3. 저당권양도에 필요한 물권적 합의는 당사자뿐만 아니라 채무자나 물상보증인 사이에까지 있어야 한다. [21]

3. × 물권적 합의는 당사자 사이에 있으면 족하고, 채무자나 물상보증인 사이에까지 있어야 하는 것은 아니다.

• 소멸

1. 저당목적물이 전부 멸실하면 저당권은 소멸한다. [25]

2. 저당목적물이 경매로 인해 제3자에게 매각되면 저당권은 소멸한다.
   [13, 20, 24, 25]

3. 저당권의 피담보채권이 시효완성으로 소멸하면 저당권도 소멸한다. [25, 28]

4. 채무자의 변제로 피담보채권이 소멸하면 말소등기를 하지 않아도 저당권은 소멸한다. [18, 22, 25, 26, 34]

5. 저당권의 피담보채권 소멸 후 그 말소등기 전에 피담보채권의 전부명령을 받아 저당권이전등기를 경료한 자는 그 저당권을 취득할 수 있다. [21, 24]

6. 근저당권이전의 부기등기가 경료된 경우, 피담보채무의 소멸을 원인으로 한 근저당권설정등기 말소청구의 상대방은 양도인이다. [18]

7. 근저당권설정 후 저당목적물의 소유권이 제3자에게 이전된 경우, 현재의 소유자는 피담보채무가 소멸된 경우라도 근저당권의 말소를 청구할 수 없다. [16]

▷ **특수한 저당권**

• 근저당

1. X건물에 대해 A가 근저당권을 가지고 있는 경우, A의 채권이 일시적으로 영(0)이 되면 A의 근저당권은 소멸한다. [13]

2. 근저당권의 피담보채권이 확정되기 전이라도 그 채권의 일부가 양도되면 그 부분의 근저당권은 양수인에게 승계된다. [15+]

3. 근저당권설정 시 채권최고액은 필요적 등기사항이다. [16, 23]

4. 근저당에서 채권최고액이란 목적물로부터 우선변제를 받을 수 있는 한도액을 의미하고, 책임의 한도액을 의미하는 것이 아니다. [14, 15+, 24]

5. 채권최고액에는 피담보채권의 이자가 포함된 것으로 본다. [14, 20, 31, 34, 35]

6. 1년분이 넘는 지연배상금(=지연이자)이라도 채권최고액의 한도 내라면 전액 근저당권에 의해 담보된다. [26, 33]

7. 근저당권의 실행비용은 채권최고액에 포함되지 않는다. [20]

---

1. ○

2. ○

3. ○

4. ○

5. × 저당권은 채권의 소멸로 인해 이미 소멸하였으므로 전부명령을 받은 채권자도 저당권을 취득할 수 없다.

6. × 양도인이 아니라 양수인이다.

7. × 현재의 소유자는 소유권에 기한 물권적 청구권의 행사로서 근저당권설정등기의 말소를 청구할 수 있다.

1. × 채권이 일시적으로 소멸하여도 근저당권은 소멸하지 않는다(부종성 완화).

2. × 피담보채권이 확정되기 전에는 채권의 일부가 양도되더라도 근저당권이 양수인에게 이전되지 않는다(수반성 완화).

3. ○

4. ○

5. ○

6. ○

7. ○

8. 2019. 8. 1. 甲은 乙에게 2억 원(대여기간 1년, 이자 월 1.5%)을 대여하면서 乙 소유 X토지(가액 3억 원)에 근저당권(채권최고액 2억 5천만 원)을 취득하였고, 2020. 7. 1. 丙은 乙에게 1억 원(대여기간 1년, 이자 월 1%)을 대여하면서 X토지에 2번 근저당권(채권최고액 1억 5천만 원)을 취득하였다. 甲과 丙이 변제를 받지 못한 상황에서 丙이 2022. 6. 1. X토지에 관해 근저당권 실행을 위한 경매를 신청하면서 배당을 요구한 경우, 甲이 한 번도 이자를 받은 바 없고 X토지가 3억 원에 경매되었다면 甲은 경매대가에서 3억 원을 변제받는다. [33]

8. × 甲의 근저당의 채권최고액은 2억 5천만 원이고 원리금 합산액이 이를 초과하였으므로 2억 5천만 원을 우선변제받는다.

9. 다음 중 근저당권의 피담보채권이 확정되는 경우는?

9.

1) 설정계약상 근저당권의 존속기간이 만료한 때 [19, 34]

1) ○

2) 기본계약상 결산기가 도래한 때 [19]

2) ○

3) 기본계약이 해지된 때 [17, 31]

3) ○

4) 근저당권자가 경매신청을 한 때 [16, 19, 23, 24, 31]

4) ○

5) 근저당권자보다 후순위의 전세권자가 경매신청을 한 때 [19]

5) × 이 경우 선순위 근저당권의 피담보채권은 경락인이 매각대금을 완납한 때에 확정된다.

6) 채무자가 파산선고를 받은 때 [17, 19]

6) ○

7) 채무자에 대한 회생절차(회사정리절차)개시결정이 있는 때 [17]

7) ○

8) 근저당권자가 사망한 때 [17]

8) × 근저당권자의 사망은 피담보채권의 확정사유가 아니다.

10. 결산기의 정함이 없는 경우, 근저당권설정자는 언제든지 근저당권자를 상대로 해지의 의사표시를 함으로써 피담보채무를 확정시킬 수 있다. [16]

10. ○

11. 근저당권자가 경매를 신청한 경우, 그 근저당권의 피담보채권은 경매를 신청한 때 확정된다. [16, 19, 23, 24, 31, 34]

11. ○

12. 후순위 근저당권자가 경매를 신청한 경우, 선순위 근저당권의 피담보채권은 매수인이 매각대금이 완납된 때에 확정된다. [17, 19, 24, 26, 28, 33]

12. ○

13. 근저당권자가 피담보채무의 불이행을 이유로 경매신청을 하여 경매개시결정이 있은 후에 경매신청이 취하된 경우에는 채무확정의 효과가 번복된다. [20]

13. × 경매신청이 취하되더라도 채무확정의 효과는 번복되지 않는다.

14. 피담보채권이 확정되면 그 이후 새로운 거래관계에서 발생하는 원본채권은 채권최고액에 미치지 못하더라도 더 이상 근저당권에 의하여 담보되지 않는다. [14, 15+, 20, 24]

14. ○

↳ 기본계약인 당좌대월계약에서 발생한 채무를 담보하기 위한 근저당권은 그 결산기가 도래한 이후에 발행된 약속어음상의 채권을 담보하지 않는다. [22] | ↳ ○

15. 실제 발생한 채권액이 채권최고액을 초과하는 경우, 채무자는 실제 채권액 전액을 변제하여야 근저당권의 말소를 청구할 수 있다. [16] | 15. ○

↳ 근저당권의 확정된 피담보채권액이 채권최고액을 상회하는 경우, 근저당권자와 채무자 겸 근저당권설정자 사이에서는 채권 전액의 변제가 있을 때까지 근저당권의 효력이 잔존채무에 미친다. [22] | ↳ ○

16. 확정된 피담보채권액이 채권최고액을 초과하는 경우, 물상보증인은 채권최고액까지만 변제하면 근저당권등기의 말소를 청구할 수 있다. [20, 23, 24] | 16. ○

↳ 물상보증인은 채권최고액을 초과하는 부분의 채권액까지 변제할 의무를 부담한다. [34] | ↳ × 채권최고액을 초과하는 채권액까지 변제할 의무는 없다.

17. 근저당부동산의 소유권을 취득한 제3자는 피담보채무가 확정된 이후에 그 채무를 채권최고액의 범위 내에서 변제하고 근저당권의 소멸을 청구할 수 있다. [21] | 17. ○

18. 후순위권리자가 없는 한 당사자는 피담보채권액이 확정될 때까지는 최고액 또는 존속기간을 합의로 변경할 수 있고, 이를 변경등기 하여야 한다. [14] | 18. ○

19. 피담보채무의 확정 전에는 채무자를 변경할 수 없다. [26, 34, 35] | 19. × 채무자를 변경할 수 있고, 그 후에는 변경 후의 채무자에 대한 채권만 그 근저당권에 의해 담보된다.

20. 피담보채권이 확정되기 전에는 채무원인의 변경에 관하여 후순위권리자의 승낙을 요하지 않는다. [15+, 23] | 20. ○

21. 피담보채권이 확정되기 전이라도 당사자의 약정으로 근저당권을 소멸시킬 수 있다. [15+, 23] | 21. ○

• 공동저당

1. 공동저당에서 일부 목적물에 설정된 저당권이 무효이면 나머지 목적물에 대한 저당권도 무효이다. [13]

2. 동시배당 시 안분배당에 관한 민법규정은 후순위 저당권자가 없는 경우에도 적용된다. [13]

3. 공동저당의 목적인 여러 부동산 중 일부 부동산의 매각대금을 먼저 배당하는 경우, 공동저당권자는 그 대금에서 피담보채권 전부를 우선변제받을 수 없다. [21]

4. 순차배당에서 선순위 공동저당권자가 일부변제를 받은 경우에는 후순위 저당권자의 대위가 인정되지 않는다. [13]

5. 공동저당의 목적물 중 일부가 물상보증인에게 속하고 채무자 소유의 목적부동산 위에 후순위 저당권자가 있을 때 판례는 후순위 저당권자를 우선시킨다. [13]

6. 甲은 乙에 대한 3억 원의 채권을 담보하기 위하여 乙 소유의 X토지와 Y건물에 각각 1번 공동저당권을 취득하고, 丙은 X토지에 피담보채권 2억 4천만 원의 2번 저당권을, 丁은 Y건물에 피담보채권 1억 6천만 원의 2번 저당권을 취득하였다. X토지와 Y건물이 모두 경매되어 X토지의 경매대가 4억 원과 Y건물의 경매대가 2억 원이 동시에 배당되는 경우, 丁이 Y건물의 경매대가에서 배당받을 수 있는 금액은 1억 원이다. [27]

└ A는 1억 8천만 원을 피담보채권으로 하여 채무자 소유의 X부동산(시가 1억 2천만 원), Y부동산(시가 8천만 원), Z부동산(시가 4천만 원) 위에 공동으로 1번 저당권을 설정받았다. 한편 X부동산에서는 B(채권 5천만 원), Y부동산에는 C(채권 4천만 원), Z부동산에서는 D(채권 3천만 원)가 각각 2번 저당권을 설정받았다. 이 경우 시가대로 매각되고 동시배당이 된다면, A, B, C, D의 배당액은 각각 1억 8천만 원, 3천만 원, 2천만 원, 1천만 원이다. [14, 18]

7. 乙에 대하여 1억 5천만 원의 채권을 가진 甲은 乙 소유의 X가옥과 물상보증인 소유의 Y토지에 대한 1순위 공동저당권자이고, 丙은 X가옥에, 丁은 Y토지에 대하여 각각 2순위 저당권이다. 매각대금이 X가옥은 1억 원이고, Y토지는 2억 원이다.

1) X가옥 및 Y토지에 대하여 동시배당이 행해지면, 甲은 X가옥으로부터 5천만 원, Y토지로부터 1억 원을 각각 배당받게 된다. [15+]

---

1. × 일부 부동산에 설정된 저당권이 무효라도 다른 부동산에 대한 저당권은 원칙적으로 유효하다.

2. ○

3. × 이시배당의 경우 그 대가에서 채권 전부의 변제를 받을 수 있다.

4. × 일부변제를 받은 경우에는 일부대위가 인정된다.

5. × 물상보증인을 우선시킨다.

6. ○

└ ○

7.

1) × X가옥으로부터 1억 원을 (채무자 소유 부동산에서 우선적 배당), Y토지로부터 5천만 원을(물상보증인 소유 부동산에서 부족분을 추가배당) 배당받는다.

2) 甲이 X가옥에 대해 저당권을 실행하여 채권 일부를 배당받은 경우, 丙은 甲을 대위하여 Y토지에 대한 저당권을 행사할 수 있다. [15+]

2) × 물상보증인 소유 부동산에 대하여는 후순위 저당권자의 대위가 허용되지 않는다.

8. 甲은 채무자 乙의 X토지와 제3자 丙의 Y토지에 대하여 피담보채권 5천만 원의 1번 공동저당권을, 丁은 X토지에 乙에 대한 피담보채권 2천만 원의 2번 저당권을, 戊는 Y토지에 丙에 대한 피담보채권 3천만 원의 2번 저당권을 취득하였다. Y토지가 경매되어 배당금액 5천만 원 전액이 甲에게 배당된 후 X토지 매각대금 중 4천만 원이 배당되는 경우, 戊가 X토지 매각대금에서 배당받을 수 있는 금액은 3천만 원이다. [25]

8. ○

9. 甲은 乙에게 1억 원을 대출해 주고, 乙 소유의 X토지와 Y토지에 관하여 채권최고액 1억 2,000만 원으로 하는 1순위 공동근저당권을 취득하였다. 그 후 甲은 丙이 신청한 X토지의 경매절차에서 8,000만 원을 우선변제받았다. 이후 丁이 신청한 경매절차에서 Y토지가 2억 원에 매각되었고, 甲의 채권은 원리금과 지연이자 등을 포함하여 경매신청 당시는 5,000만 원, 매각대금 완납 시는 5,500만 원이다. 甲이 Y토지의 매각대금에서 우선배당받을 수 있는 금액은 4,000만 원이다. [29]

9. ○

MEMO

박문각 공인중개사

제1장 계약 총론
제2장 계약 각론

계약법

| 제1장 | 계약 총론 |

1 서론

▶ 그림민법 p.112~113

▷ **약관(約款)**

1. 약관의 구속력의 근거는 그 자체가 법규범이거나 법규범적 성질을 가지기 때문이다. [19]

1. × 약관이 계약당사자 사이에 구속력을 갖는 것은 그 자체가 법규범이기 때문이 아니라 당사자가 그 약관을 계약내용으로 포함시키기로 합의하였기 때문이다.

2. 계약에 적용되는 법령과 동일한 약관내용도 중요한 것이면 사업자의 설명의무가 면제되지 않음이 원칙이다. [17]

2. × 법령에 의해 정해진 것을 되풀이하거나 부연하는 정도에 불과한 사항이라면 사업자에게 명시·설명의무가 없다.

3. 설명의무가 있는 약관내용이 설명되었다는 점은 그 약관내용을 계약의 내용으로 주장하는 자가 증명하여야 한다. [19]

3. ○

4. 분양자와 수분양자 사이에 약관조항과 다른 합의가 있어도 그 합의가 우선하여 적용되지 않는다. [15+]

4. × 그 합의가 우선하여 적용된다(개별약정우선의 원칙).

5. 약관은 수분양자의 이해가능성을 기준으로 하여 주관적으로 해석한다. [15+, 32]

5. × 약관은 개개 계약체결자의 의사나 구체적인 사정을 고려하지 않고 평균적 고객의 이해가능성을 기준으로 객관적·획일적으로 해석하여야 한다.

6. 분양약관의 내용이 불명확한 때에는 수분양자에게 유리하게 해석하여야 한다. [15+]

6. ○

└ 약관내용이 명백하지 못한 때에는 약관작성자에게 불리하게 제한해석해야 한다. [32]

└ ○

7. 약관의 일부조항이 무효이더라도 계약은 나머지 부분만으로 유효함이 원칙이다. [17]

7. ○

8. 고객에게 부당하게 불리한 약관조항은 공정을 잃은 것으로 추정한다. [19, 32]

8. ○

9. 사업자가 상당한 이유 없이 자신이 부담하여야 할 위험을 고객에게 이전하는 내용의 약관조항은 무효이다. [19]

10. 상당한 이유 없이 분양자의 담보책임의 성립요건으로 고의·과실을 요하는 분양약관의 내용은 무효이다. [15+]

11. 고객에게 부당하게 과중한 지연손해금 등의 손해배상의무를 부담시키는 약관 조항은 무효로 한다. [32]

9. ○

10. ○

11. ○

▷ 계약의 종류

1. 매매계약은 쌍무계약이다. [26, 30]

　└ 임대차계약은 편무계약이다. [28, 33]

　└ 증여계약은 편무계약이다. [28]

　└ 사용대차계약은 당사자 일방이 목적물을 사용·수익하게 할 채무를 지고 상대방은 이를 반환해야 할 대가적 채무를 지므로 쌍무계약이다. [16, 18, 22]

　└ 도급계약은 쌍무계약이다. [31, 35]

　└ 무상임치계약은 편무계약이다. [31]

1. ○

　└ × 쌍무계약이다.

　└ ○

　└ × 양 채무가 대가적 의미를 갖지 않으므로 편무계약이다.

　└ ○

　└ ○

2. 쌍무계약이 갖는 이행상의 견련성으로부터 동시이행의 항변권이 성립한다. [16]

　└ 교환계약, 임대차계약, 도급계약에서는 동시이행의 항변권이 인정된다. [21]

　└ 무상소비대차계약에는 동시이행의 항변권이 인정되지 않는다. [21]

2. ○

　└ ○

　└ ○

3. 편무계약의 경우 원칙적으로 위험부담의 법리가 적용되지 않는다. [30]

3. ○

4. 매매계약은 유상계약이다. [28]

　└ 교환계약은 무상계약이다. [28, 33, 35]

　└ 임대차계약은 유상계약이다. [26, 28, 31, 35]

　└ 증여계약은 유상계약이다. [28]

　└ 사용대차계약은 무상계약이다. [31]

4. ○

　└ × 유상계약이다.

　└ ○

　└ × 무상계약이다.

　└ ○

5. 유상계약과 무상계약을 구별하는 실익은 유상계약에 한하여 위험부담의 문제가 발생하기 때문이다. [18]

5. × 위험부담 → 담보책임

6. 쌍무계약은 모두 유상계약이다. [16, 18, 26]

6. ○

7. 증여계약, 매매계약, 교환계약, 임대차계약, 도급계약은 요물계약이다. [20, 28, 30, 33, 34, 35]

7. × 모두 낙성계약이다.

└ 계약금계약은 요물계약이다. [20]

└ ○

└ 현상광고계약은 낙성계약이다. [31]

└ × 요물계약이다.

8. 교환계약은 계속적 계약이다. [28]

8. × 일시적 계약이다.

9. 증여계약은 요식계약이다. [35]

9. × 불요식계약이다.

└ 매매계약은 불요식계약이다. [34]

└ ○

└ 교환계약은 서면의 작성을 필요로 하지 않는다. [27]

└ ○

10. 예약은 채권계약이다. [16, 21, 26, 28]

10. ○

11. 중개계약은 민법상의 전형계약이다. [28]

11. × 비전형계약(非典型契約) 또는 무명계약(無名契約)이다.

2 계약의 성립

▶ 그림민법 p.114~116

▷ 서설

1. 당사자 사이에 계약의 내용을 이루는 본질적 사항이나 중요사항에 관하여 구체적으로 의사합치가 있으면 계약이 성립한다. [16]

1. ○

2. 청약과 승낙의 주관적·객관적 합치에 의해 계약이 성립한다. [27]

2. ○

└ 계약을 합의해지하기 위해서는 청약과 승낙이라는 서로 대립하는 의사표시가 합치되어야 한다. [24]

└ ○

3. 甲은 자신이 소장하던 그림을 갖고 싶어 하던 乙에게 매도의사로 청약을 하였는데, 丙이 승낙한 경우, 계약은 성립하지 않는다. [18]

3. ○

4. 승낙자가 청약과 승낙이 불합치했음에도 합치하는 것으로 오신한 경우, 계약은 성립하지 않는다. [19]

4. ○

5. 계약의 본질적인 내용에 대하여 무의식적 불합의가 있는 경우, 계약을 취소할 수 있다. [27]

5. × 숨은 불합의 경우 계약이 성립하지 않으므로 취소의 문제가 생기지 않는다.

▷ 청약과 승낙의 합치에 의한 계약성립

1. 청약은 그에 대한 승낙만 있으면 계약이 성립하는 구체적·확정적 의사표시이어야 한다. [15+, 19, 20, 28]

   1. ○

   ∟ 청약에는 계약내용을 결정할 수 있을 정도의 사항이 포함되어야 한다. [17]

   ∟ ○

2. 아파트 분양광고는 청약의 유인의 성질을 갖는 것이 일반적이다. [28]

   2. ○

   ∟ 계약내용이 제시되지 않은 광고는 청약에 해당한다. [32]

   ∟ × 청약의 유인에 해당한다.

   ∟ 선시공·후분양이 되는 아파트의 경우, 준공 전 그 외형·재질에 관하여 분양 광고에만 표현된 내용은 특별한 사정이 없는 한 분양계약의 내용이 된다. [32]

   ∟ × 분양계약의 내용이 되지 않는다.

3. 甲이 대금을 확정하지 않고 그의 주택을 乙에게 팔겠다는 의사를 표시하였는데, 乙이 곧 甲에게 1억 원에 사겠다는 의사를 표시하였다면 甲·乙 사이에 그 주택에 대한 매매계약이 성립한다. [23]

   3. × 甲의 청약의 유인에 대하여 乙이 청약을 한 것에 불과하므로(甲의 승낙은 없었음) 매매계약은 성립하지 않는다.

4. 청약은 불특정 다수인을 상대로 할 수 있다. [26, 27, 29]

   4. ○

   ∟ 불특정 다수인을 상대로 하는 청약의 의사표시는 효력이 없다. [23, 25, 32]

   ∟ × 불특정 다수인에 대한 청약도 효력이 있다.

5. 청약자가 청약을 할 때에는 청약과 동시에 승낙기간을 정하여야 한다. [15+]

   5. × 승낙기간은 정할 수도 있고 정하지 않을 수도 있다.

6. 승낙기간을 정한 계약의 청약은 청약자가 그 기간 내에 승낙의 통지를 받지 못한 때에는 원칙적으로 그 효력을 잃는다. [26, 27]

   6. ○

7. 승낙기간을 정하지 않은 청약은 상당한 기간 내에 승낙의 통지를 받지 못한 때 그 효력을 잃는다. [25]

   7. ○

8. 격지자 간의 계약에서 청약은 그 통지를 상대방에게 발송한 때에 효력이 발생 한다. [22, 25]

   8. × 청약은 격지자, 대화자를 불문하고 상대방에게 도달한 때에 효력이 발생한다(도달주의).

   ∟ 격지자 간의 계약에서 청약은 그 통지가 상대방에게 도달한 때에 효력이 발생 한다. [27]

   ∟ ○

9. 청약자가 그 통지를 발송한 후 도달 전에 사망한 경우, 청약은 효력을 상실한다. [17, 26, 31]

   9. × 청약자가 청약을 발송한 후 사망하여도 청약의 효력에는 영향을 미치지 않는다.

   ∟ 甲이 乙에게 물건을 매도하겠다는 뜻과 승낙의 기간을 10월 30일로 하는 내용의 서면을 발송하여 乙에게 도달하였다. 甲의 서면이 乙에게 도달하기 전에 甲이 사망하고 乙이 甲의 단독상속인 丙에게 승낙통지를 발송하여 10월 30일에 도달하면 乙과 丙 사이에 계약이 성립한다. [15]

   ∟ ○

10. 청약자가 청약의 의사표시를 발송한 후 제한능력자가 되어도 청약의 효력에 영향을 미치지 않는다. [29]

10. ○

11. 청약은 특별한 사정이 없는 한 철회하지 못한다. [26, 29]

11. ○

ㄴ 청약이 상대방에게 도달하여 그 효력이 발생하더라도 청약자는 이를 철회할 수 있다. [32]

ㄴ × 청약이 효력이 발생하면 철회하지 못한다.

ㄴ 2006. 10. 3. 甲은 乙에게 X건물을 1억 원에 팔겠다고 이메일(e-mail)로 청약하면서 10. 27. 18시까지는 매수 여부를 알려달라고 했으며, 그 메일은 乙에게 즉시 도달하였다. 甲은 10. 27. 18시까지는 청약을 철회할 수 있다. [17]

ㄴ × 청약이 상대방에게 도달하였으므로 철회할 수 없다.

ㄴ 甲은 乙에게 우편으로 자기 소유의 X건물을 3억 원에 매도하겠다는 청약을 하면서, 자신의 청약에 대한 회신을 2022. 10. 5.까지 해 줄 것을 요청하였다. 甲의 편지는 2022. 9. 14. 발송되어 2022. 9. 16. 乙에게 도달되었다. 甲이 2022. 9. 23. 자신의 청약을 철회한 경우, 甲의 청약은 효력을 잃는다. [33]

ㄴ × 上同

12. 청약자가 미리 정한 기간 내에 이의를 하지 아니하면 승낙한 것으로 본다는 뜻을 청약 시 표시하였더라도 이는 특별한 사정이 없는 한 상대방을 구속하지 않는다. [22, 24, 28]

12. ○

ㄴ 청약자가 청약에 "일정기간 내에 이의를 제기하지 않으면 승낙한 것으로 본다."는 뜻을 표시한 경우, 이의 없이 그 기간이 지나면 당연히 계약이 성립한다. [14, 15, 29, 31]

ㄴ × 청약의 상대방에게 회답의무가 있는 것은 아니므로, 이의 없이 그 기간이 지나도 계약은 성립하지 않는다.

13. 청약의 상대방이 그 청약에 대해 승낙을 거절하였지만, 승낙기간 내에 생각을 바꿔 승낙하더라도 이미 거절의사가 도달하였다면 계약은 성립하지 않는다. [20]

13. ○

14. 승낙자가 청약에 대하여 조건을 붙여 승낙한 때에는 그 청약의 거절과 동시에 새로 청약한 것으로 본다. [15+, 19, 20, 28, 35]

14. ○

ㄴ 甲은 乙에게 우편으로 자기 소유의 X건물을 3억 원에 매도하겠다는 청약을 하면서, 자신의 청약에 대한 회신을 2022. 10. 5.까지 해 줄 것을 요청하였다. 甲의 편지는 2022. 9. 14. 발송되어 2022. 9. 16. 乙에게 도달되었다. 乙이 2022. 9. 27. 매매가격을 2억 5천만 원으로 조정해 줄 것을 조건으로 승낙한 경우, 乙의 승낙은 청약의 거절과 동시에 새로 청약한 것으로 본다. [33]

ㄴ ○

└ 2006. 10. 3. 甲은 乙에게 X건물을 1억 원에 팔겠다고 이메일(e-mail)로 청약하면서 10. 27. 18시까지는 매수 여부를 알려달라고 했으며, 그 메일은 乙에게 즉시 도달하였다. 乙이 9천만 원이면 사겠다고 甲에게 보낸 이메일이 10. 24. 14시에 도달했다면 새로운 청약으로 본다. [17]

└ ○

└ 甲이 乙에게 10만 원에 시계를 매수하라는 청약을 하였는데, 그 청약을 수령한 乙이 1만 원을 깎아주면 매수하겠다는 의사표시를 하여 甲에게 도달한 경우, 계약이 성립한다. [18, 23]

└ × 변경을 가하여 승낙하였으므로 계약은 성립하지 않는다.

└ 계약의 합의해제에 관한 청약에 대하여 상대방이 조건을 붙여 승낙한 때에는 그 청약은 효력을 잃는다. [24, 30]

└ ○

15. 승낙은 청약자에 대하여 하여야 하고, 불특정 다수인에 대한 승낙은 허용되지 않는다. [15+, 23, 25]

15. ○

16. 승낙기간이 지난 후에 승낙이 도착한 경우, 청약자는 이를 새로운 청약으로 보아 승낙할 수 있다. [22, 25, 31]

16. ○

└ 2006. 10. 3. 甲은 乙에게 X건물을 1억 원에 팔겠다고 이메일(e-mail)로 청약하면서 10. 27. 18시까지는 매수 여부를 알려달라고 했으며, 그 메일은 乙에게 즉시 도달하였다. 10. 27. 20시경 甲에게 이메일로 보내진 乙의 승낙을 甲은 새 청약으로 볼 수 있다. [17]

└ ○

└ 甲이 乙에게 물건을 매도하겠다는 뜻과 승낙의 기간을 10월 30일로 하는 내용의 서면을 발송하여 乙에게 도달하였다. 10월 29일에 발송한 乙의 승낙통지가 10월 31일에 도달한 경우, 甲이 승낙을 하여도 계약은 성립하지 않는다. [15]

└ × 청약자는 연착된 승낙을 새 청약으로 볼 수 있으므로 甲이 승낙을 하면 계약이 성립한다.

17. 甲이 乙에게 물건을 매도하겠다는 뜻과 승낙의 기간을 10월 30일로 하는 내용의 서면을 발송하여 乙에게 도달하였다. 乙이 10월 20일에 승낙통지를 발송하여 10월 31일에 도달한 경우, 甲이 편지의 소인을 확인하고 승낙기간 내에 도달될 수 있었던 발송임을 알고도 이를 乙에게 알리지 않은 경우, 乙의 승낙은 승낙기간 내에 도달한 것으로 본다. [15]

17. ○

└ 甲은 乙 소유의 토지를 사고 싶어 乙에게 이러한 내용을 담은 편지를 2003년 4월 5일 발송하면서, 4월 20일까지 답장을 요구하였다. 4월 7일 편지를 받은 乙은 甲이 제시하는 가격에 토지를 팔겠다는 편지를 4월 12일에 발송하였다. 그런데 우체국의 잘못으로 乙의 편지는 4월 22일에 도착하였고, 甲은 이러한 연착에 대한 통지를 하지 않았다. 이 경우 4월 22일에 매매계약이 성립한 것으로 본다. [14]

└ × 격지자 간의 계약이므로 승낙발송일인 4월 12일에 계약이 성립한 것으로 본다.

18. 격지자 간의 계약은 승낙의 의사표시가 청약자에게 도달하면 그 발송시점에 성립한다. [17, 26, 35]

   18. ○

└ 격지자 간의 계약의 성립에 있어 승낙의 통지에 대해서는 발신주의가 적용된다. [20]

   └ ○

└ 甲은 乙에게 우편으로 자기 소유의 X건물을 3억 원에 매도하겠다는 청약을 하면서, 자신의 청약에 대한 회신을 2022. 10. 5.까지 해 줄 것을 요청하였다. 甲의 편지는 2022. 9. 14. 발송되어 2022. 9. 16. 乙에게 도달되었다. 乙이 2022. 9. 20. 甲에게 승낙의 통지를 발송하여 2022. 9. 22. 甲에게 도달한 경우, 甲과 乙의 계약은 2022. 9. 22.에 성립한다. [15, 33]

   └ ✕ 격지자 간의 계약이므로 승낙발송일인 9월 20일에 계약이 성립한다.

▷ **그 밖의 방법에 의한 계약성립**

  • **의사실현**

1. 청약자의 의사표시나 관습에 의하여 승낙의 통지가 필요하지 않은 경우, 계약은 승낙의 의사표시로 인정되는 사실이 있는 때에 성립한다. [24, 35]

   1. ○

2. 청약과 더불어 송부된 물품을 소비하거나 사용한 경우, 계약이 성립한다. [14]

   2. ○

  • **교차청약**

1. 교차청약이 성립하기 위해서는 두 개의 청약이 서로 내용상 합치하여야 한다. [15+]

   1. ○

2. 당사자 사이에 동일한 내용의 청약이 교차된 경우, 두 청약이 모두 도달한 때에 계약이 성립한다. [14, 17, 18, 19, 24, 28, 35]

   2. ○

└ 교차청약의 경우 후의 청약이 발송된 때에 계약이 성립한다. [16, 32]

   └ ✕ 후의 청약이 도달된 때에 계약이 성립한다.

▷ **계약체결상의 과실책임**

1. 우리 민법은 원시적 불능의 경우에 대한 계약체결상의 과실책임을 규정하고 있다. [19]

   1. ○

2. 토지에 대한 매매계약체결 전에 이미 그 토지 전부가 공용수용된 경우, 계약체결상의 과실책임이 인정될 수 있다. [23]

   2. ○

3. 계약체결 전에 이미 매매목적물이 전부 멸실된 사실을 알지 못하여 손해를 입은 계약당사자는 계약체결 당시 그 사실을 안 상대방에게 계약체결상의 과실책임을 물을 수 있다. [35]

   3. ○

4. 甲은 자기 소유 토지를 乙에게 매도하였으나 계약체결 후 그 토지 전부가 수용되어 소유권이전이 불가능하게 되었다. 乙은 甲에게 계약체결상의 과실을 이유로 신뢰이익의 배상을 청구할 수 있다. [18, 29]

4. × 후발적 불능이므로 계약체결상의 과실책임은 성립하지 않는다.

└ 가옥매매계약 체결 후 제3자의 방화로 그 가옥이 전소한 경우, 계약체결상의 과실책임이 인정될 수 있다. [23]

└ × 上同

└ 유명화가의 그림에 대해 임대차계약을 체결한 후 임대인의 과실로 그 그림이 파손된 경우, 계약체결상의 과실책임이 인정될 수 있다. [23]

└ × 上同

5. 저당권이 설정된 토지를 매수하여 이전등기를 마쳤으나 후에 저당권이 실행되어 소유권을 잃게 된 경우, 계약체결상의 과실책임이 인정될 수 있다. [23]

5. × 계약은 유효하고 매도인의 담보책임이 인정된다.

6. 계약체결상의 과실책임은 원시적 불능을 알지 못한 데 대한 상대방의 선의를 요하나 무과실까지 요하지는 않는다. [19]

6. × 계약체결상의 과실책임이 성립하려면 상대방은 선의·무과실이어야 한다.

7. 계약체결상의 과실을 이유로 한 신뢰이익의 손해배상은 계약이 유효함으로 인하여 생길 이익액을 넘지 못한다. [19]

7. ○

8. 계약교섭 중인 당사자 사이에 계약체결에 대한 신뢰가 형성된 상태에서의 부당파기는 불법행위가 될 수 있다. [18]

8. ○

9. 계약교섭의 부당한 중도파기가 불법행위를 구성하는 경우, 신뢰손해에 한정해서 손해배상을 청구할 수 있다는 것이 판례이다. [16]

9. ○

└ 계약교섭이 부당파기된 경우, 당사자는 상대방에 대하여 계약의 성립을 기대하고 지출한 통상의 계약준비비용을 손해배상으로 청구할 수 있다. [18]

└ ○

10. 甲은 자기 소유의 임야를 개발할 생각에 개발업자 乙과 교섭하였고, 계약이 확실하게 체결되리라는 정당한 기대 내지 신뢰를 부여하여 乙은 그 신뢰에 따라 행동하였다. 그러나 甲은 계약체결을 거부하였다.

10.

1) 乙이 甲에게 계약체결을 강제할 수 없다. [17]

1) ○

2) 계약이 체결되지 않았으므로 甲에게 법적 책임은 없다. [17]

2) × 甲은 乙에 대해 불법행위로 인한 손해배상책임을 져야 한다.

3) 계약체결 거부로 손해를 입은 乙에게 甲은 채무불이행책임을 질 수 있다. [17]

3) × 계약이 체결되지 않았으므로 채무불이행책임은 성립할 수 없다.

4) 계약체결 거부의 이유가 상당하더라도 신의칙에 비추어 甲은 乙이 입은 손해를 배상해야 한다. [17]

4) × 계약체결 거부의 이유가 상당하다면 불법행위로 인한 손해배상책임을 지지 않는다.

11. 수량을 지정한 부동산매매에 있어서 실제면적이 계약면적에 미달하는 경우, 그 미달부분이 원시적 불능임을 이유로 계약체결상의 과실책임을 물을 수 있다. [15, 19, 23, 28, 35]

11. × 매매계약 자체는 유효하고, 수량부족에 대한 담보책임을 물을 수 있을 뿐이다.

∟ 甲과 乙은 甲 소유의 토지 1필지를 200평이라고 생각하고 수량지정 매매계약을 체결하였는데, 처음부터 30평이 부족한 것으로 판명되었다. 乙은 甲에게 계약체결상의 과실을 이유로 손해배상을 청구할 수 없다. [16]

∟ ○

12. 계약이 의사의 불합치로 성립하지 않는다는 사실을 알지 못하여 손해를 입은 당사자는 계약체결 당시 그 계약이 불성립될 수 있다는 것을 안 상대방에게 계약체결상의 과실책임을 물을 수 있다. [35]

12. × 계약이 체결되지 않았으므로 계약체결상의 과실책임을 물을 수 없다.

3 계약의 효력

▶ 그림민법 p.118~123

▷ 동시이행의 항변권

• 성립요건

1. 동시이행의 항변권이 인정되려면 공평의 관념과 신의칙에 입각하여 양 당사자의 채무가 서로 대가적 의미로 관련되어 있을 것을 요한다. [19]

1. ○

2. 동시이행관계에 있는 일방의 채무도 이를 발생시킨 계약과 별개의 약정으로 성립한 상대방의 채무와는 특약이 없는 한 동시이행관계에 있다. [17]

2. × 동시이행관계가 아니다.

∟ 쌍방의 채무가 별개의 계약에 기한 것이더라도 특약에 의해 동시이행의 항변권이 발생할 수 있다. [19]

∟ ○

3. 동시이행관계에 있는 어느 일방의 채권이 양도되더라도 그 동일성이 인정되는 한 동시이행관계는 존속한다. [19, 25]

3. ○

4. 乙은 甲 소유의 부동산을 매수하였다. 甲의 乙에 대한 매매대금채권이 전부(轉付)명령에 의해 압류채권자인 丙에게 이전된 경우, 乙은 丙의 대금청구에 대해 동시이행의 항변권을 행사할 수 없다. [21]

4. × 甲의 채권이 丙에게 전부되더라도 그 동일성이 인정되므로 乙은 丙에 대해 동시이행항변권을 행사할 수 있다.

5. 동시이행관계에 있던 채무 중 어느 한 채무의 이행불능으로 발생한 손해배상채무는 반대채무와 여전히 동시이행관계에 있다. [17, 22]

5. ○

∟ 동시이행관계에 있는 쌍방의 채무 중 어느 한 채무가 이행불능이 되어 손해배상채무로 바뀌게 되면 동시이행의 항변권은 소멸한다. [20, 26]

∟ × 소멸하지 않는다.

6. 선이행의무자가 이행을 지체하는 동안에 상대방의 채무의 변제기가 도래한 경우, 특별한 사정이 없는 한 쌍방의 의무는 동시이행관계가 된다. [15+, 26]

    ↳ 乙은 甲 소유의 부동산을 매수하였다. 乙이 대금채무를 선이행하기로 약정했더라도 그 이행을 지체하는 동안 甲의 채무의 이행기가 도래하였다면, 특별한 사정이 없는 한 甲과 乙의 채무는 동시이행관계에 있다. [21]

7. 선이행의무를 부담하는 당사자 일방은 상대방의 이행이 곤란한 현저한 사유가 있으면 자기의 채무이행을 거절할 수 있다. [20]

    ↳ 일방 당사자가 선이행의무를 부담하더라도 상대방의 채무이행이 곤란할 현저한 사유가 있는 경우에는 동시이행항변권을 행사할 수 있다. [25]

8. 상대방이 채무내용에 좇은 이행을 제공한 때에는 동시이행의 항변권을 행사할 수 없다. [20]

    ↳ 甲 소유 토지의 매수인 乙이 중도금을 그 이행기에 지급하지 않고 있다. 소유권이전은 잔금지급과 동시에 하기로 하였다. 甲이 잔금지급일에 자기 채무의 이행을 제공하면 乙은 중도금, 중도금미지급에 따른 지연배상금 및 잔금을 지급해야 한다. [17]

9. 일방의 이행제공으로 수령지체에 빠진 상대방은 그 후 그 일방이 이행제공 없이 이행을 청구하는 경우에는 동시이행항변권을 주장할 수 없다. [22, 35]

    ↳ 매도인 甲과 매수인 乙은 X토지를 1억 원에 매매하기로 합의하였다. 甲이 소유권 이전에 필요한 등기서류를 교부하였는데 乙이 그 수령을 거절한 경우, 후에 甲이 재차 이행의 제공 없이 乙에게 대금지급을 청구하면 乙은 그 지급을 거절할 수 있다. [15+]

    ↳ 임대인 甲은 임차인 乙에게 임대차기간의 만료와 동시에 임대주택의 명도를 요구하고 있다. 甲이 보증금채무를 이행제공하였음에도 乙이 주택을 명도하지 않은 경우, 甲이 그 후 보증금채무의 이행제공 없이 명도청구를 하더라도 乙은 동시이행항변권을 행사할 수 있다. [23]

10. 동시이행의 항변권을 배제하는 당사자 사이의 특약은 무효이다. [22]

---

6. ○

    ↳ ○

7. ○

    ↳ ○

8. ○

    ↳ ○

9. × 일방의 이행제공이 계속되지 않는 한 과거에 이행제공이 있었다는 사실만으로 상대방의 동시이행항변권이 소멸하는 것은 아니다.

    ↳ ○

    ↳ ○

10. × 유효하다.

• 효력

1. 동시이행의 항변권을 가진 채무자는 상대방의 이행제공이 없는 한 이행기에 채무를 이행하지 않더라도 이행지체책임이 없다. [15+, 20]

   └, 甲 소유 토지의 매수인 乙이 중도금을 그 이행기에 지급하지 않고 있다. 소유권 이전은 잔금지급과 동시에 하기로 하였다. 甲이 자기 채무의 이행을 제공하지 않더라도 乙은 잔금지급일 이후의 중도금에 대한 지연배상책임을 진다. [17]

   └, 임대차종료 후 보증금을 반환받지 못한 임차인이 동시이행항변권에 기하여 임차목적물을 점유하는 경우, 불법점유로 인한 손해배상책임을 진다. [26]

2. 동시이행의 항변권이 붙어 있는 채권은 이를 자동채권으로 하여 상계하지 못한다. [35]

   └, 매도인 甲과 매수인 乙은 X토지를 1억 원에 매매하기로 합의하였고, 乙은 甲에 대하여 1억 원의 대여금채권을 가지고 있다. 甲은 동시이행항변권이 붙은 매매대금채권을 가지고 乙의 대여금채권과 상계할 수 있다. [15+]

   └, 乙은 甲 소유의 부동산을 매수하였다. 甲은 乙에 대한 매매대금채권을 자동채권으로 하여 상계적상(相計適狀)에 있는 乙의 甲에 대한 대여금채권과 상계할 수 없다. [21]

   └, 임대인 甲은 임차인 乙에게 임대차기간의 만료와 동시에 임대주택의 명도를 요구하고 있다. 乙이 甲에게 변제기가 도래한 대여금채무를 지고 있다면, 乙은 甲에 대한 보증금채권을 자동채권으로 하여 甲의 乙에 대한 대여금채권과 상계할 수 있다. [23]

3. 동시이행항변권의 원용이 없으면 법원은 그 인정 여부를 심리할 필요가 없다. [22]

   └, 동시이행의 항변권은 당사자의 주장이 없어도 법원이 직권으로 고려할 사항이다. [26]

4. 채권자의 이행청구소송에서 채무자가 주장한 동시이행의 항변이 받아들여진 경우, 채권자는 전부패소판결을 받게 된다. [26]

   └, 매도인 甲과 매수인 乙은 X토지를 1억 원에 매매하기로 합의하였다. 甲이 乙을 상대로 대금지급청구의 소를 제기하였고 이에 대하여 乙이 동시이행항변권을 주장하면 법원은 원고패소를 선고하여야 한다. [15+]

---

1. ○

└, × 乙은 잔금지급일부터는 동시이행의 항변권을 가지므로 잔금지급일 이후의 지연배상책임은 지지 않는다.

└, × 동시이행항변권을 가진 자는 이행지체로 인한 손해배상책임을 지지 않는다.

2. ○

└, × 甲의 매매대금채권에는 乙의 동시이행항변권이 붙어 있으므로 甲은 乙을 상대로 상계할 수 없다.

└, ○

└, × 乙의 보증금반환채권에는 甲의 동시이행항변권이 붙어 있으므로 乙은 甲을 상대로 상계할 수 없다.

3. ○

└, × 항변권자의 원용(=주장)이 없는 한 법원이 직권으로 항변권의 존재를 고려하지 못한다.

4. × 상환이행판결(일부승소판결)을 받게 된다.

└, × 원고일부승소(상환이행판결)를 선고해야 한다.

• 동시이행항변권의 확대적용

1. 양 당사자의 의무가 동시이행관계에 있는 것은?

1) 전세권이 소멸한 때에 전세권자의 목적물인도 및 전세권설정등기말소의무와 전세권설정자의 전세금반환의무 [18, 20, 29]

2) 계약해제로 인한 각 당사자의 원상회복의무 [13, 14, 18, 25, 26, 27, 29]

3) 가등기담보에 있어 채권자의 청산금지급의무와 채무자의 목적부동산에 대한 본등기 및 인도의무 [29]

4) 주택임대차의 기간만료 시 임대인의 보증금반환채무와 임차인의 주택명도의무 [15, 23, 31, 32]

5) 계약이 무효 또는 취소된 경우 각 당사자의 부당이득반환의무 [17, 20, 26, 35]

6) 저당권이 설정된 부동산의 매매계약에서 소유권이전등기의무 및 저당권설정등기말소의무와 매수인의 대금지급의무 [17]

7) 가압류등기가 있는 부동산매매계약에서 매도인의 소유권이전등기의무 및 가압류등기말소의무와 매수인의 대금지급의무 [19, 21]

8) 토지임차인이 건물매수청구권을 행사한 경우, 토지임차인의 건물인도 및 소유권이전등기의무와 토지임대인의 건물대금지급의무 [31]

9) 구분소유적 공유관계를 해소하기 위한 공유지분권자 상호간의 지분이전등기의무 [22, 25, 29, 33, 35]

10) 피담보채무의 변제와 저당권설정등기의 말소 [17, 24, 31]

11) 가등기담보의 채무자의 채무변제와 채권자의 가등기말소 [18, 26, 28]

12) 채무를 담보하기 위해 채권자 명의의 소유권이전등기가 된 경우, 피담보채무의 변제의무와 그 소유권이전등기의 말소의무 [35]

13) 매도인의 토지거래허가 신청절차에 협력할 의무와 매수인의 매매대금지급의무 [31, 32]

14) 임차권등기명령에 의한 임차권등기가 된 경우, 임대인의 보증금반환의무와 임차인의 등기말소의무 [16, 18, 25, 31, 33]

1.

1) ○

2) ○

3) ○

4) ○

5) ○

6) ○

7) ○

8) ○

9) ○

10) × 변제가 선행의무이다.

11) × 변제가 선행의무이다.

12) × 변제가 선행의무이다.

13) × 매도인의 협력의무가 선행의무이다.

14) × 보증금반환이 선행의무이다.

15) 근저당권실행을 위한 경매가 무효인 경우, 낙찰자의 채무자에 대한 소유권이전 등기말소의무와 근저당권자의 낙찰자에 대한 배당금반환의무 [19, 29]

15) × 양 채무는 동시이행관계에 있지 않다.

16) 임대차계약 종료에 따른 임차인의 임차목적물반환의무와 임대인의 권리금회수 방해로 인한 손해배상의무 [33]

16) × 양 채무는 서로 별개의 의무이다.

• 동시이행항변권과 유치권의 비교

1. 유치권은 독립한 물권인 반면 동시이행항변권은 이행거절권능에 해당한다. [25]

1. ○

2. 유치권과 동시이행항변권은 점유를 성립요건으로 한다. [25]

2. × 동시이행항변권은 점유를 성립요건으로 하지 않는다.

3. 유치권과 동시이행항변권은 동시에 서로 병존할 수 있다. [25]

3. ○

└ 동시이행의 항변권과 유치권이 동시에 성립하는 경우, 권리자는 이를 선택적으로 행사할 수 없다. [20]

└ × 동시이행항변권과 유치권이 경합하는 경우, 이를 선택적으로 행사할 수 있다.

▷ 위험부담

1. 후발적 불능이 당사자 쌍방에게 책임 없는 사유로 생긴 때에는 위험부담의 문제가 발생한다. [30]

1. ○

└ 매매계약 체결 후 천재지변으로 목적물인 건물이 멸실한 경우, 위험부담의 법리가 적용된다. [14]

└ ○

2. 교환계약의 일방 당사자의 채무이행이 그에게 책임 있는 사유로 불가능하게 된 경우, 위험부담의 법리가 적용된다. [14]

2. × 책임 있는 사유로 → 책임 없는 사유로

└ 채무자의 책임 있는 사유로 후발적 불능이 발생한 경우, 위험부담의 법리가 적용된다. [31]

└ × 이는 위험부담이 아니라 채무불이행의 문제이다.

3. 편무계약의 경우 원칙적으로 위험부담의 법리가 적용되지 않는다. [30]

3. ○

4. 우리 민법은 채무자위험부담주의를 원칙으로 한다. [30]

4. ○

5. 甲은 자기 소유 토지를 乙에게 매도하였으나 계약체결 후 그 토지 전부가 수용되어 소유권이전이 불가능하게 되었다. 乙은 특별한 사정이 없는 한 甲에게 매매대금을 지급할 의무가 없다. [18]

5. ○

6. 교환계약의 목적물인 당사자 일방의 건물이 쌍방에게 책임 없는 사유로 소실된 경우, 그 당사자는 상대방에 대하여 반대급부를 청구할 수 있다. [15]

6. × 청구할 수 없다.

7. 甲은 자신의 토지를 乙에게 팔고 중도금까지 수령하였으나, 그 토지가 공용(재결) 수용되는 바람에 乙에게 소유권을 이전할 수 없게 되었다. 乙은 이미 지급한 중도금을 부당이득으로 반환청구할 수 없다. [29]

7. × 이미 이행한 급부에 대해서는 부당이득반환을 청구할 수 있다.

8. 교환계약의 일방 당사자의 채무이행이 상대방의 수령지체 중에 쌍방에게 책임 없는 사유로 불가능하게 된 경우, 위험부담의 법리가 적용된다. [14]

8. ○

9. 계약당사자는 위험부담에 관하여 민법 규정과 달리 정할 수 있다. [31]

9. ○

10. 甲이 자기 소유의 주택을 乙에게 매도하는 계약을 체결한 후 소유권이전 및 인도 전에 그 주택이 멸실되었다.

10.

1) 甲과 乙의 책임 없는 사유로 주택이 멸실된 경우, 甲은 乙에게 매매대금의 지급을 청구할 수 없다. [16, 20, 27, 35]

1) ○

└ 주택이 태풍으로 멸실되었다면 甲은 乙에게 대금지급을 청구할 수 있다. [22]

└ × 청구할 수 없다.

└ 주택이 태풍으로 멸실된 경우, 甲은 이미 받은 계약금을 乙에게 반환할 의무가 없다. [22, 27, 30, 34, 35]

└ × 부당이득으로 반환하여야 한다.

2) 乙의 책임 있는 사유로 주택이 멸실한 경우, 甲은 乙에게 매매대금지급을 청구할 수 있다. [16, 20, 22, 27, 31, 34]

2) ○

3) 乙의 수령지체(=채권자지체) 중에 甲과 乙의 책임 없는 사유로 주택이 소실된 경우, 甲은 乙에게 매매대금의 지급을 청구할 수 없다. [16, 27, 31, 34]

3) × 청구할 수 있다.

└ 甲이 이행기에 소유권이전등기에 필요한 서류를 제공하면서 주택의 인수를 최고하였으나 乙이 정당한 이유 없이 이를 거절하던 중에 위 주택이 태풍으로 멸실되었다면 甲은 乙에게 대금지급을 청구할 수 있다. [22]

└ ○

└ 위에서 乙은 甲에게 계약금의 반환을 청구할 수 있다. [35]

└ × 청구할 수 없다.

4) 3)의 경우 乙이 채권자지체(=수령지체) 중이었으므로 甲은 자기의 채무를 면함으로써 얻은 이익을 乙에게 상환할 필요가 없다. [16]

4) × 상환하여야 한다.

5) 甲이 자신의 채무 일체의 이행을 제공하였으나 乙이 이유 없이 이를 수령하지 않은 경우에 그 대가위험은 乙에게 이전된다. [20]

└ ○

▷ 대상청구권(代償請求權)

1. 甲은 자신의 토지를 乙에게 팔고 중도금까지 수령하였으나, 그 토지가 공용(재결) 수용되는 바람에 乙에게 소유권을 이전할 수 없게 되었다.

1) 甲의 乙에 대한 소유권이전의무는 소멸한다. [24]

2) 乙은 소유권이전의무의 불이행을 이유로 甲에게 손해배상을 청구할 수 없다. [24]

3) 乙은 甲에게 보상금청구권의 양도를 청구할 수 있다. [24, 29]

4) 甲이 보상금을 수령하였다면 乙은 甲에게 보상금의 반환을 청구할 수 있다. [24]

5) 乙이 매매대금 전부를 지급하면 甲의 수용보상금청구권 자체가 乙에게 귀속한다. [29]

2. 당사자 일방이 대상청구권을 행사하려면 상대방에 대하여 반대급부를 이행할 의무가 있다. [30]

ㄴ 매매목적물이 이행기 전에 강제수용된 경우, 매수인이 대상청구권을 행사하면 매도인은 매매대금지급을 청구할 수 있다. [31]

1.

1) ○

2) ○

3) ○

4) ○

5) × 乙은 대상청구권의 행사로써 甲이 지급받은 수용보상금의 반환을 구하거나 수용보상금청구권의 양도를 구할 수 있을 뿐, 수용보상금청구권 자체가 乙에게 귀속되는 것은 아니다.

2. ○

ㄴ ○

▷ 제3자를 위한 계약

1. 채무자와 인수인의 계약으로 체결되는 병존적(=중첩적) 채무인수는 제3자를 위한 계약으로 볼 수 있다. [28, 32]

2. 제3자를 위한 계약의 당사자는 요약자, 낙약자, 수익자이다. [33]

3. 제3자의 수익의 의사표시는 제3자를 위한 계약의 성립요건이 아니다. [20]

4. 제3자는 계약체결 당시에 현존하고 있어야 한다. [27]

ㄴ 제3자가 설립 중의 법인인 경우에는 계약은 유효하게 성립하지 아니한다. [13]

ㄴ 제3자는 계약체결 당시에 특정되어 있어야 한다. [16, 33]

1. ○

2. × 제3자는 계약의 당사자가 아니다.

3. ○

4. × 제3자는 계약성립 당시 현존할 필요가 없다.

ㄴ × 설립 중의 법인도 제3자가 될 수 있다.

ㄴ × 제3자는 계약 당시 특정될 필요가 없다.

5. 계약당사자가 제3자에 대하여 가진 채권에 관하여 그 채무를 면제하는 계약도 제3자를 위한 계약에 준하는 것으로서 유효하다. [28]

└ 乙이 丙에 대하여 가진 채권에 관하여 그 채무를 면제하는 계약을 甲과 체결한 경우, 이는 제3자를 위한 계약에 준하는 것으로 볼 수 없다. [16]

6. 제3자가 하는 수익의 의사표시의 상대방은 요약자가 아니라 낙약자이다. [20, 29]

7. 제3자의 권리는 제3자가 채무자에 대해 수익의 의사표시를 하면 계약의 성립 시에 소급하여 발생한다. [32]

8. 수익의 의사표시를 한 수익자는 낙약자에게 직접 그 이행을 청구할 수 있다. [24, 28, 30, 32]

9. 수익자는 요약자의 제한능력을 이유로 계약을 취소하지 못한다. [29]

10. 제3자는 채무자의 채무불이행을 이유로 그 계약을 해제할 수 없다. [20, 24, 25, 26, 27, 31, 32, 34]

└ 수익자는 제3자를 위한 계약에서 발생한 해제권을 가지는 것이 원칙이다. [33]

11. 낙약자는 요약자와의 계약(= 기본관계)에서 발생한 항변으로 수익자에게 대항할 수 없다. [27, 28, 33]

└ 낙약자는 기본관계에 기한 항변으로 제3자에게 대항할 수 없다. [29]

12. 甲은 자기 소유의 가옥을 乙에게 매도하면서 자신의 丙에 대한 차용금채무를 변제하기 위하여 매매대금 1억 원을 丙에게 지급하도록 乙과 약정하였다.

1) 甲이 합의내용을 丙에게 통지하면 丙은 乙에 대하여 매매대금지급채권을 취득한다. [17]

2) 丙이 乙에게 수익의 의사표시를 하면 乙에 대한 대금지급청구권을 확정적으로 취득한다. [24, 25]

3) 丙이 매매대금의 수령 여부에 대한 의사를 표시하지 않는 경우, 乙은 상당한 기간을 정하여 丙에게 계약이익의 향수 여부에 대한 확답을 최고할 수 있다. [24, 32]

4) 乙이 丙에게 상당한 기간을 정하여 대금수령 여부의 확답을 최고하였음에도 그 기간 내에 확답을 받지 못한 경우, 丙이 대금수령을 거절한 것으로 본다. [22, 25, 27]

---

5. ○

└ × 제3자를 위한 계약에 준하는 것으로 유효하다.

6. ○

7. × 계약의 성립 시에 소급하여 → 그때부터

8. ○

9. ○

10. ○

└ × 수익자는 계약당사자가 아니므로 해제권을 갖지 못한다.

11. × 낙약자는 기본관계에 기한항변으로 수익자에게 대항할 수 있다.

└ × 上同

12.

1) × 丙이 乙에게 수익의 의사표시를 해야 매매대금채권을 취득한다.

2) ○

3) ○

4) ○

5) 丙이 수익의 의사표시를 한 이후에도 甲과 乙은 합의를 통해 丙의 권리를 변경하거나 소멸시킬 수 있다. [13, 15+, 20, 26, 27]

∟ 丙의 수익의 의사표시 이후 甲과 乙이 매매대금을 감액하기로 합의하였더라도 그 효력은 丙에게 미치지 아니한다. [15]

∟ 丙이 乙에게 대금수령의 의사표시를 한 후 甲과 乙이 계약을 합의해제하더라도 특별한 사정이 없는 한 丙에게는 효력이 없다. [22, 31]

6) 甲과 乙이 계약을 체결할 때 丙의 권리를 변경시킬 수 있음을 유보한 경우, 甲과 乙은 丙의 권리를 변경시킬 수 있다. [35]

7) 丙의 권리가 확정된 후에는 甲은 착오를 이유로 매매계약을 취소할 수 없다. [17]

8) 甲과 乙의 매매계약이 적법하게 취소된 경우, 丙의 급부청구권(=채권)은 소멸한다. [26]

9) 乙의 기망으로 계약이 체결된 경우, 丙은 이를 이유로 계약을 취소할 수 없다. [22, 35]

10) 丙이 매매대금의 지급을 청구하였으나 乙이 이를 지급하지 않으면 丙은 채무불이행을 이유로 매매계약을 해제할 수 있다. [20, 24, 25, 26, 27, 31, 32, 34]

11) 丙이 수익의 의사표시를 한 후에 乙의 채무불이행이 있으면 丙은 乙에게 손해배상을 청구할 수 있다. [13, 15+, 16, 22]

∟ 甲이 乙의 채무불이행을 이유로 계약을 해제한 후에도 丙은 乙에게 그 채무불이행으로 자기가 입은 손해의 배상을 청구할 수 있다. [30, 31, 34]

12) 계약이 해제된 경우, 丙은 乙에게 원상회복을 청구할 수 있다. [15+, 16, 29]

13) 乙이 丙에게 매매대금을 지급하였는데 계약이 해제된 경우, 특별한 사정이 없는 한 乙은 丙에게 부당이득반환을 청구할 수 없다. [24, 25, 30, 31, 34]

∟ 丙이 대금을 수령하였으나 매매계약이 무효인 것으로 판명된 경우, 특별한 사정이 없는 한 乙은 丙에게 대금반환을 청구할 수 없다. [22, 26]

∟ 乙이 매매대금을 丙에게 지급한 후에 甲과 乙의 계약이 취소된 경우, 乙은 丙에게 부당이득반환을 청구할 수 있다. [35]

14) 甲·乙 사이의 매매계약이 허위표시로서 무효가 된 경우, 甲은 그 무효를 이유로 선의인 丙에게 대항하지 못한다. [15+]

---

5) × 제3자가 수익의 의사표시를 한 후에는 요약자와 낙약자는 제3자의 권리를 임의로 변경·소멸시키지 못한다.

∟ ○

∟ ○

6) ○

7) × 제3자가 수익의 의사표시를 한 후에도 당사자는 계약을 취소하거나 해제할 수 있다.

8) ○

9) ○

10) × 수익자는 계약의 당사자가 아니므로 계약을 해제할 수 없다.

11) ○

∟ ○

12) × 수익자는 계약해제권이나 해제를 원인으로 한 원상회복청구권을 갖지 못한다.

13) ○

∟ ○

∟ × 丙이 아니라 甲에게 부당이득반환을 청구해야 한다.

14) × 수익자는 허위표시의 제3자에 해당하지 않으므로, 乙은 선의의 丙에게도 허위표시의 무효로 대항할 수 있다.

15) 甲이 착오로 乙과 매매계약을 체결하였더라도 丙이 이러한 사실을 몰랐다면 甲은 착오를 이유로 乙과의 매매계약을 취소할 수 있으나, 丙에게 대항할 수 없다. [15]

15) × 수익자는 착오로 인한 취소로부터 보호되는 제3자가 아니므로, 甲은 그 취소로 선의의 丙에게 대항할 수 있다.

ㄴ, 甲과 乙 간의 계약이 甲의 착오로 취소된 경우, 丙은 착오취소로써 대항할 수 없는 제3자의 범위에 속한다. [30]

ㄴ, × 속하지 않는다(즉 제3자로 보호받지 못한다).

16) 乙의 丙에 대한 대금지급채무의 불이행을 이유로 甲이 매매계약을 해제하려면 丙의 동의를 얻어야 한다. [17, 29, 33, 34, 35]

16) × 낙약자의 채무불이행이 있으면 요약자는 수익자의 동의 없이 계약을 해제할 수 있다.

17) 甲은 대가관계의 부존재를 이유로 자신이 기본관계에 기하여 乙에게 부담하는 채무의 이행을 거부할 수 없다. [30]

17) ○

18) 乙은 甲과의 계약에서 발생한 항변(가령 동시이행의 항변)으로 丙에게 대항할 수 있다. [20, 27]

18) ○

ㄴ, 甲이 소유권을 이전하지 않으면 乙은 특별한 사정이 없는 한 丙의 대금지급 청구를 거절할 수 있다. [24, 26, 31]

ㄴ, ○

19) 丙이 乙에게 이행을 청구하는 경우에 乙은 甲과 丙 사이의 법률관계에 기한 항변으로 丙에게 대항하지 못한다. [16]

19) ○

ㄴ, 乙은 甲의 丙에 대한 항변으로 丙에게 대항할 수 있다. [25]

ㄴ, × 낙약자는 대가관계에 기한 항변으로 수익자에게 대항할 수 없다.

ㄴ, 甲과 丙의 법률관계가 무효인 경우, 乙은 丙에게 대금지급을 거절할 수 있다. [17, 35]

ㄴ, × 上同

ㄴ, 乙은 甲과 丙 사이의 채무부존재의 항변으로 丙에게 대항할 수 없다. [34]

ㄴ, ○

20) 甲·丙 사이의 채권관계가 소멸하면 甲·乙 사이의 계약도 당연히 소멸한다. [15+]

20) × 대가관계의 부존재나 효력상실은 제3자를 위한 계약의 성립이나 효력에 영향을 미치지 않는다.

4 계약의 해제

▶ 그림민법 p.124~127

▷ **구별개념**

• 합의해제(= 해제계약)

1. 매도인이 잔금기일 경과 후 해제를 주장하며 수령한 대금을 공탁하고 매수인이 이의 없이 수령한 경우, 특별한 사정이 없는 한 합의해제된 것으로 본다. [32]

2. 당사자 쌍방은 자기 채무의 이행제공 없이 합의에 의해 계약을 해제할 수 있다. [32]

3. 계약해제에 관한 민법의 규정은 해제계약에는 적용되지 않는다. [14]

4. 부동산의 매매계약이 합의해제된 경우, 매도인으로부터 매수인에게 이전되었던 소유권은 매도인에게 당연히 복귀한다. [31, 35]

5. 계약이 합의해제된 경우, 특약이 없는 한 반환할 금전에 그 받은 날로부터 이자를 붙여 지급할 의무가 없다. [26, 27, 29, 30, 31, 32]

6. 계약이 합의해제된 경우, 당사자 일방이 상대방에게 손해배상을 하기로 하는 등 특별한 사정이 없으면 채무불이행으로 인한 손해배상을 청구할 수 없다. [15, 24, 29, 30, 31, 32]

7. 계약을 합의해제한 경우에도 민법상 해제의 효과에 따른 제3자 보호규정이 적용된다. [25]

↳ 합의해제의 경우에도 법정해제의 경우와 마찬가지로 제3자의 권리를 해하지 못한다. [30, 31, 32]

1. ○
2. ○
3. ○
4. ○
5. ○
6. ○
7. ○
↳ ○

• 해지

1. 계약해지의 의사표시는 묵시적으로도 가능하다. [27]

2. 해지의 의사표시가 상대방에게 도달하면 이를 철회하지 못한다. [27]

3. 당사자 일방이 수인인 경우, 그중 1인에 대하여 해지권이 소멸한 때에는 다른 당사자에 대하여도 소멸한다. [27]

4. 해지로 인해 계약은 소급적으로 효력을 잃는다. [13]

1. ○
2. ○
3. ○
4. × 장래를 향하여 효력을 잃는다(소급효 없음).

• 취소

1. 해제와 취소는 모두 모든 법률행위에 인정된다. [16]

2. 해제와 취소는 모두 법률의 규정에 의해서만 발생한다. [16]

3. 해제와 취소는 모두 권리행사로 인하여 발생하는 반환의무의 범위는 반환의무자의 선의 · 악의에 따라 달라진다. [16]

▷ 해제권의 발생

• 약정해제권

1. 당사자가 약정한 해제권의 유보사실이 발생한 때 최고 없이 해제권을 행사할 수 있다. [18]

2. 중도금을 지급한 부동산매수인도 약정해제사유가 발생하면 계약을 해제할 수 있다. [24]

3. 법정해제권을 배제하는 약정이 없으면 약정해제권의 유보는 법정해제권의 성립에 영향을 미칠 수 없다. [20]

• 이행지체로 인한 해제

1. 상대방이 그 채무를 이행하지 아니하는 경우, 원칙적으로 상당한 기간을 정하여 그 이행을 최고한 후 상대방이 그 기간 내에 이행하지 아니한 때에는 계약을 해제할 수 있다. [14, 15+, 17]

↳ 매수인의 대금지급이 지체된 때 매도인은 최고 없이 해제권을 행사할 수 있다. [18]

↳ 甲은 자신의 X토지를 乙에게 매도하고 소유권이전등기를 마쳐주었으나, 乙은 변제기가 지났음에도 매매대금을 지급하지 않고 있다. 甲은 특별한 사정이 없는 한 별도의 최고 없이 매매계약을 해제할 수 있다. [33]

2. 이행지체로 인한 계약해제 시 이행의 최고는 반드시 미리 일정기간을 명시하여 최고하여야 하는 것은 아니다. [28]

3. 이행지체의 경우 채권자는 상당한 기간을 정한 최고와 함께 그 기간 내에 이행이 없을 것을 정지조건으로 하여 계약을 해제할 수 있다. [33]

---

1. × 취소는 모든 법률행위에 인정되나, 해제는 계약에만 인정된다.

2. × 취소권은 법률의 규정에 의해서만 발생하나, 해제권은 법률의 규정 또는 당사자의 약정에 의해 발생한다.

3. × 취소의 경우는 당사자의 선 · 악에 따라 부당이득반환의 범위가 달라지나, 해제의 경우는 선 · 악이나 이익의 현존 여부를 불문하고 받은 급부 전부를 반환해야 한다(원상회복).

1. ○

2. ○

3. ○

1. ○

↳ × 이행지체로 인한 해제의 경우는 최고를 해야 한다.

↳ × 대금을 지급하지 않은 것은 이행지체이므로 계약해제를 위해서는 최고를 해야 한다.

2. ○

3. ○

4. 甲 소유 토지의 매수인 乙이 중도금을 그 이행기에 지급하지 않고 있다. 乙이 대금지급을 진지하고 종국적으로 거절하면 甲은 즉시 계약을 해제할 수 있다. [17]

4. ○

└ 이행기가 도래하지 않은 상태에서 매도인이 소유권이전의 거부의사를 명확히 표시한 때, 매수인은 최고 없이 해제권을 행사할 수 있다. [18]

└ ○

└ 乙로부터 부동산을 매수한 甲이 매매대금채무의 이행기 전에 그 채무를 이행하지 않을 의사를 명백히 표시한 경우, 乙은 최고 없이 계약을 해제할 수 있다. [21, 31]

└ ○

5. 당사자 일방이 채무를 이행하지 않겠다는 의사를 명백히 표시하였다가 이를 적법하게 철회했더라도 그 상대방은 최고 없이 계약을 해제할 수 있다. [20]

5. × 일방이 이행거절의 의사표시를 철회한 경우, 상대방은 최고한 후가 아니면 계약을 해제할 수 없다.

6. 계약의 성질 또는 당사자의 의사표시에 의하여 일정한 기간 내에 이행하지 않으면 계약의 목적을 달성할 수 없는 경우는 최고를 하지 않고도 계약을 해제할 수 있다. [14]

6. ○

└ 당사자 일방이 정기행위를 일정한 시기에 이행하지 않으면 상대방은 이행의 최고 없이 계약을 해제할 수 있다. [28]

└ ○

7. 성질상 일정한 기간 내에 이행하지 않으면 그 목적을 달성할 수 없는 계약에서 당사자 일방이 그 시기에 이행하지 않으면 해제의 의사표시가 없더라도 해제의 효과가 발생한다. [26]

7. × 최고를 요하지 않을 뿐 해제의 의사표시는 필요하다.

└ 꽃가게 주인의 과실로 결혼식 시작 전에 배달해 주기로 한 화환이 결혼식이 끝날 때까지 배달되지 못했다면, 특약이 없는 한 그 매매계약은 자동으로 해제된다. [19]

└ × 최고 없이 해제할 수 있을 뿐 자동으로 해제되는 것은 아니다.

8. 저당권이 설정된 부동산의 매도인 甲이 매수인 乙에게 특정일까지 저당권설정 등기의 말소를 약속하였으나 이를 이행하지 않은 채 그 기일이 지난 경우, 乙은 최고 없이 계약을 해제할 수 있다. [21]

8. × 이행지체의 경우이므로 계약을 해제하기 위해서는 최고를 해야 한다.

9. 甲의 건물에 대한 甲과 乙 사이의 매매계약 성립 후 건물에 가압류가 되었다는 사유만으로도 乙은 甲의 계약위반을 이유로 계약을 해제할 수 있다. [22, 35]

9. × 건물이 가압류가 되었다고 해서 매도인의 소유권이전 의무가 이행불능이 되었다고 할 수 없으므로, 매수인이 계약을 해제하기 위해서는 상당한 기간을 정하여 가압류의 말소를 최고하여야 한다.

• 이행불능으로 인한 해제

1. 이행불능으로 인한 계약해제권과 손해배상청구권은 채무자에게 고의나 과실이 있는 경우에만 인정된다. [23]

   1. ○

   ∟ 甲이 乙에게 자신의 건물을 매도하는 계약을 체결하였다. 계약체결 후 甲의 과실로 건물이 멸실한 경우에 乙은 계약을 해제할 수 있다. [16]

   ∟ ○

   ∟ 甲은 자기 소유 토지를 乙에게 매도하였으나 계약체결 후 그 토지 전부가 수용되어 소유권이전이 불가능하게 되었다. 乙은 이행불능을 이유로 甲과의 계약을 해제할 수 있다. [18, 29]

   ∟ × 채무자(甲)에게 귀책사유가 없으므로 채권자(乙)는 계약을 해제할 수 없다.

   ∟ 위에서 乙은 甲에게 채무불이행을 이유로 손해배상을 청구할 수 있다. [18]

   ∟ × 채무자(甲)에게 귀책사유가 없으므로 채권자(乙)는 손해배상을 청구할 수 없다.

2. 계약당사자 일방의 채무가 그의 책임 있는 사유로 이행이 불가능하게 된 경우에도 상대방이 계약을 해제하기 위해서는 상당한 기간을 정하여 최고하여야 한다. [14]

   2. × 이행불능의 경우 계약을 해제하기 위해서 최고할 필요가 없다.

   ∟ 매도인의 책임 있는 사유로 매도인의 채무의 이행이 불가능하게 되면, 매수인은 이행의 최고 없이 계약을 해제할 수 있다. [18, 19, 20, 21, 29]

   ∟ ○

3. 매도인의 이행불능을 이유로 매수인이 계약을 해제하려면 매매대금의 변제제공을 하여야 한다. [25]

   3. × 이행불능을 이유로 계약을 해제하는 경우, 채권자는 자기 채무의 이행제공(=변제제공)을 할 필요가 없다.

   ∟ 甲의 건물에 대한 甲과 乙 사이의 매매계약이 성립하였다. 甲의 소유권이전등기의무의 이행불능을 이유로 계약을 해제하기 위해서는 乙은 그와 동시이행관계에 있는 잔대금을 제공하여야 한다. [22]

   ∟ × 上同

   ∟ 이행불능으로 계약을 해제하는 경우, 채권자는 동시이행관계에 있는 자신의 급부를 제공할 필요가 없다. [31]

   ∟ ○

• 기타

1. 부수적 채무의 불이행은 원칙적으로 해제권을 발생시키지 않는다. [14, 19]

   1. ○

   ∟ 토지거래허가를 요하는 계약의 당사자는 토지거래허가신청절차에 협력할 의무를 부담하지만, 협력의무불이행을 이유로 그 계약을 일방적으로 해제할 수 없다. [20]

   ∟ ○

2. 甲과 乙은 그들의 공유 토지를 계약금만 받은 상태에서 매수인 丙에게 이전등기를 해 주었다. 지체기간 중에 지가가 폭등하여도 甲과 乙은 사정변경을 이유로 매매계약을 해제할 수 없다. [15+]

   2. ○

▷ 해제권의 행사

1. 해제에는 일반적으로 조건을 붙일 수 없다. [16]

　└ 상대방이 동의하면 해제의 의사표시에 조건을 붙이는 것이 허용된다. [21]

2. 일방 당사자의 계약위반을 이유로 한 상대방의 계약해제 의사표시에 의해 계약이 해제되었음에도 상대방이 계약이 존속함을 전제로 계약상 의무의 이행을 구하는 경우, 특별한 사정이 없는 한 계약을 위반한 당사자도 당해 계약이 상대방의 해제로 소멸되었음을 들어 그 이행을 거절할 수 있다. [15, 22, 34]

3. 당사자가 수인인 경우 계약의 해제는 그 전원으로부터 또는 전원에 대하여 해야 한다. [20, 26, 31]

　└ 당사자의 일방 또는 쌍방이 수인인 경우에는 계약의 해지나 해제는 당사자 중 1인이 하면 된다. [13]

　└ 당사자의 쌍방이 수인인 경우, 계약의 해제는 그 1인에 대하여 하더라도 효력이 있다. [28, 29]

4. 공유자가 공유토지에 대한 매매계약을 체결한 경우, 특별한 사정이 없는 한 공유자 중 1인은 다른 공유자와 별개로 자신의 지분에 관하여 매매계약을 해제할 수 있다. [25]

▷ 해제의 효과

• 계약의 소급적 소멸

1. 계약을 해제하면 계약은 처음부터 없었던 것으로 된다. [24]

2. 甲이 소의 제기로써 계약해제권을 행사한 후 그 소를 취하하면 해제의 효력도 소멸한다. [22]

3. 매매계약이 해제되면 매수인에게 이전되었던 소유권은 말소등기 없이도 매도인에게 당연히 복귀한다. [13, 14]

　└ 甲은 자신의 X토지를 乙에게 매도하고 소유권이전등기를 마쳐주었다. 甲이 적법하게 매매계약을 해제한 경우, X토지의 소유권은 등기와 무관하게 계약이 없었던 상태로 복귀한다. [33]

　└ 甲은 乙에게 부동산을 매도하고 소유권이전등기를 경료하였다. 계약을 해제하였지만 소유권등기가 회복되지 않은 상태에서는 甲은 소유물반환을 청구할 수 없다. [15]

정답/해설:

1. ○

└ ○

2. ○

3. ○

└ × 전원이 해야 한다(해제권의 불가분성).

└ × 전원에 대해 하여야 효력이 있다(해제권의 불가분성).

4. ○

1. ○

2. × 해제권은 형성권이므로 소를 취하하더라도 그 행사의 효력에는 아무런 영향을 미치지 않는다.

3. ○

└ ○

└ × 계약의 해제로 소유권은 이미 甲에게 복귀하였으므로 甲은 소유물반환을 청구할 수 있다.

• 원상회복

1. 계약해제의 효과로 반환할 이익의 범위는 특별한 사정이 없으면 이익의 현존 여부나 선의·악의를 불문하고 받은 이익의 전부이다. [15+, 24]

   1. ○

2. 계약해제로 금전을 반환하여야 할 경우 원금만 반환하면 되고 별도로 이자를 반환할 필요는 없다. [13, 16]

   2. × 반환할 금전에는 받은 날로부터의 이자를 가하여야 한다.

3. 매매계약이 해제된 경우에 매도인은 원상회복의 내용으로 수령한 매매대금 및 그 받은 때로부터의 법정이자를 반환해야 하는데, 이때의 법정이자는 반환의무의 이행지체로 인한 손해배상책임이다. [15]

   3. × 해제 시의 이자의 반환은 이행지체로 인한 손해배상이 아니라 일종의 부당이득반환의 성질을 가진다.

4. 계약해제로 인한 원상회복의 대상에는 매매대금은 물론 이와 관련하여 그 계약의 존속을 전제로 수령한 지연손해금도 포함된다. [34]

   4. ○

5. 이행지체로 인해 매매계약이 해제된 경우, 선의의 점유자인 매수인에게 과실취득권이 인정된다. [31, 34]

   5. × 매매계약이 해제된 경우 매수인은 선·악을 불문하고 목적물의 과실을 매도인에게 반환하여야 한다.

   ↳ 乙은 甲 소유 X토지를 매수하고 계약금을 지급한 후 X토지를 인도받아 사용·수익하고 있다. 계약이 채무불이행으로 해제된 경우, 乙은 甲에게 X토지와 그 사용이익을 반환할 의무가 있다. [35]

   ↳ ○

6. 계약해제로 인한 양 당사자의 원상회복의무는 동시이행관계에 있다.

   [13, 14, 18, 25, 26, 27]

   6. ○

7. 과실상계는 계약해제로 인한 원상회복의무의 이행으로서 이미 지급한 급부의 반환을 구하는 경우에는 적용되지 않는다. [34]

   7. ○

• 제3자 보호

1. 계약의 해제로 인한 원상회복은 제3자의 권리를 해하지 못하는데, 악의의 제3자는 여기에 포함되지 않는다. [13]

   1. × 제3자의 선·악은 불문한다.

2. 甲은 자신의 X토지를 乙에게 매도하고 소유권이전등기를 마쳐주었으나, 乙은 변제기가 지났음에도 매매대금을 지급하지 않고 있다. 乙이 X토지를 丙에게 매도하고 그 소유권이전등기를 마친 후 甲이 乙을 상대로 적법하게 매매계약을 해제하였다면, 丙은 X토지의 소유권을 상실한다. [33]

   2. × 丙은 계약의 해제로부터 보호받는 제3자에 해당하므로 소유권을 상실하지 않는다.

3. 소유권이전등기를 경료받은 매수인의 채권자가 그 부동산을 가압류한 경우, 그 가압류채권자는 계약의 해제로부터 보호받는 제3자에 해당된다. [15, 23, 30, 35]

   3. ○

4. 소유권이전등기를 경료받은 매수인과 전세권설정계약을 체결하고 전세권설정 등기를 한 자는 계약해제로부터 보호받는 제3자에 해당된다. [15]

4. ○

5. 소유권이전등기를 경료받은 매수인으로부터 저당권설정등기를 경료받은 자는 민법 제548조 제1항 단서의 제3자에 해당된다. [15, 35]

5. ○

6. 매도인 甲과 매수인 乙 사이의 X주택에 관한 계약이 적법하게 해제된 경우, 해제 전에 乙과 매매예약에 따라 소유권이전등기청구권보전을 위한 가등기를 마친 자는 계약해제로부터 보호되는 제3자에 해당한다. [35]

6. ○

7. 매도인 甲과 매수인 乙 사이의 X주택에 관한 계약이 적법하게 해제된 경우, 해제 전에 乙 명의로 소유권이전등기가 된 X주택에 관하여 주택임대차보호법상 대항요건을 갖춘 자는 계약해제로부터 보호되는 제3자에 해당한다. [35]

7. ○

8. 해제대상 매매계약의 매수인으로부터 목적부동산을 증여받은 후 소유권이전 등기를 마치지 않은 수증자는 계약해제의 소급효로부터 보호되는 제3자에 해당한다. [23]

8. × 등기하지 않은 수증자는 완전한 권리를 취득한 것이 아니므로 계약의 해제로부터 보호되는 제3자에 해당하지 않는다.

9. 매매대금채권이 양도된 후 매매계약이 해제된 경우, 그 양수인은 해제로 권리를 침해당하지 않는 제3자에 해당하지 않는다. [26]

9. ○

ㄴ 계약해제 전 계약상의 채권을 양수하여 이를 피보전권리로 하여 처분금지가처분 결정을 받은 자는 계약해제의 소급효로부터 보호되는 제3자에 해당한다. [15, 23, 30]

ㄴ × 계약이 해제되면 계약상의 채권은 그 자체가 소멸하므로 채권을 양수한 자는 계약해제로부터 보호되는 제3자에 해당하지 않는다.

10. 계약해제 전 해제대상인 계약상의 채권 자체를 압류 또는 전부(轉付)한 채권자는 계약해제의 소급효로부터 보호되는 제3자에 해당한다. [23, 30]

10. × 계약이 해제되면 계약상의 채권은 그 자체가 소멸하므로 채권을 압류하거나 전부한 자는 계약해제로부터 보호되는 제3자에 해당하지 않는다.

ㄴ 매도인 甲과 매수인 乙 사이의 X주택에 관한 계약이 적법하게 해제된 경우, 해제 전에 乙의 소유권이전등기청구권을 압류한 자는 계약해제로부터 보호되는 제3자에 해당한다. [35]

ㄴ × 上同

11. 해제로써 대항하지 못하는 제3자에는 해제의 의사표시가 있은 후 등기말소 전에 선의로 목적물에 권리를 취득한 자도 포함된다. [14]

11. ○

ㄴ 해제된 계약으로부터 생긴 법률효과에 기초하여 해제 후 말소등기 전에 양립할 수 없는 새로운 이해관계를 맺은 제3자는 그 선의·악의를 불문하고 해제에 의하여 영향을 받지 않는다. [15+, 24]

ㄴ × 선의·악의를 불문하고 → 선의인 경우에만

└ 甲은 乙에게 부동산을 매도하고 소유권이전등기를 경료하였다. 계약해제를 하였지만 등기명의가 아직 乙에게 남아 있는 상태에서 해제사실을 모르는 제3자 丙이 乙로부터 부동산을 매수하여 등기하였더라도 부동산소유권을 취득할 수 없다. [15]

└ × 해제사실을 모른 선의의 丙은 소유권을 취득한다.

└ 부동산매매계약의 해제 후 해제를 원인으로 하는 소유권이전등기의 말소등기가 있기 전에 해제사실을 모르는 제3자가 저당권을 취득한 경우, 해제는 그 제3자에 대해서 효력이 없다. [19]

└ ○

12. 甲 소유의 X토지와 乙 소유의 Y주택에 대한 교환계약에 따라 각각 소유권이전등기가 마쳐진 후 그 계약이 해제되었다.

12.

1) 계약의 해제 전 乙로부터 X토지를 매수하여 소유권이전등기를 경료한 자는 계약해제의 소급효로부터 보호되는 제3자에 해당한다. [21, 27]

1) ○

2) 계약의 해제 전 乙로부터 X토지를 매수하여 그에 기한 소유권이전청구권보전을 위한 가등기를 마친 자는 계약해제의 소급효로부터 보호되는 제3자에 해당한다. [27]

2) ○

3) 계약의 해제 전 X토지상의 乙의 신축건물을 매수한 자는 계약해제의 소급효로부터 보호되는 제3자에 해당한다. [27]

3) × 신축건물의 매수인은 계약의 목적물인 토지에 관하여 권리를 취득한 것이 아니므로 계약해제로부터 보호되는 제3자에 해당하지 않는다.

4) 계약의 해제 전 甲으로부터 Y주택을 임차하여 주택임대차보호법상의 대항력을 갖춘 임차인은 계약해제의 소급효로부터 보호되는 제3자에 해당한다. [13, 27]

4) ○

└ 주택의 임대권한을 부여받은 매수인으로부터 매매계약이 해제되기 전에 주택을 임차한 후 대항요건을 갖추지 않은 임차인은 계약해제의 소급효로부터 보호되는 제3자에 해당한다. [23]

└ × 대항요건을 갖추지 않은 임차인은 완전한 권리를 취득한 것이 아니므로 계약해제로부터 보호되는 제3자에 해당하지 않는다.

• 손해배상

1. 계약의 해지 또는 해제는 손해배상의 청구에 영향을 미치지 아니한다.
[14, 16, 28, 31]

1. ○

└ 채무불이행을 이유로 계약을 해제하면 같은 사유로 다시 손해배상을 청구할 수 없다. [13]

└ × 계약을 해제하여 원상회복을 받은 경우에도 그것으로 전보되지 않은 손해에 대하여는 다시 그 배상을 청구할 수 있다.

└ 계약을 해제한 자는 원상회복청구와 손해배상청구 중 어느 하나를 선택하여 행사하여야 한다. [13]

└ × 해제와 손해배상청구는 양립할 수 있다.

2. 계약해제로 인한 손해배상청구는 채무불이행으로 인한 손해배상과 다르므로 신뢰이익의 배상을 청구할 수 있을 뿐이다. [14]

2. × 계약해제로 인한 손해배상은 채무불이행으로 인한 손해배상과 다르지 않으므로 이행이익의 배상을 청구하여야 한다.

| 제2장 | 계약 각론 |

1 매매

▶ 그림민법 p.128~133

▷ 서설

1. 매매계약은 낙성·불요식계약이다. [34]

1. ○

2. 매매계약은 쌍무계약이다. [26, 30]

2. ○

3. 매매계약은 유상·요물계약이다. [22, 28, 30]

3. × 요물계약이 아니라 낙성계약이다.

4. 지상권은 매매의 대상이 될 수 없다. [26]

4. × 소유권 이외의 재산권도 매매의 대상이 될 수 있다.

5. 타인의 권리도 매매의 대상이 될 수 있다. [30, 34]

5. ○

└ 타인 소유물을 목적물로 하여 체결된 매매계약은 무효이다. [14, 19, 20]

└ × 매매는 채권행위(의무부담행위)이므로 타인의 물건에 대한 매매계약도 유효하다.

▷ 매매의 성립

• 합의

1. 매매계약 체결 당시 목적물과 대금이 구체적으로 확정되지 않았더라도 그 확정방법과 기준이 정해져 있으면 계약이 성립할 수 있다. [19, 22]

1. ○

2. 매매계약에 관한 비용은 특별한 사정이 없는 한 당사자 쌍방이 균분하여 부담한다. [20, 25, 30]

2. ○

└ 측량비용, 등기비용, 담보권말소비용 등 매매계약에 관한 비용은 특별한 사정이 없으면 당사자 쌍방이 균분하여 분담한다. [24]

└ × 측량비용은 계약비용으로 쌍방이 균분하여 부담하지만 등기비용이나 담보권말소비용은 변제비용으로 채무자(매도인)가 부담하거나 관행에 따른다.

└ 매매계약에 관한 비용은 특약이 없는 한 매수인이 전부 부담한다. [34]

└ × 쌍방이 균분하여 부담한다.

└ 매매비용을 매수인이 전부 부담한다는 약정은 특별한 사정이 없는 한 유효하다. [26]

└ ○

• 매매의 예약

1. 매매의 일방예약은 언제나 채권계약이다. [16, 21, 26]

1. ○

└ 매매의 일방예약은 물권계약이다. [28]

└ × 채권계약이다.

2. 매매의 일방예약의 경우 완결권자가 예약상의 의무자에 대하여 예약완결의 의사표시를 하면 본계약은 성립한다. [15+]

2. ○

└ 매매의 일방예약은 상대방(=완결권자를 의미)이 매매를 완결할 의사를 표시하는 때에 매매의 효력이 생긴다. [24, 28]

└ ○

└ 완결권자가 예약완결권을 행사하더라도 상대방의 승낙이 있어야 비로소 매매계약은 그 효력이 발생한다. [33]

└ × 예약완결권은 형성권이므로 예약완결의 일방적 의사표시로 매매계약의 효력이 발생한다.

3. 매매의 일방예약이 성립하려면 본계약인 매매계약의 요소가 되는 내용이 확정되어 있거나 확정할 수 있어야 한다. [34]

3. ○

4. 예약완결권을 행사하면 매매는 예약체결 시로 소급하여 그 효력이 발생한다. [33]

4. × 완결권을 행사한 때 매매의효력이 발생한다(소급효 없음).

5. 매매의 일방예약에서 예약의무자는 상당한 기간을 정하여 매매완결 여부의 확답을 최고할 수 있으며, 완결권자로부터 그 기간 내에 확답이 없으면 예약은 그 효력을 상실한다. [15+]

5. ○

6. 본계약 성립 전에 일방이 예약내용을 변경하는 것은 특별한 사정이 없는 한 허용되지 않는다. [21]

6. ○

7. 매매예약이 성립한 이후 상대방의 예약완결권 행사 전에 목적물이 전부 멸실되어 이행불능이 된 경우에도 예약완결권을 행사할 수 있다. [28]

7. × 이 경우 예약완결권을 행사할 수 없고, 완결의 의사표시를 하여도 매매의 효력이 생기지 않는다.

8. 예약완결권은 재산권이므로 특별한 사정이 없는 한 타인에게 양도할 수 있다. [33]

8. ○

9. 부동산소유권이전을 내용으로 하는 본계약의 예약완결권은 가등기할 수 있다. [21]

9. ○

10. 예약완결권이 가등기된 후 목적부동산이 제3자에게 양도된 경우, 완결권을 행사한 자가 소유권을 취득하기 위해서는 양수인에게 이전등기를 청구하여야 한다. [15+]

10. × 양도인(=원래 예약의무자)에게 청구하여야 한다.

11. 예약완결권은 당사자 사이에 행사기간을 약정한 때에는 그 기간 내에 행사해야 한다. [34]

11. ○

12. 예약완결권 행사의 의사표시를 담은 소장 부본의 송달로써 예약완결권을 재판상 행사하는 경우, 그 행사가 유효하기 위해서는 그 소장 부본이 제척기간 내에 상대방에게 송달되어야 한다. [34]

12. ○

13. 甲은 X부동산에 관하여 乙과 매매의 일방예약을 체결하면서 예약완결권은 乙이 가지고 20년 내에 행사하기로 약정하였다. 乙의 예약완결권은 형성권에 속하므로 甲과의 약정에도 불구하고 그 행사기간은 10년으로 단축된다. [33]

13. × 당사자가 약정하는 예약완결권의 행사기간에는 특별한 제한이 없으므로, 그 행사기간은 10년으로 단축되지 않는다.

14. 당사자 사이에 약정이 없는 경우, 예약완결권은 예약이 성립한 때로부터 10년 내에 행사되어야 한다. [15+, 26, 28]

14. ○

└, 매매예약완결권은 행사기간을 약정하지 않은 경우, 예약이 성립한 때로부터 10년의 제척기간에 걸린다. [20]

└, ○

15. 매매예약완결권의 제척기간이 도과하였는지의 여부는 법원의 직권조사사항이다. [21]

15. ○

└, 예약완결권을 행사기간 내에 행사하였는지에 관해 당사자의 주장이 없다면 법원은 이를 고려할 수 없다. [28, 33]

└, × 당사자의 주장이 없더라도 법원이 직권조사하여 재판에 고려해야 한다.

16. 상대방이 예약목적물인 부동산을 인도받았다면 예약완결권은 제척기간의 경과로 소멸하지 아니한다. [21]

16. × 상대방이 예약목적물인 부동산을 인도받은 경우에도 예약완결권은 제척기간의 경과로 소멸한다.

└, 예약완결권의 행사기간 도과 전에 예약완결권자가 예약목적물인 부동산을 인도받은 경우, 그 기간이 도과되더라도 예약완결권은 소멸되지 않는다. [34]

└, × 上同

• 계약금

1. 계약금계약은 매매 기타의 주된 계약에 부수하여 행해지는 종된 계약이다. [20, 23, 24, 27, 28]

1. ○

└, 매매계약이 무효이거나 취소되더라도 계약금계약의 효력은 소멸하지 않는다. [29]

└, × 매매계약(주된 계약)이 실효되면 계약금계약(종된 계약)도 실효된다.

└, 매매계약 성립 후에 교부된 계약금도 계약금으로서의 효력이 있다. [19, 23]

└, ○

2. 계약금계약은 요물계약이다. [20, 23, 24, 25]

2. ○

└, 계약금의 전부를 지급하지 않으면 계약금계약은 성립하지 않는다. [29]

└, ○

└, 매수인이 약정한 계약금을 지급하지 않은 경우, 그 약정이 없었더라면 매매계약을 체결하지 않았을 것이라는 사정이 없는 한 매도인은 매매계약을 임의로 해제할 수 없다. [19]

└, ○

└, 매매계약 시 계약금의 일부만을 먼저 지급하고 잔액은 나중에 지급하기로 한 경우, 매도인은 실제 받은 일부금액의 배액을 상환하고 매매계약을 해제할 수 있다. [28, 31]

└, × 계약금의 일부만 지급된 경우 계약금계약은 성립하지 않으므로 당사자는 계약금에 의한 해제를 할 수 없다.

3. 매수인이 약정한 계약금을 지급하지 않으면 매도인은 계약금약정을 해제할 수 있다. [25]

3. ○

4. 계약금은 언제나 증약금으로서의 성질이 있다. [19, 29]

4. ○

5. 계약금은 별도의 약정이 없는 한 해약금으로 추정된다. [24, 25, 26, 30, 31]

5. ○

6. 甲은 자기 소유의 토지를 乙에게 매도하면서 계약금을 수령하였다.

6.

1) 甲과 乙이 이행행위에 착수하기 전에 乙은 계약금을 포기하고 계약을 해제할 수 있다. [23]

1) ○

2) 甲은 乙이 중도금을 지급하기 전에 수령한 계약금의 배액을 상환하고 계약을 해제할 수 있다. [15+]

2) ○

↳ 계약금에 의한 해제의 경우 甲이 해약하려면 해제의 의사표시만으로는 부족하고, 계약금의 배액을 제공하여야 한다. [18]

↳ ○

↳ 甲이 계약해제의 의사표시와 함께 계약금의 배액을 제공하였으나 乙이 이를 수령하지 않는 경우에는 공탁을 하여야 유효한 해제권 행사가 된다. [15+, 20, 30]

↳ × 공탁까지는 요하지 않고, 계약금배액의 변제제공으로 계약은 적법하게 해제된다.

3) 乙이 단순히 이행의 준비만 하고 있는 경우에는 甲은 계약금의 배액을 상환하고 계약을 해제할 수 있다. [15, 18]

3) ○

7. 매수인이 중도금을 지급한 경우, 특별한 사정이 없는 한 매도인은 계약금의 배액을 상환하여 계약을 해제할 수 없다. [18, 25, 29]

7. ○

8. 甲은 2023. 9. 30. 乙에게 자신 소유의 X부동산을 3억 원에 매도하되, 계약금 2천만 원은 계약 당일, 중도금 2억 원은 2023. 10. 30., 잔금 8천만 원은 2023. 11. 30.에 지급받기로 하는 매매계약을 체결하고, 乙로부터 계약 당일 계약금 전액을 지급받았다. 乙이 계약 당시 중도금 중 1억 원의 지급에 갈음하여 자신의 丙에 대한 대여금채권을 甲에게 양도하기로 약정하고 그 자리에 丙도 참석하였다면, 甲은 2023. 10. 27. 계약금의 배액을 상환하더라도 계약을 해제할 수 없다. [34]

8. ○

9. 乙이 잔금을 준비하여 등기절차를 밟기 위해 甲에게 등기소에 동행할 것을 촉구하는 것만으로는 이행의 착수라고 볼 수 없다. [23]

9. × 이행에 필요한 전제행위를 행하였으므로 이행의 착수로 볼 수 있다.

10. 계약금만 수령한 매도인이 매수인에게 계약의 이행을 최고하고 잔금지급을 구하는 소송을 제기한 후에도 매수인은 계약금을 포기하고 계약을 해제할 수 있다. [22, 26]

10. ○

11. 토지거래허가구역 내에서 아직 허가신청을 하지 않은 상태라면, 특별한 사정이 없는 한 甲이 계약금의 배액을 상환하더라도 계약을 해제하지 못한다. [18]

11. × 유동적 무효의 상태에 있는 매매계약도 해약금에 의한 해제를 할 수 있다.

ㄴ 위에서 계약금만 지급한 상태에서 토지거래허가를 받은 경우, 다른 약정이 없는 한 甲은 계약금의 배액을 상환하고 계약을 해제할 수 없다. [26, 31]

ㄴ × 허가를 받은 것만으로는 이행의 착수가 있다고 볼 수 없으므로 해약금에 의한 해제를 할 수 있다.

12. 매도인이 계약의 이행에 전혀 착수하지 않았다면 매수인은 중도금을 지급한 후에도 계약금을 포기하고 계약을 해제할 수 있다. [15, 19, 22, 27]

12. × 일방이라도 이행에 착수하면 해약금에 의한 해제는 할 수 없다.

13. 매수인이 중도금 지급기일 전에 중도금을 지급한 경우, 매도인은 특별한 사정이 없는 한 계약금의 배액을 상환하여 계약을 해제할 수 없다. [30, 31]

13. ○

ㄴ 甲은 2023. 9. 30. 乙에게 자신 소유의 X부동산을 3억 원에 매도하되, 계약금 2천만 원은 계약 당일, 중도금 2억 원은 2023. 10. 30., 잔금 8천만 원은 2023. 11. 30.에 지급받기로 하는 매매계약을 체결하고, 乙로부터 계약 당일 계약금 전액을 지급받았다. 乙이 2023. 10. 25. 중도금 2억 원을 甲에게 지급한 경우, 乙은 2023. 10. 27. 계약금을 포기하더라도 계약을 해제할 수 없다. [34]

ㄴ ○

ㄴ 위에서 甲은 2023. 10. 27. 계약금의 배액을 상환하더라도 계약을 해제할 수 없다. [34]

ㄴ ○

14. 계약금을 포기하고 행사할 수 있는 해제권은 당사자의 합의로 배제할 수 있다. [20, 28]

14. ○

ㄴ 계약금의 포기나 배액상환에 의한 해제권 행사를 배제하는 당사자의 약정은 무효이다. [22]

ㄴ × 제565조(해약금)는 임의규정이므로 당사자의 특약으로 위 조항의 해제권을 배제할 수 있다.

ㄴ 해약금에 기한 해제권을 배제하기로 하는 약정을 하였다면 더 이상 그 해제권을 행사할 수 없다. [27]

ㄴ ○

15. 해약금에 기해 계약을 해제하는 경우에는 원상회복의 문제가 생기지 않는다. [20, 26]

15. ○

16. 계약금 포기에 의한 계약해제의 경우, 상대방은 채무불이행을 이유로 손해배상을 청구할 수 없다. [20, 23, 27, 28]

16. ○

ㄴ 매도인이 계약금의 배액을 상환하고 계약을 해제한 경우, 매수인은 계약금 이상의 손해가 발생하였음을 입증하여도 추가로 손해배상을 청구할 수 없다. [15+, 22]

ㄴ ○

17. 매매계약에서 계약금의 수수는 채무불이행을 이유로 하는 해제 및 그에 따른 손해배상을 배제하는 것은 아니다. [15, 29]

17. ○

∟ 계약금에 의해 해제권이 유보된 경우, 채무불이행을 이유로 계약을 해제할 수 없다. [22]

∟ × 약정해제권의 유보는 채무불이행으로 인한 법정해제권의 성립에 영향을 미치지 않는다.

∟ 2014. 5. 1. 甲이 그의 건물을 乙에게 매도하면서 같은 해 5. 10. 계약금을, 그로부터 2개월 후에 중도금 및 잔금을 지급받기로 하였다. 乙이 2014. 7. 10. 중도금과 잔금을 지급하였으나 甲이 소유권이전등기를 해 주지 않으면 乙은 매매계약을 해제할 수 있다. [25]

∟ ○

18. 계약금을 위약금으로 하는 특약도 가능하다. [27, 28]

18. ○

19. 계약금을 위약금으로 약정한 경우, 손해배상액의 예정으로 추정한다. [31]

19. ○

20. "대금불입 불이행 시 계약은 자동무효가 되고 이에 불입된 금액은 일체 반환하지 않는다."고 되어 있는 매매계약에 기하여 계약금이 지급된 경우, 그 계약금은 해약금과 손해배상예정액으로서의 성질을 겸한다. [15]

20. ○

21. 매매계약금을 위약금으로 하는 특약이 없는 한 채무불이행을 이유로 계약이 해제되더라도 실제 손해만을 배상받을 수 있다. [19]

21. ○

∟ 乙은 甲 소유 토지를 매수하면서 위약금에 대한 약정 없이 계약금을 지급하였다. 乙의 중도금지급이 지체되어 甲이 계약을 해제한 경우, 계약금 3천만 원은 손해배상금으로 간주되어 당연히 甲에게 귀속된다. [15+, 18]

∟ × 계약금을 위약금으로 하는 특약이 없는 이상 일방의 위약 시 계약금이 위약금으로서 상대방에게 당연히 귀속되는 것은 아니다.

22. 甲은 그의 X가옥을 乙에게 매도하고 계약금 1천만 원을 받으면서, 甲의 귀책사유로 매매계약이 해제되면 甲이 乙에게 1천만 원의 위약금을 지급해야 한다는 약정도 함께 하였다. 乙의 귀책사유로 인해 매매계약이 해제되더라도 乙의 위약금지급의무는 인정되지 않는다. [23]

22. ○

▷ **매매의 일반적 효력**

1. 부동산의 매매계약이 체결된 경우 매도인의 소유권이전등기의무와 매수인의 잔대금지급의무는 동시이행관계에 있다. [32]

1. ○

∟ 매매목적물이 인도되지 않고 대금도 완제되지 않은 경우, 특별한 사정이 없는 한 매수인은 인도의무의 지체로 인한 손해배상을 청구할 수 없다. [30]

∟ ○

∟ 매매목적물이 인도되지 않았다면 특별한 사정이 없는 한 매수인이 잔대금지급을 지체하여도 매도인은 잔대금의 이자 상당액의 손해배상청구를 할 수 없다. [30]

∟ ○

2. 매매의 목적이 된 권리가 타인에게 속한 경우에는 매도인은 그 권리를 취득하여 매수인에게 이전하여야 한다. [25]

2. ○

3. 매매계약이 성립함과 동시에 목적물로부터 생긴 과실은 매수인에게 속하므로, 매도인이 목적물을 인도할 때 이를 함께 이전해야 한다. [13, 14]

3. × 매매계약이 있은 후에도 인도하지 않은 목적물로부터 생긴 과실은 매도인에게 속하므로, 매도인이 목적물을 인도할 때 과실을 함께 이전할 의무는 없다.

∟ 매매목적물이 인도되지 않고 대금도 완제되지 않은 경우, 목적물로부터 생긴 과실은 매도인에게 속한다. [26]

∟ ○

4. 매매목적물이 인도되지 않았더라도 매수인이 대금을 완제한 경우, 그 이후의 목적물의 과실은 특약이 없는 한 매수인에게 귀속된다. [19, 20, 30, 34]

4. ○

5. 당사자 일방에 대한 의무이행의 기한이 있는 때에는 상대방의 의무이행에 대하여도 동일한 기한이 있는 것으로 추정한다. [14, 25]

5. ○

6. 매매목적물의 인도와 동시에 대금을 지급할 때에는 특별한 사정이 없으면 그 인도장소에서 대금을 지급하여야 한다. [14, 24, 25, 26]

6. ○

7. 대금지급의 기한이 없는 때에는 매수인은 목적물의 인도를 받은 날로부터 대금의 이자를 지급하여야 한다. [14]

7. ○

∟ 매수인이 대금지급을 거절할 정당한 사유가 있는 경우, 매수인은 목적물을 미리 인도받더라도 대금 이자의 지급의무가 없다. [34]

∟ ○

8. 매매목적물에 대하여 권리를 주장하는 자가 있는 경우에 매수인은 매수한 권리를 잃을 위험이 있는 한도에서 대금의 지급을 거절할 수 있다. [13, 14]

8. ○

▷ **매도인의 담보책임**

• **담보책임 일반**

1. 매도인의 담보책임은 무과실책임이다. [30]

1. ○

2. 매도인의 담보책임은 무과실책임이지만 하자의 발생 및 그 확대에 가공한 매수인의 잘못이 있다면 이를 참작하여 손해배상의 범위를 정함이 상당하다. [16, 28]

2. ○

3. 하자담보책임으로 발생하는 매수인의 계약해제권 행사기간은 제척기간이다. [28]

3. ○

4. 하자담보책임에 기한 매수인의 손해배상청구권도 소멸시효의 대상이 될 수 있다. [28]

4. ○

5. 담보책임의 면책특약이 있는 경우, 매도인은 알면서 고지하지 않은 하자에 대해서도 그 책임을 면한다. [25, 28]

6. 매도인의 하자담보책임이 성립하더라도 착오를 이유로 한 매수인의 취소권은 배제되지 않는다. [31]

7. 매도인의 기망에 의하여 하자 있는 물건을 매수한 매수인은 매도인의 담보책임만 물을 수 있고 사기를 이유로 한 취소권을 행사할 수 없다. [15]

└ 매매의 목적물에 흠이 있음에도 이를 속이고 매도한 경우, 사기에 의한 의사표시와 매도인의 하자담보책임이 경합한다. [15+]

• 권리의 하자에 대한 담보책임

1. 甲이 1만㎡ 토지를 乙에게 매도하는 계약을 체결하였다. 토지 전부가 丙의 소유이고 甲이 이를 乙에게 이전할 수 없는 경우, 악의인 乙은 계약을 해제할 수 없다. [15, 16, 19, 22, 26, 33]

└ 위에서 악의의 乙은 손해배상을 청구할 수 없다. [17]

2. 타인의 권리 매매에서 권리이전을 할 수 없게 된 매도인은 선의의 매수인에 대하여 불능 당시의 시가를 표준으로 하여 계약이 이행된 것과 동일한 경제적 이익을 배상할 의무까지는 없다. [16]

└ 매매의 목적인 권리의 전부가 타인에게 속한 경우, 매도인이 손해배상책임을 진다면 그 배상액은 이행이익 상당액이다. [17]

└ 매매의 목적인 권리의 전부가 타인에게 속하여 권리의 전부를 이전할 수 없게 된 경우, 매도인은 선의의 매수인에게 신뢰이익을 배상하여야 한다. [26]

3. 甲은 乙에게 부동산을 매도하였다. 부동산이 丙 소유인데도 계약 당시 甲이 이를 알지 못한 경우, 乙에게 소유권을 이전할 수 없는 甲은 그 손해를 배상하고 계약을 해제할 수 있다. [15]

└ 타인의 권리 매매라는 사실을 알지 못한 매도인은 매수인의 선의·악의를 묻지 않고 손해배상 없이 계약을 해제할 수 있다. [20]

4. 乙이 甲으로부터 토지 100평을 매수하였는데 그중 10평이 丙의 소유로 밝혀져 소유권이전이 불가능하게 되었고 乙이 그 사실을 알지 못한 경우, 乙에게 대금 감액청구권과 손해배상청구권이 동시에 인정된다. [15+, 18, 20]

---

5. × 매도인이 알고 고지하지 않은 사실에 대하여는 책임을 면하지 못한다(제584조).

6. ○

7. × 사기를 이유로 계약을 취소할 수도 있고, 매도인의 담보책임을 물어 계약을 해제할 수도 있다.

└ ○

1. × 악의의 매수인도 계약을 해제할 수 있다.

└ ○

2. × 이행이익을 배상하여야 한다.

└ ○

└ × 이행이익을 배상하여야 한다.

3. ○

└ × 매수인이 선의인 경우에는 손해를 배상하고 계약을 해제할 수 있고, 매수인이 악의인 경우에는 손해배상 없이 계약을 해제할 수 있다(제571조).

4. ○

└ 甲이 1만m^2 토지를 乙에게 매도하는 계약을 체결하였다. 토지의 2천m^{2}가 丙의 소유이고 甲이 이를 乙에게 이전할 수 없는 경우, 악의인 乙은 대금감액을 청구할 수 없다. [22, 33]

└ × 악의의 매수인도 대금감액을 청구할 수 있다.

5. 매매의 목적인 권리의 일부가 타인에게 속한 경우, 선의의 매수인은 계약한 날로부터 1년 내에 권리를 행사해야 한다. [17, 26]

5. × 계약한 날로부터 → 그 사실을 안 날로부터

└ 매매의 목적인 권리의 일부가 타인에게 속한 경우, 악의 매수인은 그 사실을 안 날로부터 1년 내에 해제권을 행사할 수 있다. [24]

└ × 악의의 매수인은 해제권을 행사할 수 없다.

6. '수량을 지정한 매매'란 당사자가 매매목적물인 특정물이 일정 수량을 가지고 있다는 것에 주안을 두고 대금도 그 수량을 기준으로 정한 경우를 말한다. [17, 32]

6. ○

└ 甲은 乙건설회사로부터 50평의 아파트를 1평에 500만 원씩 계산하여 2억 5천만 원에 분양받았다. 甲과 乙의 분양계약은 수량지정매매로 볼 수 있다. [15]

└ ○

7. 甲과 乙은 면적을 가격결정에 제일 중요한 요소로 정하여 甲의 토지 100평을 乙에게 매매하였으나, 매수 후 乙이 측량한 결과 90평으로 밝혀졌다.

7.

1) 乙이 선의인 경우에 한하여 대금감액과 손해배상을 청구할 수 있다. [14, 15, 16, 28, 32]

1) ○

2) 잔존한 부분만이면 乙이 이를 매수하지 않았을 경우, 선의의 乙은 계약 전부를 해제할 수 있다. [28, 32]

2) ○

└ 乙이 악의인 경우 계약의 목적을 달성할 수 없을 때에 계약해제를 주장할 수 있다. [14]

└ × 악의의 매수인은 계약을 해제할 수 없다.

3) 乙이 선의인 경우에는 토지의 부족분을 안 날로부터 1년 내에 甲에게 담보책임을 물어야 한다. [14, 15, 16, 28]

3) ○

4) 乙은 미달부분의 원시적 불능을 이유로 甲에게 계약체결상의 과실책임의 이행을 구할 수 없다. [15, 16, 19, 23, 28]

4) ○

5) 乙은 일부무효를 이유로 한 부당이득반환청구권을 행사할 수 없다. [16]

5) ○

8. 매매계약 당시 이미 목적물의 일부가 멸실된 경우, 선의의 매수인은 대금감액을 청구할 수 있다. [18, 24]

8. ○

└ 甲이 1만m^2 토지를 乙에게 매도하는 계약을 체결하였다. 토지의 2천m^{2}가 계약 당시 이미 포락(浦落)으로 멸실된 경우, 악의인 乙은 대금감액을 청구할 수 있다. [22]

└ × 선의의 매수인만 대금감액을 청구할 수 있다.

9. 수량지정 매매의 목적물의 일부가 멸실된 경우, 선의의 매수인은 일부멸실 사실을 안 날부터 1년 내에 담보책임에 따른 권리를 행사해야 한다. [32]

9. ○

10. 매매목적물이 전세권의 목적이 된 경우, 선의의 매수인은 계약의 목적을 달성할 수 없는 경우에 한하여 계약을 해제할 수 있다. [18]

10. ○

└ 주택에 대항력 있는 임차권이 존재함을 알지 못하고 이를 매수한 자는 이로 인하여 계약목적을 달성할 수 없는 경우에 한하여 매매계약을 해제할 수 있다. [17, 24]

└ ○

└ 매매목적 부동산에 전세권이 설정된 경우, 계약의 목적 달성 여부와 관계없이 선의의 매수인은 계약을 해제할 수 있다. [26]

└ × 계약의 목적을 달성할 수 없는 경우에 한하여 계약을 해제할 수 있다.

└ 甲이 乙에게 토지를 매도하는 계약을 체결하였다. 토지 위에 설정된 지상권으로 인하여 계약의 목적을 달성할 수 없는 경우, 악의인 乙도 계약을 해제할 수 있다. [22, 33]

└ × 악의의 매수인은 계약을 해제할 수 없다.

11. 甲은 乙에게 부동산을 매도하고 소유권이전등기를 경료하여 주었다. 부동산을 위해 지역권이 존재하여야 하는데 그 지역권이 없는 경우, 이 사실을 계약 당시 乙이 안 때에는 乙은 담보책임에 기해 계약을 해제할 수 없다. [15]

11. ○

12. 甲은 피담보채권 1억 원인 丙의 저당권이 설정되어 있는 자신의 토지를 乙에게 매매하였다.

12.

1) 토지 위에 제3자의 저당권이 설정되어 있어도 그것만으로는 甲은 乙에게 담보책임을 지지 않는다. [14]

1) ○

2) 丙의 저당권의 실행으로 乙이 토지의 소유권을 취득할 수 없게 된 경우, 악의인 乙은 계약의 해제뿐만 아니라 손해배상도 청구할 수 있다. [20, 22, 26, 33]

2) ○

3) 乙이 저당권의 피담보채무의 이행을 인수하면서 1억 원을 대금에서 공제하였다면, 저당권의 실행으로 乙이 소유권을 상실하더라도 乙은 甲에게 담보책임을 추궁할 수 없다. [15]

3) ○

13. 저당권이 설정된 목적물의 매수인이 출재(出財)하여 그 소유권을 보존한 경우, 매수인은 매도인에 대하여 그 상환을 청구할 수 있다. [18, 24]

13. ○

14. 甲은 乙에게 부동산을 매도하고 소유권이전등기를 경료하여 주었다. 계약 당시 丙 명의로 소유권이전청구권보전의 가등기가 경료되어 있었는데, 그 후 본등기의 경료로 乙이 소유권을 상실하였다면 乙은 계약을 해제하고 손해를 배상받을 수 있다. [15, 29]

14. ○

• 물건의 하자에 대한 담보책임

1. 매도인이 기계를 공급하면서 카탈로그나 검사성적서를 제출하였더라도 그 기재된 정도의 품질과 성능을 보증한 것으로 볼 수 없다. [16]

   1. × 품질과 성능을 보증한 것으로 볼 수 있다.

2. 건축의 목적으로 매수한 토지에 대한 법령상의 제한으로 건축허가를 받을 수 없어 건축이 불가능한 경우, 이는 매매목적물의 하자에 해당한다. [23, 28]

   2. ○

3. 건축의 목적으로 매매된 토지가 관련법령상 건축허가를 받을 수 없는 경우, 그 하자의 유무는 계약성립 시를 기준으로 판단한다. [17]

   3. ○

   ∟ 매매목적물에 하자가 존재하는지의 여부는 목적물의 인도 시를 기준으로 판단하여야 한다. [23]

   ∟ × 계약성립 시를 기준으로 판단한다.

   ∟ 매매목적물의 하자가 존재하는지의 여부는 위험이전 시를 기준으로 판단해야 한다. [16]

   ∟ × 上同

4. 매수인이 계약 당시에 목적물에 하자가 있음을 안 경우, 매도인은 하자담보책임을 지지 않는다. [13, 19, 23]

   4. ○

   ∟ 甲은 자기 소유의 건물을 乙에게 매도하고 소유권을 이전하였다. 乙이 건물의 하자에 관하여 계약체결 당시에 선의·무과실이더라도 甲에 대하여 하자담보책임을 물을 수 없다. [18]

   ∟ × 선의·무과실이라면 하자담보책임을 물을 수 있다.

5. 甲은 乙로부터 X토지를 매수하여 상가용 건물을 신축할 계획이었으나, 법령상의 제한으로 그 건물을 신축할 수 없게 되었고, 또한 토지의 오염으로 통상적인 사용도 기대할 수 없었다.

   5.

   1) 甲이 토지의 오염으로 인하여 계약의 목적을 달성할 수 없더라도 계약을 해제할 수 없다. [23]

   1) × 계약의 목적을 달성할 수 없다면 계약을 해제할 수 있다.

   2) 甲은 토지의 오염사실을 안 날로부터 1년 내에는 언제든지 乙에 대하여 담보책임에 기한 손해배상을 청구할 수 있다. [23]

   2) × 1년 → 6개월

6. 종류로 지정된 매매목적물이 특정된 후에 하자가 발견된 경우, 선의·무과실의 매수인은 하자 없는 물건을 청구할 수 있다. [18]

   6. ○

7. 불특정물의 하자로 인해 매도인의 담보책임이 성립한 경우, 매수인의 권리로 계약해제권, 손해배상청구권, 대금감액청구권, 완전물급부청구권이 인정된다. [31]

   7. × 물건의 하자의 경우에는 권리의 하자의 경우와 다르게 대금감액청구권이 인정되지 않는다.

• 경매에서의 담보책임

1. 甲은 乙로부터 금전을 차용하면서 자기 소유의 X가옥에 저당권을 설정해 주었으나, 채무를 이행하지 못하여 저당권실행으로 X가옥이 丙에게 매각되었다.

1) X가옥의 부분파손에 대하여 甲은 원칙적으로 담보책임을 지지 않는다. [15+]

┗ 경매에 있어서 매수인은 물건의 하자에 대하여는 원칙적으로 담보책임을 묻지 못한다. [16, 23, 29, 34]

2) X가옥에 선순위 저당권이 설정되어 있었던 경우에 담보책임이 문제된다. [15+]

3) X가옥에 권리의 하자가 있는 경우, 1차적으로 담보책임을 지는 자는 乙이다. [15+]

┗ 丙은 甲의 자력 유무를 고려함이 없이 곧바로 배당채권자인 乙에게 대금의 전부 또는 일부의 상환을 청구할 수 있다. [23]

4) 채무자 甲이 권리의 하자를 알고 고지하지 않았다면 丙은 甲에게 손해배상을 청구할 수 있다. [23]

┗ X가옥의 권리흠결을 알고 있는 乙이 경매신청을 한 때에도 丙은 乙에 대하여 손해배상을 청구할 수 없다. [15+]

5) 경매절차 자체가 무효인 경우에도 甲 또는 乙의 담보책임이 성립한다. [15+, 23]

┗ 경매절차가 무효인 경우, 丙은 배당채권자인 乙에게 부당이득반환을 청구할 수 있다. [29]

┗ 경매절차가 무효인 경우, 丙은 甲에게 손해배상을 청구할 수 있다. [29]

6) 만약 甲이 물상보증인인 경우, 담보책임으로 인해 매매계약이 해제되면 그 대금반환채무는 甲이 부담한다. [23]

1.

1) ○

┗ ○

2) × 저당권은 모두 매각으로 소멸하므로, 선순위 저당권이 설정되어 있었더라도 담보책임의 문제는 생기지 않는다.

3) × 1차적으로 채무자(甲), 2차적으로 배당채권자(乙)가 담보책임을 진다.

┗ × 채무자(甲)가 자력이 없는 경우에 배당채권자(乙)에게 담보책임을 물을 수 있다.

4) ○

┗ × 하자를 안 채권자(乙)에 대하여는 손해배상을 청구할 수 있다.

5) × 경매절차가 무효인 경우에는 부당이득반환의 법리가 적용될 뿐 담보책임은 인정될 여지가 없다.

┗ ○

┗ × 경매절차가 무효인 경우에는 담보책임이 인정될 여지가 없다.

6) ○

2. 乙 명의로 소유권이전등기청구권보전의 가등기가 마쳐진 甲 소유의 X건물에 대하여 丙이 경매를 신청하였다. 그 경매절차에서 매각대금을 완납한 丁 명의로 X건물의 소유권이전등기가 마쳐졌고, 매각대금이 丙에게 배당되었다.

2.

1) 丁이 소유권을 취득한 후 乙이 가등기에 기한 본등기를 마친 경우, 丁은 X건물에 관한 계약을 해제할 수 있다. [29]

1) ○

2) 丁이 소유권을 취득한 후 乙이 가등기에 기한 본등기를 마친 경우, 丁은 甲이 자력이 없는 때에는 丙에게 배당금의 반환을 청구할 수 있다. [29]

2) ○

▷ 환매

1. 매매계약의 무효는 환매특약의 효력에 영향을 미치지 않는다. [20]

1. × 환매특약은 매매계약에 종된 계약으로, 매매계약이 효력을 상실하면 환매특약도 효력을 잃는다.

∟ 매매계약이 무효이면 환매특약도 무효이다. [34]

∟ ○

∟ 매매계약이 취소되어 효력을 상실하면 그에 부수하는 환매특약도 효력을 상실한다. [33]

∟ ○

2. 환매권은 일신전속적 권리이므로 양도할 수 없다. [20, 34]

2. × 환매권은 일신전속권이 아니므로 양도성을 가진다.

3. 甲이 자기 토지를 乙에게 매도함과 동시에 환매특약을 하였다. 甲의 상속인은 환매권을 행사할 수 없다. [22]

3. × 환매권은 일신전속권이 아니므로 상속성을 가진다.

4. 환매특약은 매매계약과 동시에 하여야 한다. [17, 19, 27, 30, 33, 34]

4. ○

5. 환매대금은 특약이 없는 한 매도인이 수령한 매매대금과 매수인이 부담한 매매비용을 합한 것이다. [17, 27, 32]

5. ○

6. 환매 시 목적물의 과실과 대금의 이자는 특별한 약정이 없으면 이를 상계한 것으로 본다. [33]

6. ○

∟ 환매권이 행사되면 목적물의 과실과 대금의 이자는 상계한 것으로 보며, 당사자는 이와 달리 정할 수 없다. [22]

∟ × 특약이 있으면 달리 정할 수 있다.

7. 부동산의 환매기간은 5년을 넘지 못한다. [17]

7. ○

∟ 부동산에 대한 환매기간을 7년으로 정한 때에는 5년으로 단축된다. [27]

∟ ○

8. 부동산의 환매기간에 관한 별도의 약정이 없으면 그 기간은 5년이다. [22, 30, 32, 33]

8. ○

9. 환매기간은 특약으로 연장될 수 있다. [17, 19, 30]

9. × 한 번 정한 환매기간은 연장하지 못한다.

└, 환매기간을 정한 경우에는 그 기간을 다시 연장하지 못한다. [34]

└, ○

10. 환매기간 내에 매도인이 매수인에게 환매대금을 제공하지 않으면 환매권은 소멸한다. [17]

10. ○

11. 부동산에 대한 매매등기와 동시에 환매권 보류를 등기하지 않더라도 제3자에게 대항할 수 있다. [19, 27]

11. × 환매특약등기를 하지 않으면 제3자에게 대항할 수 없다.

12. 환매등기는 매수인 명의의 소유권이전등기에 대한 부기등기의 형식으로 한다. [32, 34]

12. ○

13. 甲이 자기 토지를 乙에게 매도함과 동시에 환매특약을 하였다. 등기된 환매권은 처분금지의 효력이 없으므로, 乙은 환매특약의 등기사실을 들어 자신으로부터 토지를 매수한 자의 소유권이전등기청구를 거절할 수 없다. [22, 30, 32]

13. ○

14. 환매기간을 정한 경우, 환매권의 행사로 발생한 소유권이전등기청구권은 특별한 사정이 없는 한 그 환매기간 내에 행사하지 않으면 소멸한다. [33]

14. × 환매권의 제척기간 제한과는 별도로 10년의 소멸시효기간이 진행된다.

15. 甲은 자기 소유 X토지를 3억 원에 乙에게 매도하면서 동시에 환매할 권리를 보유하기로 약정하고 乙이 X토지에 대한 소유권이전등기를 마쳤다. 만일 甲의 환매등기 후 丁이 X토지에 乙에 대한 채권을 담보하기 위하여 저당권을 설정하였다면, 甲이 적법하게 환매권을 행사하여 X토지의 소유권이전등기를 마친 경우 丁의 저당권은 소멸한다. [32]

15. ○

16. 환매등기가 경료된 나대지에 건물이 신축된 후 환매권이 행사된 경우, 특별한 사정이 없는 한, 그 건물을 위한 관습상의 법정지상권은 발생하지 않는다. [27]

16. ○

2 교환

▶ 그림민법 p.134

1. 교환계약은 낙성·불요식·쌍무·유상계약이다. [16, 18, 26, 27, 28, 32]

1. ○

2. 부동산소유권의 이전대가로 주식을 양도받은 약정은 교환계약이다. [19]

2. ○

3. 재산권이 아닌 노무의 제공이나 일의 완성 등은 교환계약의 목적이 될 수 없다. [15]

3. ○

4. 甲은 X건물을 乙 소유의 Y임야와 교환하기로 乙과 약정하였다. X건물과 Y임야의 가격이 달라 乙이 일정한 금액을 보충하여 지급할 것을 약정한 때에는 매매계약이 성립한다. [24]

4. × 보충금약정이 있다 하여 매매계약이 성립하는 것은 아니다.

5. 일방이 금전의 보충지급을 약정한 경우 그 금전에 대하여는 매매대금에 관한 규정을 준용한다. [18, 32]

5. ○

6. 교환계약의 목적물인 당사자 일방의 건물이 쌍방에게 책임 없는 사유로 소실된 경우, 그 당사자는 상대방에 대하여 반대급부를 청구할 수 있다. [15, 28]

6. × 청구할 수 없다(채무자 위험부담).

7. 교환계약은 유상계약이므로 이에는 매매의 규정이 준용된다. [19]

7. ○

ㄴ 매도인의 담보책임 규정은 그 성질이 허용되는 한 교환계약에도 준용된다. [34]

ㄴ ○

8. 교환계약의 각 당사자는 목적물의 하자에 대하여 담보책임을 부담하지 않는다. [18, 24, 28, 32]

8. × 교환계약은 유상계약이므로 각 당사자는 하자담보책임을 부담한다.

9. 경매를 통해 X건물을 매수한 甲은 매각대금을 완납하지 않고 X건물을 乙 소유의 Y임야와 교환하기로 乙과 약정하였다. 甲과 乙 사이의 교환계약은 유효하게 성립한다. [24]

9. ○

ㄴ 위에서 甲이 乙에게 X건물의 소유권을 이전할 수 없는 경우, 선의의 乙은 손해배상을 청구할 수 있다. [24]

ㄴ ○

10. 甲은 자신의 X건물(1억 원 상당)을 乙의 Y토지(2억 원 상당)와 교환하는 계약을 체결하면서 乙에게 8천만 원의 보충금을 지급하기로 약정하였다.

10.

1) 乙이 시가보다 조금 높게 Y토지의 가액을 고지해서 甲이 보충금을 지급하기로 약정했다면 甲은 乙에게 불법행위에 기한 손해배상청구가 가능하다. [28]

1) × 시가보다 다소 높은 가액을 시가라고 고지했더라도 상대방의 의사결정에 불법적인 간섭을 한 것으로 볼 수 없다.

2) 乙은 甲의 보충금 미지급을 이유로 교환계약을 해제할 수 없다. [27]

2) × 보충금의 미지급은 채무불이행이므로 이를 이유로 교환계약을 해제할 수 있다.

3) 교환계약 체결 후 甲의 귀책사유 없이 X건물이 멸실되더라도 위험부담의 법리는 적용되지 않는다. [28]

3) × 교환계약은 쌍무계약이므로 위험부담의 법리가 적용된다.

ㄴ 계약체결 후 이행 전에 X건물이 지진으로 붕괴된 경우, 甲은 乙에게 Y토지의 인도를 청구하지 못한다. [27]

ㄴ ○

4) X건물에 설정된 저당권의 행사로 乙이 그 소유권을 취득할 수 없게 된 경우, 乙은 계약을 해제할 수 있다. [27]

4) ○

5) 만약 甲이 보충금의 지급에 갈음하여 Y토지에 설정된 저당권의 피담보채무를 이행인수하기로 약정하였다면, 甲이 피담보채무의 변제를 게을리하여 저당권이 실행될 염려가 있어 乙이 그 피담보채무를 변제하였더라도 乙은 교환계약을 해제할 수 없다. [28]

5) × 甲이 보충금을 지급하지 않은 것으로 평가할 수 있으므로 乙은 그 사유(채무불이행)를 들어 교환계약을 해제할 수 있다.

3 임대차

▶ 그림민법 p.135~141

▷ **서설**

1. 임대차계약은 요물계약이다. [20]

1. × 낙성계약이다.

2. 계약서를 작성하지 않은 건물임대차계약은 무효이다. [16]

2. × 임대차계약은 불요식계약이므로 계약서를 작성하지 않더라도 효력이 발생한다.

3. 임대차계약은 쌍무·유상계약이다. [22, 26, 28]

3. ○

4. 임대인이 목적물을 임대할 권한이 없어도 임대차계약은 유효하게 성립한다. [34]

4. ○

└ 乙이 甲으로부터 건물의 소유를 목적으로 X토지를 10년간 임차하였다. 특별한 사정이 없는 한 甲이 X토지의 소유자가 아닌 경우에도 임대차계약은 유효하게 성립한다. [32]

└ ○

└ 임대인이 임대목적물에 대한 소유권 등의 처분권한을 갖고 있어야 임대차계약이 유효하게 성립한다. [18]

└ × 임대차계약은 채권행위(의무부담행위)이므로 처분권한이 없는 자가 하더라도 유효하다.

5. 차임의 지급은 임대차의 요건이 아니다. [13]

5. × 차임은 임대차의 필수적 요소이다.

6. 차임은 반드시 금전이어야 하는 것은 아니며 물건이어도 된다. [16]

6. ○

7. 보증금의 수수는 임대차계약의 성립요건이 아니다. [22]

7. ○

▷ **존속기간**

1. 임차기간을 영구로 정한 임대차약정은 특별한 사정이 없는 한 허용된다. [34]

1. ○

2. 甲이 공장건물을 기간 약정 없이 乙에게 임대한 경우, 甲은 언제든지 임대차의 해지통고를 할 수 있으나 乙은 그렇지 않다. [18, 27]

2. × 甲과 乙 모두 언제든지 해지통고를 할 수 있다.

3. 甲으로부터 기간의 약정 없이 건물의 소유를 목적으로 토지를 임차한 乙은 그 지상에 건물을 신축하였다. 甲의 해지통고가 있으면 임대차계약은 乙이 통고를 받은 날로부터 6월이 경과함으로써 소멸한다. [14]

3. ○

4. 기간의 약정이 없는 임대차에서 임차인의 해지권을 배제하는 약정은 무효이다. [29]

4. ○

5. 甲은 건물 소유를 목적으로 乙 소유의 토지를 10년간 임차하여 그 지상에 건물을 신축하였다. 임대차기간이 만료한 경우에 甲은 건물이 현존하더라도 계약갱신을 청구할 수 없다. [15, 32]

5. × 토지임대차의 기간이 만료한 경우에 건물이 현존할 때에는 임차인은 계약갱신을 청구할 수 있다.

6. 토지임대차가 묵시적으로 갱신된 경우, 임차인은 언제든지 해지통고할 수 있으나 임대인은 그렇지 않다. [26]

6. × 임대인과 임차인 모두 언제든지 해지통고를 할 수 있다.

7. 임대차가 묵시적으로 갱신된 경우, 전 임대차에 대하여 제3자가 제공한 담보는 원칙적으로 소멸하지 않는다. [22, 34]

7. × 소멸한다.

▷ **임대차의 효력**

• **임대인의 권리**

1. 지상권의 경우에는 지료증감청구권이 인정되는데, 임대차의 경우에도 마찬가지로 차임증감청구권이 인정된다. [13]

1. ○

2. 임대인이 재판상 청구한 차임증액청구가 상당하다고 인정되는 경우, 증액의 효력은 판결확정 시에 발생한다. [18]

2. × 증액청구 시에 발생한다.

↳ 경제사정변동에 따른 임대인의 차임증액청구에 대해 법원이 차임증액을 결정한 경우, 그 결정 다음날부터 지연손해금이 발생한다. [31]

↳ × 증액청구의 의사표시가 임차인에게 도달한 다음날부터 지연손해금이 발생한다.

• **임대인의 의무**

1. 임대인은 계약이 존속하는 동안 임차목적물의 사용 · 수익에 필요한 상태를 유지하게 할 의무를 진다. [19, 22]

1. ○

↳ 임대인은 특약이 없는 한 임차인의 특별한 용도를 위한 사용 · 수익에 적합한 구조를 유지하게 할 의무까지는 없다. [16]

↳ ○

2. 목적물의 파손 정도가 손쉽게 고칠 수 있을 정도로 사소하여 임차인의 사용 · 수익을 방해하지 아니한 경우에도 임대인은 수선의무를 부담한다. [16, 17]

2. × 파손 · 장해가 사소한 것이라면 임대인은 수선의무를 부담하지 않는다.

3. 임대인이 부담하는 수선의무를 면제하거나 임차인의 부담으로 돌리는 특약도 가능하다. [18]

3. ○

4. 통상의 임대차에서 임대인은 특별한 사정이 없는 한 임차인의 안전을 배려할 의무까지 부담하는 것은 아니다. [18]

4. ○

↳ 일시사용을 위한 임대차에 해당하는 숙박계약의 경우, 임대인은 임차인의 안전을 배려할 의무가 있다. [19]

↳ ○

• 임차인의 의무

1. 토지임차인의 차임연체액이 2기의 차임액에 달하는 경우, 특약이 없는 한 임대인은 임대차계약을 해지할 수 있다. [15, 16, 32]

1. ○

2. 甲이 자기 소유의 X건물을 乙에게 임대하여 인도한 경우, 乙은 특별한 사정이 없는 한 甲에게 반환할 때까지 선량한 관리자의 주의로 X건물을 보존하여야 한다. [21]

2. ○

3. 임차물에 대하여 권리를 주장하는 자가 있는 경우, 임차인은 이 사실을 모르는 임대인에게 지체 없이 통지하여야 한다. [19]

3. ○

4. 임차인이 목적물을 반환하는 때에는 이를 원상회복하여야 할 의무가 있다. [19]

4. ○

┗ 임대차 종료로 인한 임차인의 원상회복의무에는 임대인이 임대 당시의 부동산 용도에 맞게 다시 사용할 수 있도록 협력할 의무까지 포함된다. [34]

┗ ○

• 임차인의 권리

1. 乙이 甲으로부터 건물의 소유를 목적으로 X토지를 10년간 임차하여 그 위에 자신의 건물을 신축하였다.

1.

1) 甲과 乙 사이에 반대약정이 없으면 乙은 甲에 대하여 임대차등기절차에 협력할 것을 청구할 수 있다. [32]

1) ○

2) 등기된 부동산임차권은 제3자에 대하여 효력이 있다. [17]

2) ○

3) 乙이 현존하는 지상건물을 등기해도 임대차를 등기하지 않은 때에는 제3자에 대해 임대차의 효력이 없다. [32]

3) × 지상건물을 등기하면 제3자에 대한 효력이 생긴다.

┗ 건물 소유를 목적으로 한 토지임대차를 등기하지 않았더라도, 임차인이 그 지상건물의 보존등기를 하면 토지임대차는 제3자에 대하여 효력이 생긴다. [26]

┗ ○

┗ 乙이 甲으로부터 甲 소유의 토지를 임차한 후 임차권등기 없이 건물을 축조하였고 丙이 토지소유권을 취득하였다면, 미등기건물의 소유자 乙은 丙에게 임차권을 주장할 수 있다. [19]

┗ × 乙은 토지임차권등기나 건물의 소유권보존등기를 하지 않았으므로 丙에게 임차권을 주장할 수 없다.

┗ 토지임차인이 지상건물을 등기하기 전에 제3자가 그 토지에 관하여 물권취득의 등기를 한 때에는 임차인이 그 지상건물을 등기하더라도 제3자에 대하여 임대차의 효력이 없다. [16]

┗ ○

2. 소유자 甲으로부터 가옥을 임차하여 점유한 乙을 丙이 불법으로 몰아내고 그 가옥을 현재 점유하고 있다. 乙은 임차권을 등기하지 아니한 이상 丙에 대하여 임차권에 기한 방해배제청구권을 갖지 않는다. [14]

2. ○

3. 임차인은 임차목적물의 침해자에 대하여 소유자인 임대인의 물권적 청구권을 대위행사할 수 있다. [17]

3. ○

4. 임차물의 일부가 임차인의 과실 없이 멸실되어 사용·수익할 수 없는 경우, 임차인은 그 부분의 비율에 의한 차임의 감액을 청구할 수 있다. [31]

4. ○

• 임차인의 비용상환청구권

1. 임차인의 비용상환청구권은 형성권이다. [34]

1. × 형성권이 아니라 청구권이다.

2. 임차인은 임대인에 대하여 필요비의 상환을 청구할 수 없다. [22, 33]

2. × 청구할 수 있다.

3. 임차물에 필요비를 지출한 임차인은 임대차 종료 시 그 가액증가가 현존한 때에 한하여 그 상환을 청구할 수 있다. [26]

3. × 필요비는 지출 즉시 상환을 청구할 수 있다.

4. 임차인은 특별한 사정이 없는 한 자신이 지출한 임차물의 보존에 관한 필요비 금액의 한도에서 차임의 지급을 거절할 수 있다. [34]

4. ○

5. 임차인은 임대차기간 중에도 임대인에게 유익비의 상환을 청구할 수 있다. [17, 18]

5. × 유익비는 임대차 종료 시 상환을 청구할 수 있다.

└ 유익비상환청구권은 임대차 종료 시에 행사할 수 있다. [27]

└ ○

6. 임대인이 임대목적물을 반환받은 경우, 임차인이 지출한 필요비의 상환청구는 그 목적물을 반환받은 날로부터 6개월 내에 하여야 한다. [21]

6. ○

└ 유익비상환청구권은 임대인이 목적물을 반환받은 날로부터 1년 내에 행사하여야 한다. [27]

└ × 1년 → 6개월

7. 필요비 및 유익비상환청구권에 관하여는 민법의 규정보다 임차인에게 불리한 약정을 하더라도 유효하다. [20, 23]

7. ○

8. 甲이 자기 소유의 X건물을 乙에게 임대하여 인도한 경우, 乙이 자신의 비용으로 X건물에 증축한 부분을 甲의 소유로 귀속시키기로 하는 약정은 특별한 사정이 없는 한 부속물매수청구권을 포기하는 약정이므로 무효이다. [21]

8. × 유익비상환청구권을 포기하는 약정으로 유효하다.

└ 건물임차인이 자신의 비용을 들여 증축한 부분을 임대인 소유로 하기로 한 약정이 유효한 때에도 임차인의 유익비상환청구가 허용된다. [29]

└ × 이는 유익비상환청구권을 포기한 약정으로 유효하므로 임차인의 유익비상환청구는 허용되지 않는다.

└ 건물임대차에서 임차인이 증축부분에 대한 원상회복의무를 면하는 대신 유익비상환청구권을 포기하기로 하는 약정은 특별한 사정이 없는 한 유효하다. [22]

└ ○

9. "계약이 종료하면 임차인은 목적물을 원상으로 회복하여 반환한다."는 특약이 임차인의 비용상환청구권을 배제하는 취지라면 임차인에게 불리하므로 무효이다. [16]

9. × 임차인에게 불리하더라도 유효하다(비용상환청구권에 관한 제626조는 임의규정이므로).

└ 건물임대차계약에서 "임대인의 승인 하에 목적물을 개축하더라도 반환 전에 임차인이 원상회복키로 한다."고 약정하였다면 임차인은 유익비의 상환을 청구할 수 없다. [18]

└ ○

└ 乙은 甲 소유의 주택을 보증금 1억 원에 임차하였다. 乙이 임대차 종료 시에 주택을 원상복구하기로 약정한 경우, 이는 강행법규에 위반한 약정이므로 주택에 지출한 비용의 상환에 관하여 乙은 유치권을 행사할 수 있다. [15]

└ × 원상복구약정은 주택에 지출한 비용상환청구권을 포기한 것으로 강행법규에 위반한 것이 아니므로, 乙은 그 비용의 상환에 관하여 유치권을 행사할 수 없다.

10. 임차인의 비용상환청구권은 일시사용을 위한 임대차에서도 인정된다. [25]

10. ○

• 토지임차인의 지상물매수청구권

1. 건물 소유를 목적으로 한 토지임대차의 기간이 만료된 경우, 임차인은 계약갱신의 청구 없이도 임대인에게 건물의 매수를 청구할 수 있다. [23, 24, 26]

1. × 계약갱신청구가 거절되었을 때 건물매수청구를 할 수 있다.

2. 임차인의 채무불이행을 이유로 임대차계약이 해지되는 경우, 임차인은 지상물 매수를 청구할 수 없다. [14, 15, 16, 23, 25, 30, 34]

2. ○

3. 기간의 정함이 없는 임대차가 임대인의 해지통고로 소멸한 경우, 임차인은 즉시 지상물매수청구를 할 수 있다. [14, 17, 18, 24, 25, 35]

3. ○

4. 행정관청의 허가를 받지 않은 무허가건물도 지상물매수청구권의 대상이 될 수 있다. [16, 25, 30]

4. ○

└ 미등기 · 무허가건물이라도 매수청구권의 대상이 될 수 있다. [34]

└ ○

5. 매수청구의 대상이 되는 지상물은 임대인의 동의를 얻어 신축한 것에 한한다. [17, 24]

5. × 임대인의 동의 없이 신축된 건물도 매수청구의 대상이 된다.

6. 지상물의 경제적 가치 유무나 임대인에 대한 효용 여부는 매수청구권의 행사 요건이 아니다. [15, 17]

6. ○

7. 임차인이 지상건물에 근저당권을 설정한 경우, 임차인은 지상물매수청구권을 행사할 수 없다. [25, 35]

7. × 건물에 근저당권이 설정되어 있는 경우에도 매수청구권이 인정된다.

8. 임차인 소유의 지상물이 임차토지와 제3자 소유의 토지 위에 걸쳐서 건립된 경우, 임차인은 건물 전체에 대하여 매수청구를 할 수 있다. [30, 34]

8. × 임차지상에 서 있는 건물부분 중 구분소유의 객체가 될 수 있는 부분에 한하여 매수청구가 허용된다.

└, 위에서 임차지상에 있는 건물부분 중 구분소유의 객체가 될 수 있는 부분에 한하여 매수청구가 허용된다. [16]

└, ○

9. 임차인의 지상물매수청구권은 지상물의 소유자에 한하여 행사할 수 있으며, 그 상대방은 원칙적으로 임차권 소멸 당시의 임대인이다. [18]

9. ○

10. 임차인이 지상물의 소유권을 타인에게 이전한 경우, 임차인은 지상물매수청구권을 행사할 수 없다. [24, 29, 35]

10. ○

11. 토지소유자가 아닌 제3자가 토지를 임대한 경우, 임대인은 특별한 사정이 없는 한 매수청구권의 상대방이 될 수 없다. [35]

11. ○

12. 임대인이 임차권소멸 당시에 이미 토지소유권을 상실하였더라도 임차인은 그에게 매수청구권을 행사할 수 있다. [35]

12. × 지상물매수청구권 행사의 상대방은 원칙적으로 임차권 소멸 당시의 토지소유권을 가진 임대인이다.

13. 건물 소유를 목적으로 한 토지임차권이 등기가 되더라도 임차인은 토지양수인에게 건물매수청구권을 행사할 수 없다. [17]

13. × 대항력을 갖춘 임차인은 토지의 양수인에게도 매수청구권을 행사할 수 있다.

└, 甲 소유의 X토지를 건물 소유의 목적으로 임차한 乙이 X토지에 신축한 건물의 보존등기를 마친 후 丙이 X토지의 소유권을 취득하였다면, 乙은 丙에게 건물매수청구권을 행사할 수 있다. [25, 29]

└, ○

14. 임차인의 지상물매수청구권은 형성권으로서, 재판상뿐만 아니라 재판 외에서도 행사할 수 있다. [18]

14. ○

15. 임차인의 건물매수청구권 행사에 대하여 임대인이 승낙의 의사표시를 하여야 시가에 의한 매매 유사의 법률관계가 성립한다. [15, 30]

15. × 매수청구권은 형성권이므로 임차인의 일방적 의사표시에 의하여 매매 유사의 법률관계가 성립한다.

16. 지상물매수청구권이 행사되면 임대인은 지상물철거를 청구할 수 없다. [16]

16. ○

17. 지상물매수청구권이 행사되면 임대인은 기존 지상물의 철거비용을 포함하여 임차인이 임차지상의 지상물을 신축하기 위하여 지출한 모든 비용을 보상할 의무를 부담한다. [16]

17. × 건물의 매매대금은 매수청구권 행사 당시의 시가로 결정된다.

18. 임차인의 건물매수청구가 적법한 경우, 임대인의 대금지급이 있기까지는 건물 부지의 임료 상당액을 반환할 필요는 없다. [23]

ㄴ 甲은 건물 소유를 목적으로 乙 소유의 X토지를 임차한 후 그 지상에 Y건물을 신축하여 소유하고 있다. 임대차계약이 종료된 후 甲이 적법하게 매수청구권을 행사한 후에도 Y건물의 점유·사용을 통하여 X토지를 계속하여 점유·사용하였다면, 甲은 乙에게 X토지 임료 상당액의 부당이득반환의무를 진다. [34]

19. 임차인이 임대차가 종료하기 전에 건물 기타 지상시설 일체를 포기하는 약정을 하는 것은 특별한 사정이 없는 한 유효하다. [15, 17, 18, 24, 29]

ㄴ 임대차기간이 만료되면 임차인이 건물을 철거하기로 한 약정은 특별한 사정이 없는 한 무효이다. [34]

ㄴ 임대차계약에 임차인이 건물을 철거한다는 합의가 있는 때에도 임차인은 지상물매수청구권을 행사할 수 있다. [14]

• 건물임차인의 부속물매수청구권

1. 부속물매수청구권은 토지 내지 건물의 임차인에게 인정된다. [30, 33]

2. 부속물매수청구권은 임대인과 임차인 모두에게 인정될 수 있는 권리이다. [24]

3. 부속물매수청구권을 행사하려면 임대차가 종료하여야 한다. [19, 26]

4. 임대차계약이 임차인의 채무불이행으로 해지된 경우, 부속물매수청구권은 인정되지 않는다. [15+, 17, 29, 31]

5. 임차인이 부속물의 매수청구를 하기 위해서는 임대인에게 계약의 갱신을 요구하여야 한다. [17]

6. 부속된 물건이 임차물의 구성부분으로 일체가 된 경우, 특별한 약정이 없는 한 부속물매수청구의 대상이 된다. [27, 29]

ㄴ 건물임차인이 권원에 기하여 증축한 부분이 구조상·이용상 독립성이 없더라도 임대차 종료 시 임차인은 부속물매수청구권을 행사할 수 있다. [23]

7. 건물의 사용에 객관적 편익을 가져오는 것이 아니더라도 임차인의 특수목적에 사용하기 위해 부속된 것은 부속물매수청구권의 대상이 된다. [19, 30]

18. × 임차인이 건물의 점유·사용을 통하여 그 부지를 계속점유·사용하는 한 부지의 임료 상당액을 부당이득으로 반환하여야 한다.

ㄴ ○

19. × 지상물매수청구권을 배제하는 약정은 임차인에게 불리한 것이므로 무효이다(편면적 강행규정).

ㄴ ○

ㄴ ○

1. × 건물 기타 공작물의 임차인에게만 인정된다.

2. × 임차인에게만 인정되는 권리이다.

3. ○

4. ○

5. × 부속물매수청구를 하기 위해 먼저 계약갱신을 청구할 필요는 없다.

6. × 매수청구의 대상이 되는 부속물은 건물의 구성부분으로 되지 않은 것이어야 한다.

ㄴ × 기존건물에 부합된 증축부분은 부속물이 아니므로 매수청구의 대상이 될 수 없다.

7. × 임차인의 특수목적에 사용하기 위해 부속한 물건은 매수청구의 대상이 되지 않는다.

8. 부속물은 임차인이 임대인의 동의를 얻어 부속하거나 임대인으로부터 매수한 것이어야 한다. [29, 30]

8. ○

9. 임차인이 부속물매수청구를 하면 원칙적으로 부속물매수대금지급의무와 부속물인도의무는 동시이행관계에 있다. [17]

9. ○

10. 부속물매수청구권에 관한 규정은 강행규정이므로, 이에 위반하는 약정으로 임차인이나 전차인에게 불리한 것은 그 효력이 없다. [19]

10. ○

└ 임대차기간 중에 임차인의 부속물매수청구권을 배제하는 당사자의 약정은 임차인에게 불리하더라도 유효하다. [27, 29, 30]

└ × 제646조는 강행규정으로 부속물매수청구권을 배제하는 특약은 무효이다.

11. 적법하게 전대된 경우에는 전차인도 부속물매수청구권을 행사할 수 있다. [19, 30]

11. ○

12. 일시사용을 위한 임대차에서는 부속물매수청구권이 인정되지 않는다. [19, 27]

12. ○

13. 임차인의 지위와 분리하여 부속물매수청구권만을 양도할 수 없다. [29]

13. ○

▷ 임차권의 양도 · 임차물의 전대

1. 임차인은 임대인의 동의 없이 임차권을 타인에게 양도할 수 있다. [13]

1. × 임차인은 임대인의 동의 없이 임차권을 양도하지 못한다.

2. 임대인의 동의 없이 임차권을 양도할 수 있도록 하는 약정은 유효하다. [29]

2. ○

3. 임차인이 임대인의 동의를 받아 임차권을 양도하였다면, 이미 발생된 임차인의 연체차임채무는 특약이 없는 한 양수인에게 이전되지 않는다. [28]

3. ○

4. 임차인 乙은 임대인 甲의 동의 없이 임차목적물을 丙에게 전대하였다.

4.

1) 임대인의 동의 없는 乙, 丙 간의 전대차계약은 무효이다. [23, 29]

1) × 무단전대도 당사자 사이에서는 유효하다.

└ 乙 · 丙 사이의 전대차계약은 유효하게 성립하며, 乙은 丙에게 목적물을 인도하여 丙이 사용 · 수익할 수 있도록 할 의무가 있다. [15+, 20, 27]

└ ○

└ 乙은 丙에게 甲의 동의를 받아 줄 의무가 있다. [28]

└ ○

2) 丙은 乙에 대한 권리로 甲에게 대항하지 못한다. [15+, 23]

2) ○

3) 乙과 丙의 전대차계약에도 불구하고 甲과 乙의 임대차관계는 소멸하지 않는다. [27]

3) ○

└ 甲은 乙에게 차임의 지급을 청구할 수 있다. [28]

└ ○

4) 甲은 乙과의 임대차계약이 존속하는 동안에는 丙에게 불법점유를 이유로 손해 배상이나 부당이득반환을 청구할 수 없다. [20, 24, 27, 29]

4) ○

ㄴ, 甲은 임대차를 해지하지 않고 丙에게 불법점유를 이유로 손해배상을 청구할 수 있다. [22]

ㄴ, × 甲이 임대차를 해지하지 않는 한 乙에 대한 차임청구권을 가지므로(손해가 발생하지 않음) 丙에 대하여 손해배상을 청구하지 못한다.

5) 특별한 사정이 없는 한 甲은 무단전대를 이유로 임대차계약을 해지할 수 있다. [27]

5) ○

6) 乙이 자신의 배우자인 丙에게 임차물을 전대한 경우, 乙의 행위가 甲에 대한 배신적 행위라고 볼 수 없다면 甲은 임대차계약을 해지할 수 없다. [20, 28]

6) ○

7) 乙이 건물의 소부분을 丙에게 사용하게 한 경우에 甲은 이를 이유로 임대차계약을 해지할 수 있다. [27]

7) × 건물의 임차인이 건물의 소부분을 타인에게 사용하게 하는 경우에는 임대인의 동의를 요하지 않는다(제632조).

8) 토지임대차기간 만료 시에 丙이 신축한 건물이 X토지에 현존한 경우, 甲이 X 토지의 임대를 원하지 않으면 丙은 甲에게 건물을 매수할 것을 청구할 수 있다. [20]

8) × 무단전대의 경우에는 전차인의 임대인에 대한 건물매수청구권이 인정되지 않는다.

9) 건물전대차가 종료하면 丙은 건물 사용의 편익을 위해 乙의 동의를 얻어 부속한 물건의 매수를 甲에게 청구할 수 있다. [24]

9) × 무단전대의 경우에는 전차인의 임대인에 대한 부속물매수청구권이 인정되지 않는다.

5. 건물임차인인 乙은 임대인 甲의 동의를 얻어 임차건물을 丙에게 전대하였다.

5.

1) 丙은 직접 甲에 대해 차임을 지급할 의무를 부담한다. [32]

1) ○

2) 甲은 乙에게 차임의 지급을 청구할 수 있다. [32]

2) ○

3) 丙은 乙에 대한 차임의 지급으로써 甲에게 대항할 수 없다. [24]

3) ○

4) 임대차와 전대차가 모두 종료한 경우, 丙이 甲에게 직접 건물을 반환하면 乙에 대한 반환의무를 면한다. [20, 26]

4) ○

5) 임대차와 전대차가 모두 종료한 후에 丙이 건물을 반환하지 않고 사용하는 경우, 甲은 丙에게 차임 상당의 부당이득반환을 청구할 수 있다. [20]

5) ○

6) 甲과 乙의 합의로 임대차계약이 종료되면(가령 합의해지) 丙의 전차권도 소멸한다. [20, 24, 26, 32]

6) × 임대인과 임차인의 합의로 계약을 종료한 때에도 전차인의 권리는 소멸하지 않는다.

7) 甲과 乙의 임대차관계가 기간만료나 채무불이행 등으로 소멸하면 丙의 전차권도 소멸함이 원칙이다. [15+]

7) ○

8) 甲, 乙 간의 임대차계약이 甲의 해지통고로 종료하는 경우, 甲은 丙에게 그 사유를 통지하지 않으면 해지로써 丙에게 대항할 수 없다. [24]

8) ○

9) 乙의 차임연체액이 2기의 차임액에 달하여 甲이 임대차계약을 해지하는 경우, 甲은 丙에 대해 그 사유의 통지 없이도 해지로써 대항할 수 있다. [26, 32]

9) ○

10) 丙이 건물 사용의 편익을 위하여 甲의 동의를 얻거나 甲으로부터 매수하여 건물에 물건을 부속했다면, 丙은 전대차 종료 시 甲에게 그 매수를 청구할 수 있다. [20]

10) ○

11) 전대차 종료 시에 丙은 건물 사용의 편익을 위해 乙의 동의를 얻어 부속한 물건의 매수를 甲에게 청구할 수 있다. [24, 26]

11) × 乙의 동의만 얻어 부속한 물건은 甲에게 매수청구를 할 수 없다.

12) 전대차기간이 만료한 경우, 丙은 甲에게 전(前) 전대차와 동일한 조건으로 임대할 것을 청구할 수 없다. [32]

12) ○

▷ 보증금

1. 임대차계약에서 보증금을 지급하였다는 사실에 대한 증명책임은 임차인이 부담한다. [33]

1. ○

2. 甲은 자신의 X주택을 보증금 2억 원, 월차임 50만 원으로 乙에게 임대하였는데, 乙이 전입신고 후 주택을 점유·사용하면서 차임을 연체하다가 계약이 종료되었다. 계약종료 전에 X주택의 소유권이 매매를 원인으로 丙에게 이전되었다.

2.

1) 연체차임에 대한 지연손해금의 발생종기는 특별한 사정이 없는 한 X주택이 반환되는 때이다. [35]

1) ○

2) 丙은 甲의 차임채권을 양수하지 않았다면 X주택을 반환받을 때 보증금에서 이를 공제할 수 없다. [35]

2) × 채권양도의 요건을 갖추지 않았더라도 당연히 공제된다.

3) X주택을 반환할 때까지 잔존하는 甲의 차임채권은 압류가 되었더라도 보증금에서 당연히 공제된다. [35]

3) ○

4) X주택을 반환하지 않으면 乙은 보증금이 있음을 이유로 연체차임의 지급을 거절할 수 없다. [35]

4) ○

∟ 임대차계약이 종료하지 않은 경우, 특별한 사정이 없는 한 임차인은 보증금의 존재를 이유로 차임의 지급을 거절할 수 없다. [33]

∟ ○

3. 乙은 甲 소유의 주택을 보증금 1억 원에 임차하였다. 乙은 甲이 보증금을 반환할 때까지 그 건물에 대하여 유치권을 행사할 수 없으나 동시이행의 항변권은 행사할 수 있다. [15]

3. ○

∟ 임대인 甲은 임차인 乙에게 임대차기간의 만료와 동시에 임대주택의 명도를 요구하고 있다. 甲이 보증금채무를 이행제공하지 않는 한 乙은 주택의 명도를 거절할 수 있다. [23]

∟ ○

4. 임대차 종료 후 보증금을 반환받지 못한 임차인이 동시이행의 항변권에 기하여 임차목적물을 점유하는 경우, 불법점유로 인한 손해배상책임을 진다. [23, 26]

4. × 불법점유가 아니므로 손해배상책임을 지지 않는다.

5. 임차인이 동시이행항변권에 기하여 주택을 사용·수익하더라도 그로 인하여 실질적으로 얻은 이익이 있으면 부당이득으로 임대인에게 반환하여야 한다. [23]

5. ○ 대법원 2023다257600 판결로 인해 현재로서는 이 문제의 정답은 ○가 아니라 ×라고 보아야 한다(편저자 주).

∟ 상가건물 임대차보호법이 적용되는 X건물에 관하여 임대인 甲과 임차인 乙이 보증금 3억 원, 월차임 60만 원으로 정하여 체결한 임대차가 기간만료로 종료되었다. 그런데 甲이 乙에게 보증금을 반환하지 않아서 乙이 현재 X건물을 점유·사용하고 있다. 甲은 乙에게 차임에 상당하는 부당이득반환을 청구할 수 있다. [35]

∟ × 상임법 제9조 제2항의 존속의제 규정에 따라 이 경우 임차인은 종전 임대차계약에서 정한 차임을 지급할 의무를 부담할 뿐이고, 시가에 따른 차임에 상응하는 부당이득금을 지급할 의무를 부담하는 것은 아니다.

∟ 위에서 甲은 임차인 乙에게 종전 임대차계약에서 정한 차임의 지급을 청구할 수 있다. [35]

∟ ○

6. 임대차 종료 후 보증금이 반환되지 않고 있는 한, 임차인의 목적물에 대한 점유는 적법점유이므로 임차인이 목적물을 계속하여 사용·수익하더라도 부당이득반환의무는 발생하지 않는다. [33]

6. × 임대차 종료 후 사용·수익으로 인한 이익은 부당이득으로 반환하여야 한다.

∟ 임대차계약의 종료 후 임차인이 정당한 원인에 기하여 임차목적물을 계속 점유하더라도, 목적물을 사용·수익하지 아니하여 실질적 이득이 없으면 차임 상당액을 반환할 필요가 없다. [17, 18]

∟ ○

박문각 공인중개사

제1장 주택임대차보호법
제2장 상가건물 임대차보호법
제3장 집합건물의 소유 및 관리에 관한 법률
제4장 가등기담보 등에 관한 법률
제5장 부동산 실권리자명의 등기에 관한 법률

민사특별법

PART 04 민사특별법

| 제1장 | **주택임대차보호법** |

1 서설
▶ 그림민법 p.144

2 적용범위
▶ 그림민법 p.144

1. 동법의 적용대상이 되는 주거용 건물인지는 공부상 용도표시만으로 결정된다. [17]

   1. × 실지 용도에 따라 결정된다.

2. 사무실로 사용되던 건물이 주거용 건물로 용도변경된 경우, 주택임대차보호법이 적용된다. [27]

   2. ○

3. 임차주택이 미등기인 경우에도 주택임대차보호법의 적용대상이 된다. [13, 27]

   3. ○

4. 임차주택이 일시사용을 위한 것임이 명백하게 밝혀진 경우에도 주택임대차보호법이 적용된다. [24, 27]

   4. × 일시사용을 위한 임대차에는 동법이 적용되지 않는다.

5. 甲이 乙에게 대여한 금전채권을 변제받지 못하자 이를 임대차보증금으로 전환하여 乙 소유의 아파트에 대하여 임대차계약을 체결하고 주택인도 및 주민등록을 마쳤다면, 임대차계약을 통정허위표시로 볼 수 없는 한 甲의 임차권은 제3자에 대한 대항력이 있다. [15]

   5. ○

6. 적법한 임대권한을 가진 자로부터 임차하였으나 임대인이 주택의 소유자가 아닌 경우, 주택임대차보호법이 적용되지 않는다. [27]

   6. × 주택의 소유자는 아니지만 적법한 임대권한을 가진 임대인으로부터 임차한 경우 동법이 적용된다.

7. 한국토지주택공사(A)가 주택을 임차한 후 A가 선정한 입주자가 주택을 인도받고 주민등록을 마친 경우, 법인인 A는 주택임대차보호법상의 대항력을 취득하지 못한다. [22]

   7. × 이 경우는 법인도 대항력을 취득할 수 있다.

③ 주택임차권의 대항력

▶ 그림민법 p.144~145

1. 주택임대차보호법상의 대항요건인 인도는 임차인이 주택의 간접점유를 취득하는 경우에도 인정될 수 있다. [30, 32]

1. ○

2. 임차인이 임차주택에 실제 거주하지 않는 경우, 임차인과의 점유매개관계에 기하여 그 주택에 실제 거주하는 자가 자신의 주민등록을 마친 때에는 임차인이 대항력을 취득할 수 있다. [17]

2. ○

└ 임차인이 임대인의 승낙을 얻어 주택을 전대한 경우, 전차인이 주택을 인도받아 주민등록을 하여야 그 익일부터 임차인이 대항력을 취득한다. [14, 15]

└ ○

3. 주택임차권의 대항력의 요건인 주민등록의 신고는 행정청이 수리하기 전이라도 행정청에 도달함으로써 바로 신고로서의 효력이 발생한다. [21, 26]

3. × 전입신고는 행정청이 수리하여야 효력이 발생한다.

4. 배우자나 자녀의 주민등록도 주택임대차보호법상의 대항요건인 주민등록에 해당한다. [17]

4. ○

└ 乙은 甲 소유 주택에 대한 임대차계약을 체결한 후 가족과 함께 이사하면서 자신의 주민등록은 사업상 그대로 둔 채 가족만 전입신고를 하였다. 乙의 임차권은 대항력을 가진다. [19]

└ ○

5. 다가구용 단독주택의 임대차에서는 전입신고를 할 때 지번만 기재하고 동·호수의 표시가 없어도 대항력을 취득할 수 있다. [23]

5. ○

└ 다가구용 단독주택 일부의 임차인이 대항력을 취득하였다면, 후에 건축물대장상으로 다가구용 단독주택이 다세대주택으로 변경되었다는 사정만으로는 이미 취득한 대항력을 상실하지 않는다. [33]

└ ○

6. 다세대주택의 임차인이 동·호수의 표시 없이 지번을 정확하게 기재하여 주민등록을 마쳤다면 대항력을 취득한다. [21]

6. × 다세대주택의 경우 동·호수까지 정확하게 기재하여야 대항력을 취득할 수 있다.

7. 주택임차인에게 대항력이 발생하는 시점은 인도와 주민등록을 모두 갖춘 다음 날의 오전 0시부터이다. [16, 32, 34]

7. ○

└ 乙은 甲 소유 아파트를 임차하기로 계약하고, 2001년 9월 10일 입주와 동시에 주민등록을 마쳤다. 만약 甲이 2001년 9월 10일 丙에게 주택을 양도하였다면 乙은 丙에 대하여 임차권을 주장할 수 있다. [14]

└ × 乙의 임차권의 대항력은 9월 11일에 발생하므로 9월 10일에 소유권을 취득한 丙에 대하여는 임차권을 주장할 수 없다.

└ 甲은 자기 소유의 X주택을 乙에게 임대하여 인도하였다. 乙이 주민등록을 X주택으로 옮긴 다음 날 丙이 그 주택을 매수하여 소유권을 취득하였다면 丙은 임대차 존속 중에는 乙에 대하여 주택의 인도를 청구할 수 없다. [15]

└ ○

8. 입주 및 전입신고를 한 주택의 소유자가 그 주택을 타인에게 매도함과 동시에 종전의 상태를 유지한 채 그 주택을 다시 임차한 경우, 주택임차권의 대항력은 주택양도인의 최초 전입신고일 익일부터 발생한다. [14]

8. × 매수인 명의의 소유권이전등기가 경료된 다음 날부터 발생한다.

┗ 주민등록을 마치고 거주하던 자기 명의의 주택을 매도한 자가 매도와 동시에 이를 다시 임차하기로 약정한 경우, 매수인 명의의 소유권이전등기 여부와 관계없이 대항력이 인정된다. [32]

┗ × 上同

9. A회사 명의로 보존등기된 X주택(전대가 금지됨)을 임차한 甲으로부터 X주택을 임차(전대차)한 乙은 입주를 마치고 2015. 1. 12. 전입신고를 마쳤다. 그 후 甲은 2015. 12. 11. X주택을 분양받아 2016. 3. 20. 소유권이전등기를 마쳤다. 乙은 2016. 3. 20. 甲 명의로 소유권이전등기가 된 즉시 임차권의 대항력을 취득한다. [18]

9. ○

10. 임차인이 가족과 함께 임차주택의 점유를 계속하면서 가족의 주민등록은 그대로 둔 채 임차인의 주민등록만 일시적으로 옮긴 경우 대항력을 상실하지 않는다. [32]

10. ○

11. 일단 대항력을 취득한 후 임차인은 어떤 이유에서든지 가족과 함께 일시적이나마 다른 곳으로 주민등록을 이전하였다면 대항력은 상실된다. [14]

11. ○

┗ 동거가족이 없는 임차인이 자신의 주민등록을 다른 주소로 이전하였더라도 계속하여 임차주택에 거주하고 있었다면 대항력은 유지된다. [25]

┗ × 주택에 계속 거주하고 있더라도 주민등록을 이전하면 대항력을 상실한다.

12. 임차인의 의사와 무관하게 임차인의 주민등록이 행정기관에 의해 직권말소된 경우, 임차권은 대항력을 상실함이 원칙이다. [17]

12. ○

┗ 주민등록 직권말소 후 주민등록법 소정의 이의절차에 의하여 재등록이 이루어진 경우, 그 재등록이 이루어지기 전에 임차주택에 새로운 이해관계를 맺은 선의의 제3자에 대해서도 기존의 주택임차권의 대항력은 유지된다. [14]

┗ ○

┗ 주민등록이 직권말소된 후 임차인이 주민등록법 소정의 이의절차에 의하여 말소된 주민등록을 회복한 것이 아니라면, 직권말소 후 재등록이 이루어지기 이전에 이해관계를 맺은 선의의 제3자에 대하여 임차인은 임차권으로 대항할 수 없다. [15]

┗ ○

13. 주택임차인 乙이 보증금을 지급하고 대항요건을 갖춘 후 임대인 甲이 그 주택의 소유권을 丙에게 양도하였다.

13.

1) 乙은 丙에게 임차권을 주장할 수 있다. [29]

1) ○

2) 甲은 특별한 사정이 없는 한 보증금반환의무를 면한다. [31, 34]

2) ○

└ 乙은 임대차관계가 종료한 후에 보증금의 반환을 甲 또는 丙에게 청구할 수 있다. [14, 15]

└ × 丙에게만 청구할 수 있다.

└ 주택임차인이 대항력을 갖춘 후 임대인이 주택소유권을 양도한 경우, 임차인의 이의제기가 없는 한 보증금의 반환의무자는 양수인이다. [16, 25]

└ ○

3) 丙이 乙에게 보증금을 반환하더라도 특별한 사정이 없는 한 甲에게 부당이득 반환을 청구할 수 없다. [31]

3) ○

4) 만약 甲이 채권담보를 목적으로 임차주택을 丙에게 양도한 경우, 甲은 특별한 사정이 없는 한 보증금반환의무를 면한다. [31]

4) × 주택의 양도담보권자는 임대인의 지위를 승계하는 임차주택의 양수인에 해당하지 않으므로, 甲은 보증금반환의무를 면하지 못한다.

14. 임차인이 대항력을 가진 후 그 임차주택의 소유권이 양도되어 양수인이 임차보증금반환채무를 부담하게 되었더라도, 임차인이 주민등록을 이전하면 양수인이 부담하는 임차보증금반환채무는 소멸한다. [33]

14. × 임차인이 주민등록을 다른곳으로 옮겼다 하여 이미 발생한 보증금반환채무가 소멸하는 것은 아니다.

15. 임차주택의 대지에 설정된 근저당권의 실행을 위한 경매절차에서 대지만을 매수한 자는 임대인의 지위를 승계하는 임차주택의 양수인이라고 할 수 없다. [20]

15. ○

16. 대항력을 갖춘 임차인의 임대차보증금반환채권이 가압류된 상태에서 주택이 양도된 경우, 양수인은 채권가압류의 제3채무자의 지위를 승계한다. [24, 31]

16. ○

└ 대항요건을 갖춘 임차인의 보증금반환채권이 가압류된 상태에서 그 주택이 양도된 경우, 가압류채권자는 양수인에 대하여만 가압류의 효력을 주장할 수 있다. [28]

└ ○

17. 대항력 있는 주택임대차가 기간만료로 종료된 상태에서 임차주택이 양도되더라도 임차인은 이 사실을 안 때로부터 상당한 기간 내에 이의를 제기함으로써 승계되는 임대차관계의 구속에서 벗어날 수 있다. [23]

17. ○

└ 대항력을 갖춘 임차주택의 양수인이 임대차가 기간만료로 종료된 상태에서 임대인의 지위를 승계하는 것에 대하여 임차인이 이의를 제기한 경우에도 양도인의 임차인에 대한 보증금반환채무는 소멸한다. [15+, 17, 19]

└ × 임차인이 이의를 제기한 경우에는 양도인의 보증금반환채무가 소멸하지 않는다.

└ 주택양수인에 대항력 있는 임차권자라도 스스로 임대차관계의 승계를 원하지 않을 경우, 임차주택이 임대차기간 만료 전에 경매되면 임대차계약을 해지하고 우선변제를 청구할 수 있다. [14]

└ ○

18. 임차권은 임차주택에 대하여 경매가 행하여진 경우에는 매각에 의하여 소멸한다. 다만, 보증금이 전액 변제되지 않은 대항력이 있는 임차권은 소멸하지 않는다. [13]

18. ○

19. 乙은 甲 소유의 X주택을 임차하였다. 만일 X주택에 이미 丙의 저당권이 설정되어 있었다면 乙은 대항력을 갖추더라도 丙의 담보권실행으로 X주택을 취득한 자에 대하여 임차권을 주장할 수 없다. [13, 17]

19. ○

20. 저당권이 설정된 주택을 임차하여 대항력을 갖춘 이상, 후순위 저당권이 실행되더라도 매수인이 된 자에게 대항할 수 있다. [23, 26]

20. × 중간임차권은 후순위 저당권이 실행되는 경우에도 매각으로 소멸하므로 경락인에게 그 임차권으로 대항할 수 없다.

∟ 乙은 甲 소유의 X주택을 임차하였다. 乙이 X주택에 대한 대항력을 갖추기 전·후에 각각 丙과 丁의 저당권이 설정되었고, 丁의 저당권실행으로 X주택이 戊에게 매각된 경우, 乙은 戊에게 보증금반환을 청구할 수 없다. [20, 23]

∟ ○

∟ 위에서 丙의 저당권이 경매개시결정 전에 소멸하였다면 乙은 戊에게 임차권의 효력을 주장할 수 없다. [20]

∟ × 乙의 임차권이 최선순위 저당권(丁의 저당권)보다 먼저 대항력을 갖추었으므로 乙은 경락인에게 임차권의 효력을 주장할 수 있다.

21. 임차인이 지위를 강화하고자 별도로 전세권설정등기를 마친 후 주택임대차보호법상의 대항요건을 상실한 경우, 주택임대차보호법상의 대항력을 상실한다. [32]

21. ○

∟ 최선순위 전세권자로서의 지위와 대항력을 갖춘 주택임차인으로서의 지위를 함께 가진 자가 전세권자의 지위에서 경매를 신청한 경우에는 임차권의 대항력을 주장할 수 없다. [23]

∟ × 변제받지 나머지 보증금에 기하여 임차권의 대항력을 행사할 수 있다.

∟ 주택임차인이 그 지위를 강화하고자 별도로 전세권설정등기를 한 경우, 임차인의 지위에서 경매법원에 배당요구를 하였다면 전세권에 관하여도 배당요구가 있는 것으로 본다. [21, 23]

∟ × 배당요구를 하지 않은 전세권에 관하여는 배당요구가 있는 것으로 볼 수 없다.

4 보증금의 회수

▶ 그림민법 p.146~147

▷ 집행개시요건 완화

1. 임차인이 보증금반환청구소송의 확정판결에 기하여 임차주택의 경매를 신청하는 경우, 그 집행개시를 위해서는 반대의무의 이행제공을 해야 한다. [13, 17]

1. × 반대의무(=주택명도의무)의 이행제공을 하지 않고서도 경매를 신청할 수 있다.

▷ 보증금의 우선변제

1. 대항요건과 확정일자를 갖춘 임차인은 경매 시 임차주택의 환가대금에서 후순위 권리자 기타 채권자보다 우선하여 보증금을 변제받을 권리가 있다. [13]

2. 甲은 乙의 저당권이 설정되어 있는 丙 소유의 X주택을 丙으로부터 보증금 2억 원에 임차하여 즉시 대항요건을 갖추고 확정일자를 받아 거주하고 있다. 그 후 丁이 X주택에 저당권을 취득한 다음 저당권실행을 위한 경매에서 戊가 X주택의 소유권을 취득하였다.

1) 甲은 경매절차에서 배당요구를 하지 않아도 보증금에 대해 우선변제를 받을 수 있다. [34]

2) 甲이 적법한 배당요구를 하면 乙보다 보증금 2억 원에 대해 우선변제를 받는다. [28]

3) 丁이 甲보다 매각대금으로부터 우선변제를 받는다. [28]

4) 만일 甲이 이사오면서 즉시 전입신고를 하였으나 확정일자는 丁의 저당권설정 등기 이후에 받았다면, 乙의 저당권실행으로 X주택이 매각된 경우에 甲은 乙과 丁이 배당받고 나머지가 있으면 배당받을 수 있다. [13]

3. 확정일자를 입주 및 주민등록일 이전에 갖춘 경우, 우선변제적 효력은 대항력과 마찬가지로 인도와 주민등록을 마친 다음 날을 기준으로 발생한다. [15+]

4. 乙은 2017년 8월 5일 甲 소유의 주택에 대한 임대차계약을 체결하고, 9월 5일 보증금을 지급하고 이사하면서 전입신고를 하고 확정일자를 받았다. 乙은 2017년 9월 6일 0시부터 우선변제권을 갖는다. [19]

5. 임차주택의 경매 또는 공매 시 임차인이 환가대금으로부터 보증금을 수령하기 위해서는 임차주택을 양수인에게 인도하여야 한다. [15+, 30]

6. 주택임차인의 우선변제권은 대지의 환가대금에는 미치지 않는다. [26, 28]

↳ 임대차 성립 시에 임차주택과 그 대지가 임대인의 소유인 경우, 대항력과 확정일자를 갖춘 임차인은 대지만 경매되더라도 그 매각대금으로부터 우선변제를 받을 수 있다. [24, 33]

↳ 대항요건 및 확정일자를 갖춘 주택임차권자는 임대차 성립 당시 임대인 소유였던 대지가 타인에게 양도되어 임차주택과 대지의 소유자가 달라지더라도, 대지의 환가대금에 대해 우선변제권을 행사할 수 있다. [23]

1. ○

2.

1) × 임차인의 보증금반환채권은 배당요구가 필요한 채권이다.

2) × 우선변제권이 있는 임차인(甲)이라도 선순위 저당권자(乙)보다 우선하여 변제를 받을 수는 없다.

3) × 甲은 후순위 저당권자인 丁보다 우선변제를 받는다.

4) ○

3. ○

4. ○

5. ○

6. × 우선변제권은 대지의 환가대금에도 미친다.

↳ ○

↳ ○

▷ **보증금 중 일정액에 대한 우선변제(= 최우선변제)**

1. 임차인이 보증금 중 일정액을 다른 담보물권자보다 우선하여 변제받기 위해서는 주택에 대한 경매신청의 등기 전에 대항요건을 갖추어야 한다. [13, 15+, 17]

    1. ○

    ↳ 소액임차인은 경매신청의 등기 전까지 임대차계약서에 확정일자를 받아야 최우선변제권을 행사할 수 있다. [14, 17, 26]

    ↳ × 확정일자는 최우선변제권 행사의 요건이 아니다.

2. 2023. 12. 1. 甲은 乙의 서울 소재 X주택을 보증금 1억 2천만 원, 임대기간 1년으로 하여 임차하면서, 같은 날 입주와 동시에 주민등록을 마쳤다. 2023. 7. 1. 乙이 丙에게 X주택에 대하여 근저당권을 설정해 주었더라도 甲은 5,500만 원의 한도에서 丙보다 우선변제를 받을 수 있다. [25 변형]

    2. ○

3. 임대차보증금의 감액으로 주택임대차보호법상 소액임차인에 해당하게 된 경우, 특별한 사정이 없으면 소액임차인으로서 보호받을 수 있다. [24]

    3. ○

4. 근저당권이 설정된 사무실용 건물이 주거용 건물로 용도변경된 후 이를 임차한 소액임차인은 특별한 사정이 없는 한 보증금 중 일정액을 근저당권자에 우선하여 변제받을 수 있다. [21]

    4. ○

5. 임차인은 임대차가 종료하지 않더라도 보증금 중 일정액에 대하여 주택양수인에게 우선변제를 청구할 수 있다. [14]

    5. × 임차인이 최우선변제권을 행사하려면 임대차가 종료하여야 한다.

6. 임대인이 주택을 타인에게 매도한 경우, 소액임차인은 그 매매대금으로부터 최우선변제를 받을 수 있다. [22]

    6. × 최우선변제는 주택이 경매되는 경우에 인정되는 것이고, 주택이 매매되는 경우에는 인정되지 않는다.

7. 소액임차인이 주택의 경매절차에서 다른 채권자에 우선하여 변제받으려면 집행법원에 배당요구종기일 이전에 배당을 요구하여야 한다. [22]

    7. ○

    ↳ 임차주택의 경매절차에서 보증금 중 일정액에 대한 배당요구를 하지 않은 임차인은 배당받은 후순위 채권자에게 부당이득을 이유로 배당금의 반환을 청구할 수 없다. [14]

    ↳ ○

8. 임차인의 소액보증금 중 일정액의 반환청구권은 조세에 우선한다. [15+]

    8. ○

    ↳ 보증금의 일정액에 대한 우선변제는 국세와의 관계에서는 임차인이 대항력을 갖춘 시점과 국세의 납부기한의 선후에 따라서 변제의 우선순위가 정해진다. [13]

    ↳ × 소액임차인의 최우선변제권은 국세에 우선한다.

9. 甲 소유의 대지 위에 있는 甲의 주택을 임차한 乙은 보증금 중 일정액을 최우선 변제받을 수 있는 소액임차인이다.

9.

1) 대지에 저당권을 설정할 당시 주택이 미등기인 채 존재하였다면 乙은 저당권에 기한 대지의 경매절차에서 최우선변제를 받을 수 있다. [22]

1) ○

2) 대지에 관한 저당권설정 후 지상건물이 신축된 경우에도 소액임차인은 대지의 매각대금에서 우선변제를 받을 수 있다. [17]

2) × 소액임차인이 대지의 환가대금에서 최우선변제를 받기 위해서는 대지에 저당권이 설정될 당시에 주택이 존재하고 있었어야 한다.

3) 甲이 대지만을 丙에게 매도한 뒤 그 대지가 경매되는 경우에도 乙은 그 환가대금에서 최우선변제를 받을 수 있다. [22]

3) ○

4) 주택과 대지가 함께 경매되어 대지와 건물의 매각대금에서 동시에 배당받을 경우, 최우선변제권은 대지와 건물의 가액에 비례하여 안분배당받음이 원칙이다. [22]

4) ○

▷ 임차권등기명령

1. 임차인은 임대차가 끝나기 전에 주택의 소재지를 관할하는 법원에 임차권등기명령을 신청할 수 있다. [29]

1. × 임차권등기명령은 임대차가 끝난 후에 신청할 수 있다.

└ 임차인은 임대차관계는 종료되었으나 보증금을 받지 못한 경우에만 주택이 소재하는 1심 법원에 임차권등기의 원인된 사실을 소명하여 임차권등기명령을 신청할 수 있다. [13]

└ ○

2. 임차권등기명령의 신청이 기각될 경우, 임차인은 항고할 수 있다. [13]

2. ○

3. 임차권등기명령의 집행에 의한 임차권등기가 경료되면 임차인이 등기명령 이전에 취득한 대항력 및 우선변제권은 소멸한다. [13]

3. × 기존의 대항력과 우선변제권은 그대로 유지된다.

4. 임차권등기명령에 의해 임차권이 등기된 경우, 임대인의 보증금반환의무와 임차인의 등기말소의무는 동시이행관계에 있다. [16, 18, 25, 31]

4. × 보증금반환의무가 선이행되어야 할 의무이다.

5. 임차권등기명령에 따른 임차권등기가 경료된 주택을 그 이후에 임차한 자는 보증금 중 일정액의 우선변제를 받을 수 없다. [13, 14, 26]

5. ○

6. 임차권등기명령의 신청 및 이로 인한 등기비용은 임대인의 부담으로 한다. [13]

6. ○

PART

04

7. 甲은 乙 소유의 X주택에 관하여 乙과 보증금 3억 원으로 하는 임대차계약을 체결하고 2018. 3. 5. 대항요건과 확정일자를 갖추었다. 丙은 2018. 5. 6. X주택에 관하여 저당권을 취득하였고, 2020. 3. 9. X주택에 임차권등기명령의 집행에 따른 임차권등기를 마쳤다.

7.

1) 甲은 임차권등기의 비용을 乙에게 청구할 수 있다. [31]

1) ○

2) 甲이 2020. 3. 10. 다른 곳으로 이사한 경우, 대항력을 잃는다. [31]

2) × 임차권등기 이후에는 대항요건을 상실하더라도 대항력을 상실하지 않는다.

3) 경매가 2020. 6. 9. 개시되어 X주택이 매각된 경우, 甲이 배당요구를 하지 않으면 丙보다 우선변제를 받을 수 없다. [31]

3) × 임차권등기를 한 임차인은 배당요구를 하지 않아도 당연히 배당받을 채권자에 속한다.

5 존속기간

▸ 그림민법 p.148

1. 甲 소유의 주택을 乙이 임차하면서 존속기간을 1년으로 약정하였다.

1.

1) 乙은 甲에게 주택임대차보호법에 따라 2년의 기간을 주장할 수 있다. [15, 30]

1) ○

2) 乙은 1년의 약정기간이 유효함을 주장할 수 없다. [29, 30]

2) × 임차인은 2년 미만의 약정기간이 유효함을 주장할 수 있다.

└ 임차 후 1년이 경과하면 乙은 약정기간의 만료를 이유로 甲에게 임차보증금의 반환을 요구할 수 있다. [14]

└ ○

3) 임차 후 1년이 경과하면 甲은 약정기간의 만료를 이유로 乙에게 주택을 비워줄 것을 요구할 수 있다. [14, 25]

3) × 임대인은 2년 미만의 약정기간(가령 1년)이 유효함을 주장할 수 없다.

2. 임대차가 종료한 경우에도 임차인이 보증금을 반환받을 때까지는 임대차관계는 존속하는 것으로 본다. [13, 19, 20]

2. ○

└ 임대차기간이 끝난 경우, 임차인이 보증금을 반환받지 못하였더라도 임대차관계가 종료한다. [22, 23]

└ × 임대차기간이 끝난 경우에도 보증금을 반환받을 때까지는 임대차관계는 존속하는 것으로 본다.

3. 임차인이 2기의 차임액에 달하도록 차임을 연체한 경우, 묵시적 갱신이 인정되지 않는다. [30, 34]

3. ○

4. 임대차계약이 묵시적으로 갱신되면 그 존속기간은 2년으로 본다. [24, 28, 29, 34]

4. ○

5. 임대차계약이 묵시적으로 갱신된 경우, 임차인은 언제든지 임대인에게 계약해지를 통지할 수 있다. [30]

5. ○

└ 임대차가 묵시적으로 갱신된 경우, 임차인은 전 임대차가 종료한 날로부터 3개월 이내에 한하여 임대인에게 계약해지의 통지를 할 수 있다. [22]

└ × 언제든지 계약해지를 통지할 수 있다.

└, 임대차계약이 묵시적으로 갱신되면 임대인은 언제든지 계약해지를 통고할 수 있다. [15, 29]

└, × 임대인은 해지통고를 할 수 없다.

6. 주택임차인의 계약갱신요구권은 임대차기간이 끝나기 6개월 전부터 2개월 전까지의 기간에 행사해야 한다. [32]

6. ○

7. 임차인의 계약갱신요구권은 임대차의 조건이 동일한 경우 여러 번 행사할 수 있다. [32]

7. × 1회에 한하여 행사할 수 있다.

8. 임차인이 임대인의 동의 없이 주택을 전대한 경우, 임대인은 계약갱신요구를 거절하지 못한다. [32]

8. × 거절할 수 있다.

9. 임차인 乙은 임대인 甲에게 2024. 3. 10.로 기간이 만료되는 X주택의 임대차계약에 대해 주택임대차보호법에 따라 갱신요구통지를 하여 그 통지가 2024. 1. 5. 甲에게 도달하였고, 甲이 갱신거절 통지를 하지 않아 계약이 갱신되었다. 그 후 乙이 갱신된 계약기간이 개시되기 전인 2024. 1. 29. 갱신된 임대차계약의 해지를 통지하여 2024. 1. 30. 甲에게 도달하였다. 임대차계약의 종료일은 2024. 4. 30. 이다. [35]

9. ○

6 차임 및 보증금

▶ 그림민법 p.148

1. 주택임대차보호법상 계약존속 중에 하는 차임증액청구의 한도는 5%이다. [21]

1. ○

2. 2023. 2. 1. 甲은 乙의 서울 소재 X주택을 보증금 3억 원, 임대기간 1년으로 하여 임차하면서, 같은 날 입주와 동시에 주민등록을 마쳤다. 2024. 1. 1. 乙은 甲에게 2천만 원의 보증금 증액을 청구할 수 있다. [14, 25 변형]

2. × 임대차계약일로부터 1년이 지나지 않았고, 또한 증액비율의 제한(5%)에도 위반하였으므로 이러한 증액청구는 허용되지 않는다.

3. 임차인이 연속하지 않은 2달분의 차임을 연체한 경우, 임대인은 임대차계약을 해지할 수 있다. [15]

3. ○

7 주택임차권의 승계

▶ 그림민법 p.149

1. 주택임차인이 상속권자 없이 사망한 경우에 그 주택에서 가정공동생활을 하던 사실상 혼인관계에 있는 사람은 임차인으로서의 권리와 의무를 승계한다. [15]

1. ○

2. 주택임차인이 사망한 경우, 그 주택에서 가정공동생활을 하던 사실혼 배우자는 2촌 이내의 상속권자에 우선하여 임차인의 권리와 의무를 승계한다. [16, 23]

2. × 상속권자에 우선하여 → 상속권자와 공동으로

제2장	상가건물 임대차보호법

1 서설

▶ 그림민법 p.150

2 적용범위

▶ 그림민법 p.150

1. 사업자등록의 대상이 되지 않는 건물에 대해서는 이 법이 적용되지 않는다. [27]

   1. ○

2. 임차인이 임차건물을 제조, 가공 등 사실행위와 더불어 영리를 목적으로 하는 활동이 이루어지는 공장으로 사용하였다면 이 법의 적용대상이 아니다. [23]

   2. × 실질적으로 영업용으로 사용하였으므로 이 법의 적용 대상이다.

3. 2023. 5. 1. 서울에 있는 상가건물을 보증금 5억 원, 월세 400만 원에 임차한 계약은 이 법의 적용대상이 된다. [21 변형]

   3. ○

4. 일시사용을 위한 임대차임이 명백한 상가건물에도 이 법이 적용된다. [18, 22]

   4. × 적용되지 않는다.

3 대항력

▶ 그림민법 p.150

1. 상가건물 임차권의 대항력은 건물의 인도와 사업자등록을 신청한 다음날부터 발생한다. [14]

   1. ○

   ↳ 임차인이 상가건물을 인도받고 사업자등록을 신청하면 사업자등록증이 교부된 다음날부터 제3자에 대한 대항력이 생긴다. [21]

   ↳ × 사업자등록을 신청한 다음 날부터 대항력이 생긴다.

2. 대항력의 발생요건은 인도와 사업자등록이며 계약서상의 확정일자는 대항력의 발생요건이 아니다. [16, 27]

   2. ○

3. 乙은 식당을 운영하기 위해 2023. 5. 1. 甲으로부터 그 소유의 서울특별시 소재 X상가 건물을 보증금 10억 원, 월 임료 100만 원, 기간은 정함이 없는 것으로 하여 임차하는 상가임대차계약을 체결하였다. X상가 건물을 인도받고 사업자등록을 마친 乙이 대항력을 주장하는 경우, 乙의 주장은 인정된다. [34]

   3. ○

   ↳ 세종특별자치시에 소재하는 甲 소유의 X상가건물의 1층 점포를 乙이 분식점을 하려고 甲으로부터 2022. 2. 16. 보증금 6억 원, 차임 월 100만 원에 임차하였고 임차권등기는 되지 않았다. 乙이 점포를 인도받은 날에 사업자등록을 신청한 경우, 그 다음 날부터 임차권의 대항력이 생긴다. [33]

   ↳ ○

4. 乙은 甲 소유의 X상가건물을 甲으로부터 임차하고 인도 및 사업자등록을 마쳤다. 乙이 폐업한 경우 乙의 임대차는 제3자에 대하여 효력이 없다. [31]

   4. ○

∟ 상가건물의 인도와 사업자등록의 요건을 구비한 임차인이 폐업신고를 하였다가 다시 같은 상호 및 등록번호로 사업자등록을 하였다면 처음의 대항력이 그대로 유지된다. [21]

∟ × 기존의 대항력이 그대로 존속한다고 할 수 없고, 새로운 대항력이 다시 발생한다.

5. 대항력 있는 임차인이 적법하게 상가건물을 전대하여 전차인이 이를 직접점유하면서 그 명의로 사업자등록을 하였다면 임차인의 대항력이 유지된다. [21, 31]

5. ○

6. 甲은 乙 소유의 서울특별시 소재 X상가건물을 2009. 6. 1. 보증금 4,500만 원에 임차하여 같은 날 인도받은 후 같은 해 6. 10. 적법절차에 따라 사업자등록을 신청하였다. X건물에 2009. 4. 6. 청구권보전의 가등기를 한 丙이 같은 해 6. 19. 그 가등기에 기한 본등기를 마쳤다면 甲은 자신의 임차권으로 丙에게 대항할 수 없다. [23]

6. ○

7. 甲은 선순위 권리자가 없는 乙의 상가건물을 임차하여 대항요건을 갖추고 확정일자를 받았다. 보증금이 전액 변제되지 않는 한 그 건물에 대한 경매가 실시되어 매각되더라도 甲의 임차권은 존속한다. [25]

7. ○

4 보증금의 회수

▶ 그림민법 p.151

▷ 집행개시요건 완화

1. 동법의 적용을 받는 임차인이 임차건물에 대해 보증금반환청구소송의 확정판결에 기한 경매를 신청한 경우에 반대의무(=건물명도의무)의 이행을 집행개시요건으로 한다. [15+, 25]

1. × 반대의무의 이행을 집행개시요건으로 하지 않는다.

▷ 우선변제 · 최우선변제

1. 사업자등록은 대항력이나 우선변제권의 취득요건일 뿐 존속요건은 아니다. [18, 20]

1. × 취득요건이자 동시에 존속요건이다.

∟ 임차인이 건물의 환가대금에서 보증금을 우선변제받기 위해서는 사업자등록이 경매개시결정 시까지 존속하면 된다. [20]

∟ × 배당요구종기까지 존속하여야 한다.

∟ 임차인이 건물의 환가대금에서 보증금을 우선변제받기 위해서는 대항요건이 배당요구종기까지 존속하여야 한다. [25]

∟ ○

2. 甲이 2020. 5. 10. 乙 소유의 X상가건물을 乙로부터 보증금 9억 5천만 원에 임차하여 대항요건과 확정일자를 갖추고 영업하고 있다. X건물이 경매로 매각된 경우, 甲은 특별한 사정이 없는 한 보증금에 대해 일반채권자보다 우선하여 변제받을 수 있다. [28 변형]

2. × 보증금액이 9억 원을 초과하므로 甲은 대항요건과 확정일자를 갖추더라도 건물의 환가대금에서 보증금의 우선변제를 받을 수 없다.

ㄴ 세종특별자치시에 소재하는 甲 소유의 X상가건물의 1층 점포를 乙이 분식점을 하려고 甲으로부터 2022. 2. 16. 보증금 6억 원, 차임 월 100만 원에 임차하였고 임차권등기는 되지 않았다. 乙이 대항요건을 갖춘 후 임대차계약서에 확정일자를 받은 경우, 「민사집행법」상 경매 시 乙은 임차건물의 환가대금에서 후순위 권리자보다 우선하여 보증금을 변제받을 권리가 있다. [33]

> ㄴ × 보증금액이 5억 4천만원을 초과하므로 乙은 대항요건과 확정일자를 갖추더라도 건물의 환가대금에서 보증금의 우선변제를 받을 수 없다.

3. 甲은 乙 소유의 서울 소재 X상가건물을 2022. 6. 1. 보증금 4,500만 원에 임차하여 같은 날 인도받고 사업자등록을 신청하였다. 보증금 이외에 매월 50만 원의 차임을 지급하기로 하였다면, 甲은 보증금 중 2,200만 원에 대해서는 다른 담보물권자에 우선하여 변제받을 수 있다. [23 변형]

> 3. × 환산보증금액이 9,500만 원으로 6,500만 원을 초과하므로 보증금 중 일정액에 대한 우선변제(=최우선변제)를 받을 수 없다.

▷ 임차권등기명령

1. 주택임차인과 달리 상가건물임차인은 임차권등기명령을 신청할 수 없다. [18, 28]

> 1. × 상가건물임차인도 임차권등기명령을 신청할 수 있다.

2. 임차인은 임대차가 종료되기 전이라도 임차권등기명령을 신청할 수 있다. [20]

> 2. × 임대차가 종료된 이후에 신청할 수 있다.

3. 임차건물의 소재지와 임대인의 주소지가 다른 경우에는 임대인의 주소지를 관할하는 지방법원에 임차권등기명령을 신청하여야 한다. [15+]

> 3. × 임차건물의 소재지를 관할하는 법원에 신청하여야 한다.

ㄴ 임대차가 종료한 후 보증금이 반환되지 않은 때에는 임차인은 관할 세무서에 임차권등기명령을 신청할 수 있다. [30]

> ㄴ × 관할 법원에 신청하여야 한다.

4. 임차권등기명령신청을 기각하는 법원의 결정에 대하여 임차인은 항고할 수 있다. [17]

> 4. ○

5. 임차권등기명령에 따라 임차권등기가 경료된 후에 건물을 임차한 자에게는 보증금 중 일정액에 대한 우선변제권이 인정되지 않는다. [16]

> 5. ○

5 확정일자 부여 및 임대차정보 제공

1. 임대차계약을 체결하려는 자는 임대인의 동의 없이도 관할 세무서장에게 해당 상가건물의 임대차에 관한 정보제공을 요구할 수 있다. [30]

> 1. × 임대인의 동의를 받아 정보제공을 요청할 수 있다.

6 존속기간

▶ 그림민법 p.151

▷ 최단기간 보장

1. 이 법의 적용을 받는 경우, 기간의 정함이 없는 상가건물임대차는 그 기간을 1년으로 본다. [14, 18, 25, 27]

1. ○

2. 임대차기간을 1년 미만으로 정한 특약이 있는 경우, 임대인은 그 기간의 유효함을 주장할 수 있다. [17]

2. × 임차인만 1년 미만의 기간이 유효함을 주장할 수 있다.

3. 乙은 식당을 운영하기 위해 2023. 5. 1. 甲으로부터 그 소유의 서울특별시 소재 X상가 건물을 보증금 10억 원, 월 임료 100만 원, 기간은 정함이 없는 것으로 하여 임차하는 상가임대차계약을 체결하였다. 乙이 甲에게 1년의 존속기간을 주장하는 경우, 乙의 주장은 인정된다. [34]

3. × 인정되지 않는다(환산보증금액이 9억 원을 초과하기 때문).

ㄴ, 甲이 2022. 5. 10. 乙 소유의 X상가건물을 乙로부터 보증금 10억 원에 임차하여 상가건물 임대차보호법상의 대항요건을 갖추고 영업하고 있다. 甲과 乙 사이에 임대차기간을 6개월로 정한 경우, 乙은 그 기간이 유효함을 주장할 수 있다. [28 변형]

ㄴ, ○

4. 임차기간을 2년으로 정한 임대차는 그 기간을 1년으로 보므로, 임대인은 임차기간이 1년임을 주장할 수 있다. [21]

4. × 임차기간을 2년으로 정한 경우 존속기간은 약정한 그대로 2년이 되고, 임대인이나 임차인은 임차기간이 1년임을 주장할 수 없다.

5. 임대차가 종료한 경우에도 임차인이 보증금을 반환받을 때까지 임대차관계는 존속하는 것으로 본다. [17]

5. ○

▷ 계약갱신요구권

1. 乙은 식당을 운영하기 위해 2023. 5. 1. 甲으로부터 그 소유의 서울특별시 소재 X상가 건물을 보증금 10억 원, 월 임료 100만 원, 기간은 정함이 없는 것으로 하여 임차하는 상가임대차계약을 체결하였다. 乙이 甲에게 계약갱신요구권을 주장하는 경우, 乙의 주장은 인정된다. [34]

1. × 인정되지 않는다(계약갱신요구권은 임대차기간이 정해져 있음을 전제로 기간만료 6개월 전부터 1개월 전까지 행사하도록 규정되어 있기 때문).

2. 甲은 2022년 2월 1일 서울특별시에 위치한 乙 소유 X상가건물에 대하여 보증금 5억 원, 월차임 5백만 원으로 임대차계약을 체결하였다. 甲이 임차건물의 일부를 중과실로 파손한 경우, 乙은 甲의 계약갱신요구를 거절할 수 있다. [32 변형]

2. ○

3. 임차인의 계약갱신요구권은 최초의 임대차기간을 포함한 전체 임대차기간이 10년을 초과하지 않는 범위 내에서만 행사할 수 있다. [17, 18, 20, 28, 29]

3. ○

PART 04

4. 임대인이 임차인의 계약갱신요구를 거절할 수 있는 경우는?

4.

1) 임차인이 3기의 차임액에 달하도록 차임을 연체한 사실이 있는 경우

[14, 17, 19, 25]

1) ○

2) 쌍방의 합의 하에 임대인이 임차인에게 상당한 보상을 제공한 경우 [14]

2) ○

3) 임차인이 임대인의 동의 없이 목적건물의 전부 또는 일부를 전대한 경우 [14, 19]

3) ○

4) 임차인이 임차한 건물의 전부 또는 일부를 고의 또는 중대한 과실로 파손한 경우 [14]

4) ○

ㄴ 임차인이 임차한 건물의 일부를 경과실로 파손한 경우 [19, 20]

ㄴ × 고의나 중과실로 파손한 경우에만 거절사유가 된다.

5) 임차한 건물의 일부가 멸실되어 임대차의 목적을 달성하지 못할 경우 [19]

5) ○

6) 임대인이 목적건물의 전부 또는 대부분을 철거하거나 재건축하기 위해 목적건물의 점유회복이 필요한 경우 [14, 19]

6) ○

ㄴ 임대인이 목적건물의 일부를 개축하기 위하여 점유회복이 필요한 경우 [15+]

ㄴ × 일부를 개축→전부 또는 대부분을 철거하거나 재건축

5. 상가건물의 공유자인 임대인이 임차인에게 갱신거절의 통지를 하는 행위는 공유물의 관리행위이므로, 공유지분의 과반수로써 결정하여야 한다. [22]

5. ○

6. 임차인의 계약갱신요구권에 따라 갱신되는 임대차는 전 임대차와 동일한 조건으로 다시 계약된 것으로 본다. [28]

6. ○

▷ 묵시적 갱신

1. 임대인이 임대차기간 만료 전 6개월부터 1개월 사이에 갱신거절 등의 통지를 하지 않아 성립하는 임대차의 법정갱신은 전체 임대차기간이 10년을 초과하지 않는 범위 내에서만 가능하다. [22 변형]

1. × 계약갱신요구권과는 달리 묵시적 갱신(=법정갱신)에는 10년의 기간제한이 없다.

2. 임차인 乙은 甲 소유의 X상가건물에 관하여 월차임 200만 원, 기간 2023. 5. 24. ~ 2024. 5. 23.로 하는 임대차계약을 甲과 체결하였고, 기간만료 14일 전인 2024. 5. 9. 갱신거절의 통지를 하여 다음날 甲에게 도달하였다. 임대차계약의 종료일은 2024. 5. 23.이다. [35]

2. ○

3. 임대차계약이 묵시적으로 갱신된 경우, 임차인의 계약해지의 통고가 있으면 즉시 해지의 효력이 발생한다. [30]

3. × 임대인이 통고를 받은 날로부터 3개월이 지나면 효력이 발생한다.

▷ 폐업으로 인한 임차인의 해지권

1. 세종특별자치시에 소재하는 甲 소유의 X상가건물의 1층 점포를 乙이 甲으로부터 2022. 2. 16. 보증금 6억 원, 차임 월 100만 원에 임차하였고 임차권등기는 되지 않았다. 乙은 「감염병 예방 및 관리에 관한 법률」에 따른 집합 제한 또는 금지조치를 총 3개월 이상 받음으로써 발생한 경제사정의 중대한 변동으로 폐업한 경우에는 임대차계약을 해지할 수 있다. [33]

1. ○

7 차임 및 보증금

▶ 그림민법 p.151

1. 동법상 계약존속 중에 하는 차임증액청구의 한도는 9%이다. [14, 21]

1. × 9% → 5%

2. 차임의 증액청구는 차임의 증액이 있은 후 2년 이내에는 이를 하지 못한다. [15+]

2. × 2년 → 1년

3. 甲은 2021년 2월 1일 서울특별시에 위치한 乙 소유 X상가건물에 대하여 보증금 5억 원, 월차임 5백만 원으로 임대차계약을 체결하였다. 甲은 2021년 2월 15일 건물의 인도를 받아 영업을 개시하고, 사업자등록을 신청하였다. 甲이 2개월분의 차임을 연체하던 중 매매로 건물의 소유자가 丙으로 바뀐 경우, 특별한 사정이 없는 한 연체차임은 乙에게 지급해야 한다. [32]

3. ○

4. 임대인의 지위를 승계한 양수인은 승계 이후의 연체차임액이 3기 이상의 차임에 달하여야 임대차계약을 해지할 수 있음이 원칙이다. [22]

4. ○

5. 전차인의 차임연체액이 2기의 차임액에 달하는 경우, 전대인은 전대차계약을 해지할 수 있다. [27]

5. × 2기 → 3기

8 권리금회수기회 보호

▶ 그림민법 p.151

1. 임차인이 임차한 건물을 중대한 과실로 전부 파손한 경우, 임대인은 권리금 회수의 기회를 보장할 필요가 없다. [29]

1. ○

2. 임대인이 그의 임차인이 주선한 신규임차인으로 되려는 자와의 임대차계약의 체결을 거절할 수 있는 경우는?

2.

1) 임대차목적물인 상가건물을 6개월 동안 영리목적으로 사용하지 아니한 경우 [29]

1) × 6개월 → 1년 6개월

2) 임차인이 주선한 신규임차인이 되려는 자가 보증금을 지급할 자력이 없는 경우 [29]

2) ○

PART 04

3) 임대인이 선택한 신규임차인이 임차인과 권리금계약을 체결하고 그 권리금을 지급한 경우 [29]

3) ○

4) 임차인이 주선한 신규임차인이 되려는 자가 임차인으로서의 의무를 위반할 우려가 있는 경우 [29]

4) ○

3. 권리금회수의 방해로 인한 임차인의 임대인에 대한 손해배상청구권은 그 방해가 있은 날로부터 3년 이내에 행사하지 않으면 시효의 완성으로 소멸한다. [26, 27]

3. × 방해가 있는 날→임대차가 종료한 날

| 제3장 | 집합건물의 소유 및 관리에 관한 법률 |

1 건물의 구분소유

▶ 그림민법 p.152

▷ **전유부분**

1. 전유부분은 구분소유권의 목적인 건물부분을 말한다. [18, 27, 32]

    1. ○

2. 구분건물이 되기 위해서는 구분소유의 객체가 될 수 있는 구조상 및 이용상의 독립성 외에도 그 건물을 구분소유권의 객체로 하려는 소유자의 구분소유의사가 객관적으로 표시된 구분행위가 있어야 한다. [15+]

    2. ○

    └ 구조상 및 이용상의 독립성을 갖추고 있더라도 소유자가 구분건물로 등기하지 않고 1동의 건물을 객체로 등기를 한 때에는 구분소유권이 성립하지 않는다. [19]

    └ ○

3. 구분건물이 객관적·물리적으로 완성되더라도 그 건물이 집합건축물대장에 등록되지 않는 한 구분소유권의 객체가 되지 못한다. [32]

    3. × 구분행위는 반드시 등기나 등록일 필요가 없다.

    └ 집합건축물대장에 등록되지 않더라도 구분소유가 성립할 수 있다. [26]

    └ ○

▷ **공용부분**

1. 공용부분은 성질 및 구조상 당연한 공용부분과 규약에 의한 공용부분으로 나눌 수 있는데, 양자 모두 등기를 요한다는 점에서는 동일하다. [18]

    1. × 규약상 공용부분만 등기를 한다(표제부만 둠).

    └ 당연공용부분은 등기를 요하지 않으나, 규약공용부분은 등기하여야 한다. [13, 15+]

    └ ○

    └ 복도, 계단, 출입구, 엘리베이터, 옥상, 보일러실, 소방설비 등은 법률상 당연히 공용부분이 되며, 공용부분이라는 취지의 등기를 요하지 않는다. [13]

    └ ○

    └ 건물부분 또는 부속건물이 규약 또는 공정증서로써 공용부분으로 정해진 경우에는 공용부분이라는 취지의 등기를 할 필요가 없다. [13]

    └ × 규약상 공용부분은 공용부분이라는 취지를 등기한다.

2. 일부의 구분소유자만이 공용하도록 제공되는 것임이 명백한 공용부분은 그들 구분소유자의 공유에 속한다. [29]

    2. ○

3. 구분소유자의 공용부분에 대한 지분은 그가 가지는 전유부분의 처분에 종속된다. [15]

    3. ○

4. 공용부분에 대한 지분은 구분소유자 전원의 동의가 있는 경우에도 전유부분과 분리하여 처분할 수 없다. [13, 14, 15]

4. ○

5. 공용부분에 관한 물권의 득실변경은 등기를 하여야 효력이 생긴다. [13, 29, 30, 31, 34]

5. × 공용부분에 대한 물권의 득실변경은 등기를 요하지 않는다.

6. 공용부분은 구분소유자의 공유이므로, 각 공유자는 언제든지 그 분할을 청구할 수 있다. [18]

6. × 집합건물의 공용부분은 분할을 청구할 수 없다.

7. 각 공유자는 공용부분을 그 용도에 따라 사용할 수 있다. [15+, 31, 34]

7. ○

└ 공용부분의 사용은 전유부분의 지분비율에 따른다. [26]

└ × 지분비율에 관계없이 그 용도에 따라 사용한다.

8. 공용부분의 변경에 관한 사항은 원칙적으로 통상의 집회결의(= 구분소유자 및 의결권의 각 과반수의 결의)로써 결정한다. [15+, 21]

8. × 구분소유자 및 의결권의 3분의 2 이상의 결의로써 결정한다(단, 권리변동을 일으키는 경우는 5분의 4 이상).

└ 공용부분의 변경은 구분소유자의 5분의 4 이상의 결의가 있어야 한다. [28]

└ × 上同

9. 관리인 선임 여부와 관계없이 공유자는 단독으로 공용부분에 대한 보존행위를 할 수 있다. [26]

9. ○

10. 관리단집회 결의나 다른 구분소유자의 동의 없이 구분소유자 1인이 공용부분을 독점적으로 점유·사용하는 경우, 다른 구분소유자는 공용부분의 보존행위로서 그 인도를 청구할 수 있다. [33]

10. × 공용부분의 인도를 청구할 수는 없고, 방해상태의 제거나 방해행위의 금지를 청구할 수 있다.

11. 구분소유자 중 일부가 정당한 권원 없이 구조상 공용부분인 복도를 배타적으로 점유·사용하여 다른 구분소유자가 사용하지 못하였다면, 특별한 사정이 없는 한 이로 인하여 얻은 이익을 다른 구분소유자에게 부당이득으로 반환하여야 한다. [33]

11. ○

12. 각 공유자는 규약에 달리 정함이 없는 한 그 지분의 비율에 따라 공용부분의 관리비용 기타 의무를 부담하며 공용부분에서 생기는 이익을 수취한다. [14]

12. ○

└ 관리단은 관리비징수에 관한 유효한 규약이 없더라도 공용부분에 대한 관리비를 그 부담의무자인 구분소유자에게 청구할 수 있다. [33]

└ ○

13. 공유자가 공용부분에 관하여 다른 공유자에 대하여 가지는 채권은 그 특별승계인에 대하여도 행사할 수 있다. [29]

13. ○

14. 전(前) 구분소유자의 특별승계인은 체납된 공용부분 관리비는 물론 그에 대한 연체료도 승계한다. [17, 20, 25]

14. × 연체료는 특별승계인에게 승계되는 공용부분 관리비에 포함되지 않는다.

15. 전유부분이 속하는 1동의 건물의 설치·보존의 흠으로 인하여 다른 자에게 손해를 입힌 경우, 그 흠은 공용부분에 존재하는 것으로 추정한다. [14, 23]

15. ○

▷ 대지

1. 대지사용권은 구분소유자가 전유부분을 소유하기 위하여 건물의 대지에 대하여 가지는 권리를 말한다. [15, 27]

2. 대지 위에 구분소유권의 목적인 건물이 속하는 1동의 건물이 있을 경우, 대지의 공유자는 그 건물의 사용에 필요한 범위의 대지에 대하여 분할을 청구하지 못한다. [13, 27]

3. 전유부분에 대한 처분이나 압류 등의 효력은 특별한 사정이 없는 한 대지권에는 미치지 않는다. [20]

└ 전유부분에 설정된 저당권의 효력은 대지사용권에 미친다. [25]

4. 구분소유자는 규약 또는 공정증서로써 달리 정하지 않는 한 그가 가지는 전유부분과 분리하여 대지사용권을 처분할 수 없다. [15+, 19, 26, 34]

└ 법원의 강제경매절차에 의해서라면 대지사용권은 전유부분과 분리되어 처분될 수 있다. [21, 34]

5. 대지사용권을 전유부분과 분리하여 처분하는 것을 금지하는 취지를 등기하지 않으면, 집합건물의 대지임을 모른 채 대지사용권의 목적이 되는 토지를 취득한 제3자에게 대항할 수 없다. [21]

6. 구분소유자가 대지사용권을 포기하거나 상속인 없이 사망한 경우 그 지분은 다른 공유자에게 각 지분의 비율로 귀속된다. [13]

▷ 구분소유자의 의무

1. 구분소유자는 주거용으로 분양된 전유부분을 임의로 주거 이외의 용도로 사용하거나 그 내부벽을 철거 또는 파손하여 증·개축하는 행위를 할 수 없다. [13]

2. 구분소유자가 공동이익에 반할 염려가 있는 행위를 할 경우에는 각 구분소유자는 그 행위의 정지 등을 청구할 수 있다. [14]

3. 구분소유자가 공동이익에 반하는 행위를 하는 경우, 관리인은 직권으로 해당 구분소유자의 전유부분의 사용을 금지할 수 있다. [22]

└ 구분소유자의 전유부분 사용금지의 청구는 구분소유자의 5분의 4 이상의 결의가 있어야 한다. [28]

4. 구분소유권에 대한 경매청구권의 행사는 관리인 또는 관리단집회의 결의에 의하여 지정된 구분소유자가 소의 방법으로 하여야 한다. [14]

└ 구분소유권의 경매청구는 구분소유자의 5분의 4 이상의 결의가 있어야 한다. [28]

---

1. ○

2. ○

3. × 대지사용권은 전유부분의 처분에 따른다.

└ ○

4. ○

└ × 법원의 강제경매절차에 의한 것이라도 대지사용권만의 분리처분은 무효이다.

5. ○

6. × 대지사용권에 관해서는 민법 제267조가 적용되지 않고, 그 지분은 전유부분과 함께 국유로 귀속된다.

1. ○

2. × 각 구분소유자→관리인 또는 관리단집회결의로 지정된 구분소유자

3. × 직권으로 금지할 수 있다→소(訴)로서 사용금지를 청구할 수 있다.

└ × 5분의 4 → 4분의 3

4. ○

└ × 5분의 4 → 4분의 3

2 내부관계

▶ 그림민법 p.153

▷ 관리단, 관리인, 관리위원회

1. 관리단은 특별한 조직행위가 없어도 당연히 구분소유자 전원을 구성원으로 하여 성립하는 단체이다. [15+, 19, 20]

   1. ○

   ↳ 관리단은 구분소유자 전원을 구성원으로 하여 성립하는 단체로서 설립계약이 요구되는 조합의 성격을 갖는다. [15]

   ↳ × 관리단은 별도의 조직행위 없이 당연히 성립되는 단체이.

2. 분양대금을 완납하였음에도 분양자측의 사정으로 소유권이전등기를 경료받지 못한 수분양자도 관리단에서 의결권을 행사할 수 있다. [17, 22]

   2. ○

3. 관리단의 재산으로 채무를 전부 변제할 수 없게 된 경우, 각 구분소유자는 연대하여 관리단의 채무 전부를 변제할 책임이 있음이 원칙이다. [22]

   3. × 연대하여 → 지분비율에 따라

4. 구분소유자가 10인 이상일 때에는 관리단을 대표하고 관리단의 사무를 집행할 관리인을 선임하여야 한다. [33]

   4. ○

5. 관리인은 구분소유자일 필요가 없으며, 그 임기는 2년의 범위에서 규약으로 정한다. [24, 30, 35]

   5. ○

   ↳ 구분소유자가 아닌 자는 관리인이 될 수 없다. [33]

   ↳ × 관리인은 구분소유일 필요가 없다.

   ↳ 집합건물의 임차인은 관리인이 될 수 없다. [25]

   ↳ × 上同

6. 관리인의 선임은 관리단집회의 소집·개최 없이 서면결의로 할 수 있다. [22]

   6. ○

6. 관리인은 공용부분의 보존행위를 할 수 있다. [35]

   6. ○

7. 관리인에게 부정한 행위 기타 그 직무를 수행하기에 부적합한 사정이 있을 때에는 각 구분소유자는 그 해임을 법원에 청구할 수 있다. [13, 24]

   7. ○

8. 관리인의 대표권 제한은 선의의 제3자에게 대항할 수 없다. [29, 35]

   8. ○

9. 관리단에는 규약으로 정하는 바에 따라 관리위원회를 둘 수 있다. [24]

   9. ○

10. 규약에 다른 정함이 없으면 관리위원회의 위원은 전유부분을 점유하는 자 중에서 관리단집회의 결의에 의하여 선출한다. [24]

    10. × 구분소유자 중에서 선출한다.

    ↳ 규약에서 달리 정한 바가 없으면 관리인은 관리위원회의 위원이 될 수 있다. [33, 35]

    ↳ × 관리인은 관리위원회의의 위원이 될 수 없다.

11. 규약에서 달리 정한 바가 없으면 관리위원회 위원은 부득이한 사유가 없더라도 서면이나 대리인을 통하여 의결권을 행사할 수 있다. [33]

    11. × 관리위원회 위원은 부득이한 사유가 있는 경우 외에는 서면이나 대리인을 통하여 의결권을 행사할 수 없다.

12. 관리위원회를 둔 경우에도 규약에서 달리 정한 바가 없으면 관리인은 공용부분의 보존행위를 함에 있어 관리위원회의 결의를 요하지 않는다. [33]

12. × 관리위원회의 결의를 거쳐야 한다.

▷ 규약 및 집회

1. 규약의 설정·변경 및 폐지는 구분소유자의 5분의 4 이상의 결의가 있어야 한다. [13, 20, 28]

1. × 5분의 4 → 4분의 3

2. 아파트관리규약에서 입주자의 지위를 승계한 자에 대하여도 체납관리비 채권 전액을 행사할 수 있다고 규정하고 있더라도 승계인이 전 입주자의 전유부분에 대한 체납관리비까지 승계하는 것은 아니다. [15+]

2. ○

  └ 구분소유권의 특별승계인이 그 구분소유권을 다시 제3자에게 이전한 경우, 관리규약에 달리 정함이 없는 한 각 특별승계인들은 자신의 전(前) 구분소유자의 공용부분에 대한 체납관리비를 지급할 책임이 있다. [32]

  └ ○

3. 구분소유자가 집합건물의 규약에서 정한 업종준수의무를 위반할 경우 단전·단수 등 제재조치를 할 수 있다고 규정한 상가관리규약은 유효하다. [15+]

3. ○

4. 입주자대표회의가 공동주택의 구분소유자를 대리하여 공용부분 등의 구분소유권에 기초한 방해배제청구권을 행사할 수 있다고 규정한 공동주택관리규약은 유효하다. [15+]

4. × 무효이다. 방해배제나 부당이득반환 또는 손해배상청구는 구분소유자 각각 또는 전원의 이름으로 하거나 관리인이 관리단을 대표하여 할 수 있고, 입주자대표회의는 이를 할 수 없다.

5. 관리인은 매년 회계연도 종료 후 3개월 이내에 정기 관리단집회를 소집하여야 한다. [24, 29]

5. ○

6. 관리인은 구분소유자의 4분의 1 이상이 소집을 청구한 때에는 임시 관리단집회를 소집하여야 한다. [13 변형]

6. × 4분의 1→5분의 1

7. 관리단집회를 소집하고자 할 때에는 관리단집회일의 1주일 전에 회의의 목적사항을 명시하여 각 구분소유자에게 통지하여야 한다. [13]

7. ○

8. 관리단집회는 구분소유자 전원이 동의하면 소집절차를 거치지 않고 소집할 수 있다. [13, 25]

8. ○

9. 관리단집회에서의 의결권은 서면 또는 대리인에 의해 행사할 수 있다. [16]

9. ○

10. 규약 및 관리단집회의 결의는 구분소유자의 특별승계인에 대하여도 효력이 있다. [30]

10. ○

③ 재건축 및 복구
▶ 그림민법 p.153

1. 집합건물을 재건축하려면 구분소유자 및 의결권의 각 5분의 4 이상의 다수에 의한 결의가 있어야 한다. [15, 16, 17, 24, 28, 30]

   1. ○

↳ 한 단지 내에 있는 여러 동의 건물을 일괄하여 재건축하려는 경우, 재건축결의는 각각의 건물마다 있어야 한다는 것이 판례이다. [16]

   ↳ ○

2. 주거용 집합건물을 철거하고 상가용 집합건물을 신축하기로 하는 재건축결의는 원칙적으로 허용되지 않는다. [21]

   2. ✕ 허용된다.

3. 재건축비용의 분담액 또는 산출기준을 확정하지 않은 재건축결의는 무효임이 원칙이다. [17]

   3. ○

4. 서면결의의 방법에 의한 재건축결의가 가능하다. [25]

   4. ○

5. 재건축의 결의가 있는 경우 집회를 소집한 자는 지체 없이 그 결의에 찬성하지 않은 구분소유자에 대하여 재건축에의 참가 여부에 대한 회답을 서면으로 최고하여야 한다. [16, 17]

   5. ○

↳ 위의 최고를 받은 구분소유자가 2월 이내에 회답하지 않은 경우, 그 구분소유자는 재건축에 참가하겠다는 뜻을 회답을 한 것으로 본다. [16, 30]

   ↳ ✕ 참가하지 않겠다는 뜻을 회답한 것으로 본다.

6. 재건축의 결의가 법정정족수 미달로 무효인 경우에는 구분소유자 등의 매도 청구권이 발생하지 않는다. [20]

   6. ○

④ 분양자와 시공자의 담보책임
▶ 그림민법 p.153

1. 분양자가 아닌 시공자는 특별한 사정이 없는 한 집합건물의 하자에 대하여 담보책임을 지지 않는다. [23]

   1. ✕ 분양자뿐만 아니라 시공자도 구분소유자에 대하여 담보책임을 진다.

2. 전유부분이 양도된 경우, 하자담보책임을 물을 수 있는 자는 특별한 약정이 없는 한 현재의 소유자가 아니라 최초의 수분양자이다. [18]

   2. ✕ 최초의 수분양자가 아니라 현재의 구분소유자이다.

↳ 분양자는 원칙적으로 전유부분을 양수한 구분소유자에 대하여 담보책임을 지지 않는다. [31]

   ↳ ✕ 분양자는 현재의 구분 소유자(=전유부분의 양수인)에 대하여 담보책임을 진다.

3. 분양자의 담보책임에 관하여 당사자들이 수급인의 담보책임에 관한 민법 규정과 다른 내용의 합의를 하였다면 그것이 매수인에게 불리한 경우일지라도 그러한 합의는 유효하다. [15]

   3. ✕ 분양자와 시공자의 담보책임에 관하여 민법에 규정하는 것보다 매수인을 불리하게 하는 특약은 효력이 없다.

4. 완성된 분양목적물의 하자로 계약목적을 달성할 수 없더라도 분양계약을 해제할 수 없다. [23]

5. 전유부분에 관한 담보책임의 존속기간은 사용검사일부터 기산한다. [31]

4. × 집합건물의 완성 후에도 분양건물의 하자로 인해 계약의 목적을 달성할 수 없는 때에는 분양계약을 해제할 수 있다.

5. × 구분소유자에게 인도한 날부터 기산한다.

제4장 가등기담보 등에 관한 법률

1 비전형담보(非典型擔保)의 의의
▶ 그림민법 p.154

1. 담보가등기인지 여부는 형식적으로 결정될 것이 아니고 거래의 실질과 당사자의 의사해석에 따라 결정된다. [14, 32]

    └ 가등기가 담보가등기인지, 청구권보전을 위한 가등기인지의 여부는 등기부상 표시를 보고 결정한다. [30]

2. 채무자가 아닌 제3자는 가등기담보권의 설정자가 될 수 없다. [33]

3. 채권자 아닌 제3자 명의로 가등기를 하는 데 대하여 채권자와 채무자 및 제3자 사이에 합의가 있는 경우, 제3자에게 그 채권이 실질적으로 귀속되었다고 볼 수 있는 특별한 사정이 있더라도 제3자 명의의 가등기는 무효이다. [15]

4. 가등기담보권이 설정된 경우, 설정자는 담보권자에 대하여 그 목적물의 소유권을 자유롭게 행사할 수 있다. [23]

5. 가등기담보권자는 특별한 사정이 없는 한 가등기담보권을 그 피담보채권과 함께 제3자에게 양도할 수 있다. [33]

2 동법의 적용요건
▶ 그림민법 p.154

1. 매매대금이나 공사대금의 지급을 담보하기 위하여 가등기나 양도담보를 한 경우에도 이 법이 적용된다. [19, 20, 21, 26, 33, 34]

    └ 가등기의 주된 목적이 매매대금채권의 확보에 있고 대여금채권의 확보는 부수적 목적인 경우, 동법은 적용되지 않는다. [17]

    └ 양도담보권이 매매대금채권의 담보를 위하여 설정된 후 대여금채권이 그 피담보채권에 포함되게 된 경우, 동법이 적용된다. [15]

2. 대물반환의 예약 당시 담보물의 가액이 차용액 및 이에 붙인 이자의 합산액에 미달하는 경우에도 이 법이 적용된다. [14, 19]

    └ 1억 원을 차용하면서 3천만 원 상당의 부동산을 양도담보로 제공한 경우, 이 법이 적용된다. [21]

    └ 차용금채무 1억 원의 담보로 2억 원 상당의 부동산에 대해 대물변제예약을 하고 가등기한 경우, 이 법이 적용된다. [34]

정답·해설란

1. ○

└ × 등기부상의 표시가 아니라 거래의 실질과 당사자의 의사해석에 따라 결정된다.

2. × 채무자가 아닌 제3자도 가등기담보권의 설정자가 될 수 있다(물상보증인).

3. × 채권이 제3자에 귀속된 경우(가령 채권양도)에는 제3자 명의의 가등기도 유효하다.

4. ○

5. ○

1. × 이 법은 대여금반환채권을 담보하기 위한 가등기담보나 양도담보의 경우에만 적용된다.

└ ○

└ × 적용되지 않는다.

2. × 이 법은 담보물의 가액이 원리금 합산액을 초과하는 경우에만 적용된다.

└ × 담보물의 가액이 차용액에 미달하므로 이 법이 적용되지 않는다.

└ ○

└ 3억 원을 차용하면서 이미 2억 원의 채무에 대한 저당권이 설정된 4억 원 상당의 부동산에 가등기한 경우, 이 법이 적용된다. [21, 34]

└ × 담보물의 잔존가치(2억 원＝4억 원－2억 원)가 차용액(3억 원)에 미달하므로 이 법이 적용되지 않는다.

└ 가등기담보부동산의 예약 당시 시가가 그 피담보채무액에 미달하는 경우에는 청산금평가액의 통지를 할 필요가 없다. [32]

└ ○

3. 1억 원을 차용하면서 부동산에 관하여 가등기나 소유권이전등기를 하지 않은 경우, 이 법이 적용된다. [34]

3. × 담보목적 부동산에 관하여 가등기나 소유권이전등기를 마치지 않은 경우에는 이 법이 적용되지 않는다.

└ 등기나 등록할 수 없는 주식이나 동산은 가등기담보권의 목적물이 될 수 없다. [19, 21]

└ ○

└ 1억 원을 차용하면서 2억 원 상당의 그림을 양도담보로 제공한 경우, 이 법이 적용된다. [34]

└ × 등기·등록할 수 없는 동산의 양도담보에는 이 법이 적용되지 않는다.

③ 동법의 담보권실행절차

▶ 그림민법 p.154~155

▷ 서설

1. 가등기담보권자는 일정한 요건 아래 소유권취득 또는 경매청구를 할 수 있다. [17]

1. ○

└ 동법은 경매에 관하여 담보가등기권리를 저당권으로 보므로, 가등기담보권의 실행은 경매에 의하여야 한다. [13, 15+]

└ × 가등기담보권자는 권리취득에 의한 실행과 경매에 의한 실행 중 어느 것이든 선택할 수 있다.

2. 가등기담보의 채무자는 귀속정산과 처분정산 중 하나를 선택할 수 있다. [26]

2. × 채무자가 아니라 채권자(＝가등기담보권자)가 선택한다.

▷ 가등기담보권의 사적 실행(＝ 권리취득에 의한 실행)

1. 乙은 甲에게 1억 원을 빌려주고 이를 담보하기 위해 甲 소유의 X토지(시가 3억 원)에 가등기를 하였고, 그 후 丙이 X토지에 저당권을 취득하였다. 甲이 변제기에 채무를 이행하지 않자 乙은 담보권을 실행하여 X토지의 소유권을 취득하고자 한다.

1.

1) 乙이 담보권을 실행하여 X토지의 소유권을 취득하기 위해서는 청산절차를 거쳐야 한다. [18, 25]

1) ○

└ 乙이 담보계약에 따라 적법하게 소유권을 취득하려면 청산금의 평가액을 甲에게 통지하여야 한다. [16, 24]

└ ○

└ 乙이 甲에게 담보권실행통지를 하지 않으면 청산금을 지급하더라도 가등기에 기한 본등기를 청구할 수 없다. [24]

└ ○

2) 실행통지의 상대방이 채무자 등 여러 명인 경우, 그 모두에 대하여 실행통지를 하여야 통지로서의 효력이 발생한다. [23]

2) ○

└ 통지의 상대방에는 채무자 이외에 물상보증인이 포함되지만, 담보가등기 후 소유권을 취득한 제3취득자는 포함되지 않는다. [16, 19]

└ × 제3취득자도 포함된다.

3) 실행통지의 시기는 채권의 변제기 이후이다. [16]

3) ○

4) 청산금은 실행통지 당시의 X토지의 가액에서 그 시점에 X토지에 존재하는 모든 피담보채권액을 공제한 차액이다. [17]

4) × 모든 피담보채권액 → 선순위 담보권의 피담보채권액

└ 청산금은 담보권실행의 통지 당시 X토지의 가액에서 피담보채권액을 뺀 금액이며, X토지에 선순위담보권이 있으면 위 피담보채권액에 선순위담보로 담보한 채권액을 포함시킨다. [30]

└ ○

5) 가등기담보권자가 담보권실행 전에 그의 권리를 보전하기 위하여 채무자의 제3자에 대한 선순위담보채무를 대위변제하여 발생한 구상권도 가등기담보계약에 의하여 담보되는 것이 원칙이다. [17]

5) ○

6) 가등기의 피담보채권은 당사자의 약정과 관계없이 가등기의 원인증서인 매매예약서상의 매매대금의 한도로 제한된다. [32]

6) × 피담보채권은 당사자의 약정 내용에 따라 결정된다.

7) 乙이 나름대로 평가한 청산금액이 객관적인 평가액에 미치지 못한 경우에는 담보권실행통지는 효력이 없다. [15, 15+, 17]

7) × 그 경우에도 실행통지는 효력이 있다.

└ 위의 경우 甲은 乙이 통지한 청산금액을 다투고 정당하게 평가된 청산금을 지급받을 때까지 X토지의 소유권이전등기 및 인도채무의 이행을 거절할 수 있다. [24]

└ ○

8) 甲은 乙이 통지한 청산금액에 묵시적으로 동의함으로써 청산금을 확정시킬 수 있다. [24]

8) ○

9) 청산금이 없는 경우에는 乙은 변제기가 도래한 때에 즉시 가등기에 기하여 본등기를 청구할 수 있다. [15+]

9) × 청산금이 없는 경우에도 乙은 그 뜻을 통지하고 2개월이 지나야 가등기에 기하여 본등기를 청구할 수 있다.

└ X토지의 평가액이 피담보채권액에 미달하는 경우에는 乙은 가등기담보권의 실행통지를 할 필요가 없다. [20]

└ × 청산금이 없는 경우에도 乙은 그 뜻을 통지하여야 한다.

└ 청산금이 없다고 인정되는 경우에는 乙은 그 뜻을 통지하여야 한다. [16, 30]

└ ○

10) 乙이 甲에게 청산금의 평가액을 통지한 후라도 乙은 청산금의 평가액 자체가 불합리하게 산정되었음을 증명하여 액수를 다툴 수 있다. [19, 23, 24, 33]

10) × 채권자는 자신이 통지한 청산금의 금액에 관하여 다툴 수 없다(통지의 구속력).

└ 통지한 청산금액이 객관적으로 정확하게 계산된 액수와 맞지 않으면, 乙은 정확하게 계산된 금액을 다시 통지해야 한다. [30]

└ × 上同

11) 乙은 甲에 대하여 통지가 도달한 이후 지체 없이 丙에게 그 통지의 사실·내용 및 도달일을 통지하여야 한다. [16]

11) ○

12) 乙이 X토지의 소유권을 취득하기 위하여는 담보권실행통지가 甲에게 도달한 날로부터 1개월이 지나야 한다. [20]

12) × 1개월→2개월

13) 丙은 청산기간 내에 한하여 그 피담보채권의 변제기가 도래하기 전이라도 X토지의 경매를 청구할 수 있다. [13, 15+, 20, 25, 26, 28]

13) ○

14) 乙이 청산금지급 이전에 본등기의 이전과 X토지를 인도받을 것을 내용으로 하는 처분정산형의 담보권실행은 가등기담보 등에 관한 법률상 허용되지 않는다. [15]

14) ○

15) 甲이 청산기간이 지나기 전에 한 청산금에 관한 권리의 양도는 이로써 丙에게 대항할 수 없다. [28, 32]

15) ○

16) 이 법에서 정한 청산절차를 거치지 않은 乙의 가등기에 기한 본등기는 무효이다. [15+, 22]

16) ○

└ 乙이 청산기간이 지나기 전에 가등기에 의한 본등기를 마치면 그 등기는 무효이다. [28]

└ ○

17) 乙의 청산금 미지급으로 본등기가 무효로 되었다면, 그 후 청산절차를 마치더라도 유효한 등기가 될 수 없다. [23]

17) × 그 후 청산절차를 마치면 무효인 본등기는 실체관계에 부합하는 유효한 등기가 될 수 있다.

18) 乙이 청산금의 지급을 지체한 경우에도 청산기간이 경과한 후에는 甲은 이자 등이 포함된 채무액을 변제하고 등기말소를 청구할 수 없다. [15+]

18) × 청산기간이 경과한 후에도 청산금을 변제받을 때까지는 甲은 채무를 변제하고 가등기의 말소를 청구할 수 있다.

19) 청산금을 지급할 필요 없이 청산절차가 종료한 경우, 그때부터 X토지의 과실수취권은 乙에게 귀속한다. [26]

19) ○

└ 乙이 甲에게 담보권실행을 통지하고 난 후부터는 X토지에 대한 과실수취권은 乙에게 귀속한다. [30]

└ × 담보목적물에 대한 과실수취권은 청산절차가 종료되어야 채권자에게 귀속된다.

2. 乙은 甲에게 1억 원을 빌려주고 이를 담보하기 위해 甲 소유의 X토지(시가 3억 원)에 가등기를 하였고, 그 후 丙이 X토지에 저당권을 취득하였다. 甲이 변제기에 채무를 이행하지 않자 乙은 담보권을 실행하여 X토지의 소유권을 취득하고자 한다.

2.	

1) 甲이 귀속정산절차에 따라 적법하게 X건물의 소유권을 취득하면 丙의 저당권은 소멸한다. [35]

1) × 담보가등기권리보다 선순위의 저당권은 사적 실행(=권리취득에 의한 실행)에 의해 소멸하지 않는다.

2) 甲이 乙에게 청산금을 지급하지 않고 자신의 명의로 본등기를 마친 경우, 그 등기는 무효이다. [35]

2) ○

3) 甲의 청산금 지급채무와 乙의 가등기에 기한 본등기 및 X건물 인도채무는 동시이행관계에 있다. [35]

3) ○

4) 경매절차에서 丁이 X건물의 소유권을 취득하면 특별한 사정이 없는 한 甲의 가등기담보권은 소멸한다. [35]

4) ○

5) 만약 청산금이 없는 경우, 적법하게 실행통지를 하여 2개월의 청산기간이 지나면 청산절차의 종료와 함께 X건물에 대한 사용·수익권은 甲에게 귀속된다. [35]

▷ 가등기담보권의 공적 실행(= 경매에 의한 실행)

1. 가등기담보권자는 담보목적물에 대한 경매를 청구할 수 없다. [33]

1. × 경매를 청구할 수 있다.

2. 甲은 乙로부터 6천만 원을 차용하면서 자기 소유의 X토지에 담보가등기를 설정해 준 후, 다시 丙으로부터 4천만 원을 차용하면서 X토지에 저당권을 설정해 주었다.

2.

1) 변제기에 甲이 변제하지 않으면 乙은 X토지에 대한 경매를 청구할 수 있고, 이 경우 乙의 가등기를 저당권으로 본다. [14, 18, 25]

1) ○

2) 甲의 다른 채권자가 X토지에 대해 경매를 신청한 경우, 乙은 자기 채권을 丙보다 우선하여 변제받을 권리가 있다. [13, 18]

2) ○

└ 위에서 그 순위에 관해서는 담보가등기가 경료된 때가 아니라 청산금의 평가액을 채무자 등에게 통지할 때를 기준으로 한다. [13]

└ × 담보가등기를 마친 때를 기준으로 한다.

3) 丙의 저당권실행으로 X토지가 丁에게 매각된 경우, 乙의 담보가등기권리는 소멸하지 않는다. [15+, 18, 25, 28]

3) × 담보가등기권리는 순위에 관계없이 매각으로 모두 소멸한다.

┗ 담보가등기를 마친 부동산에 대하여 강제경매가 된 경우 담보가등기권리는 그 부동산의 매각에 의해 소멸한다. [32]

┗ ○

3. 집행법원이 정한 기간 안에 채권신고를 하지 않은 담보가등기권자는 매각대금을 배당받을 수 없다. [22]

3. ○

▷ 양도담보권의 실행

1. 甲은 乙로부터 1억 원을 빌리면서 자기 소유의 시가 2억 원 상당의 X토지를 乙에게 양도담보로 제공하고 소유권이전등기까지 마쳐주었다.

1.

1) 부동산담보를 설정하기 위한 등기비용은 특약이 없는 한 담보권설정자인 채무자 甲이 부담한다. [22]

1) × 담보권자인 채권자 乙이 부담한다.

2) 특별한 사정이 없는 한 X토지에 대한 사용·수익권은 담보권설정자인 甲에게 있다. [15+, 22]

2) ○

┗ 丙이 X토지를 사용·수익하던 甲과 임대차계약을 맺고 X토지를 인도받아 사용하는 경우, 乙은 피담보채권의 변제기 전에도 丙에게 임료 상당을 부당이득으로 반환청구할 수 있다. [29, 31]

┗ × 청산절차가 종료될 때까지는 담보목적물에 대한 사용·수익권이 甲에게 있으므로, 乙은 丙에게 임료 상당의 부당이득반환을 청구할 수 없다.

3) 甲이 변제기에 변제를 하지 못하면 乙은 곧바로 X토지의 소유권을 취득한다. [13]

3) × 담보권실행통지를 하고 청산기간이 경과한 후 청산금을 지급해야 소유권을 취득한다.

4) 乙의 양도담보권이 설정된 후 丙이 甲과 임대차계약을 맺고 X토지를 인도받아 사용하는 경우, 乙은 담보권실행을 위하여 丙에게 X토지의 인도를 청구할 수 있다. [29, 31]

4) ○

┗ 乙은 甲으로부터 X토지를 임차하여 사용하고 있는 丙에게 소유권에 기하여 그 반환을 청구할 수 있다. [31]

┗ × 담보권의 실행으로서 인도를 청구할 수 있을 뿐, 소유권에 기하여 인도를 청구할 수는 없다.

5) 甲은 변제기로부터 10년이 지난 후에도 청산금채권을 변제받기 전이라면 채무액을 乙에게 지급하고 乙 명의의 소유권이전등기의 말소를 청구할 수 있다. [13]

5) × 채무자의 등기말소청구권은 10년의 제척기간의 경과로 확정적으로 소멸한다.

6) 乙이 동법 소정의 청산절차를 거치지 아니한 채 X토지를 丁에게 매도한 경우, 선의의 丁은 소유권을 취득한다. [13, 14, 15+, 24, 29, 31]

6) ○

┗ 위에서 丁이 악의인 경우에도 甲은 丁 명의의 등기말소를 청구할 수 없다. [20]

┗ × 丁이 악의인 경우에는 甲은 그 등기의 말소를 청구할 수 있다.

7) 乙이 이 법에 정해진 청산절차 없이 X토지를 처분하여 선의의 제3자에게 소유권을 취득하게 한 경우, 乙은 甲에게 불법행위책임을 진다. [22]

7) ○

2. 乙은 甲에 대한 1억 원의 차용금채무를 담보하기 위해 자신의 X건물(시가 2억 원)에 관하여 甲 명의로 소유권이전등기를 마쳤다. 甲은 X건물의 화재로 乙이 취득한 화재보험금청구권에 대하여 물상대위권을 행사할 수 없다. [31]

2. × 양도담보권자는 담보물의 가치변형물인 화재보험금청구권에 대하여 물상대위권을 행사할 수 있다.

제5장 | 부동산 실권리자명의 등기에 관한 법률

① 명의신탁의 개념과 유효성

▶ 그림민법 p.156

▷ 부동산의 명의신탁

1. 甲과 乙의 명의신탁약정에 따라 乙이 丙으로부터 건물을 매수한 후 자신의 명의로 소유권이전청구권 보전을 위한 가등기를 한 경우에도 동법이 적용된다. [27]

1. ○

2. 소유권 이외의 부동산물권의 명의신탁은 동법의 적용을 받지 않는다. [26]

2. × 소유권 이외의 부동산물권의 명의신탁도 동법에 의해 금지된다.

▷ 유효한 명의신탁의 법률관계

1. 甲종중은 자신의 X토지를 적법하게 종원 乙에게 명의신탁하였다.

1.

1) 乙은 甲에 대해 X토지의 소유권을 주장할 수 없다. [28]

1) ○

2) 甲은 명의신탁약정의 해지를 원인으로 하는 소유권이전등기를 청구할 수 있다. [23]

2) ○

3) 乙이 X토지 위에 건물을 지어 소유하던 중 명의신탁이 해지되어 X토지의 등기 명의가 甲으로 환원된 경우, 乙은 관습법상의 법정지상권을 취득한다. [21]

3) × 乙의 건물은 처음부터 타인(甲)의 토지 위에 지은 것이어서 관습상의 법정지상권이 성립될 여지가 없다.

4) 제3자가 X토지를 불법점유하는 경우, 甲은 소유권에 기하여 직접 방해배제를 청구할 수 있다. [15, 21, 28]

4) × 甲은 乙을 대위하여 방해배제청구권을 행사할 수 있을 뿐 직접 제3자에게 방해의 배제를 청구할 수 없다.

5) 乙이 丙에게 X토지를 매도하여 이전등기한 경우, 丙이 악의라면 X토지의 소유권을 취득하지 못한다. [15, 21, 28]

5) × 丙은 선·악을 불문하고 소유권을 취득한다.

6) 乙로부터 X토지를 매수한 丙이 乙의 甲에 대한 배신행위에 적극가담한 경우, 乙과 丙 사이의 매매계약은 무효이다. [28]

6) ○

② 부동산실명법의 주요 내용

▶ 그림민법 p.156

▷ 명의신탁의 효력

• 명의신탁약정 무효 및 그에 따른 물권변동(등기) 무효

PART
04

• 제3자(선의 · 악의 불문)에 대항 不可

1. 명의신탁약정과 그에 따른 등기의 무효로 대항할 수 없는 제3자(동법 제4조 제3항)에 해당하는 자는?

1) 명의수탁자의 상속인 [34]

2) 명의신탁된 부동산을 가압류한 명의수탁자의 채권자 [34]

3) 명의신탁자와 명의신탁된 부동산소유권을 취득하기 위한 계약을 맺고 등기명의만을 명의수탁자로서 경료받은 것과 같은 외관을 갖춘 자 [34]

▷ **적용제외**

1. 채무변제를 담보하기 위해 채권자가 부동산소유권을 이전받기로 하는 약정은 동법상의 명의신탁약정에 해당한다. [15, 16, 26]

2. 부동산의 위치와 면적을 특정하여 3인이 구분소유하기로 하는 약정을 하고 그 3인의 공유로 등기하는 경우는 동법의 적용대상이 되는 명의신탁약정에 해당한다. [16]

 ↳ 상호명의신탁은 동법의 적용을 받지 않는다. [17]

3. 신탁법에 의한 신탁재산인 사실을 등기하는 경우는 동법의 적용대상이 되는 명의신탁약정에 해당한다. [16]

▷ **특례**

1. 종중이 그 소유 부동산을 종중 이외의 자 명의로 등기하였더라도 조세포탈, 강제집행의 면탈 또는 법령상 제한의 회피를 목적으로 하지 않는 경우에는 명의신탁약정에 따른 물권변동은 효력이 있다. [15]

2. 부부 일방이 부동산을 구입하면서 배우자 명의로 등기하는 경우는 동법의 적용대상이 되는 명의신탁약정에 해당한다. [16]

3. 탈법적인 목적이 없다면 사실혼 배우자 간의 명의신탁은 허용된다. [22]

 ↳ 사실혼관계에 있는 자 사이의 명의신탁약정은 무효이다. [18, 24]

4. 명의신탁자와 수탁자의 혼인으로 등기명의자가 법률상 배우자가 된 경우, 위법한 목적이 없는 한 명의신탁약정은 약정 시에 소급하여 유효로 된다. [18]

1.

1) × 상속인과 같은 포괄승계인은 제3자가 될 수 없다.

2) ○

3) × 동법 제4조 제3항의 제3자는 명의수탁자가 물권자임을 기초로 그와 새로운 이해관계를 맺은 사람을 말한다.

1. × 양도담보는 명의신탁에 해당하지 않는다.

2. × 상호명의신탁은 동법이 금지하는 명의신탁에 해당하지 않는다.

 ↳ ○

3. × 신탁법상 신탁은 동법이 금지하는 명의신탁에 해당하지 않는다.

1. ○

2. ○

3. × 탈법적 목적이 없더라도 사실혼 배우자 간의 명의신탁은 허용되지 않는다.

 ↳ ○

4. × 혼인한 때로부터 유효로 된다(소급효 없음).

3 무효인 명의신탁의 법률관계

▶ 그림민법 p.157

▷ 양자간 등기명의신탁

1. 명의신탁약정 자체는 선량한 풍속 기타 사회질서에 위반하는 행위로 볼 수 없다. [18]

   1. ○

2. 무효인 명의신탁약정에 기하여 타인 명의의 등기가 마쳐졌다면 그것은 당연히 불법원인급여에 해당한다. [22]

   2. × 불법원인급여에 해당하지 않는다.

3. 무효인 명의신탁에서 명의신탁자는 명의신탁약정의 해지를 원인으로 하는 소유권이전등기를 청구할 수 없다. [18, 26, 31]

   3. ○

4. 명의신탁약정의 무효와 이에 따르는 물권변동의 무효는 제3자에 대한 대항력이 없으며, 여기에서 제3자는 원칙적으로 선의인 자에 한한다. [15, 26]

   4. × 제3자의 선·악은 불문한다(동법 제4조 제3항).

   └ 명의수탁자가 제3자에게 부동산을 처분한 경우, 그 제3자는 선의·악의를 불문하고 소유권을 취득하는 것이 원칙이다. [22]

   └ ○

5. 甲은 친구 乙과의 명의신탁약정에 따라 2024. 3. 5 자신의 X건물을 乙 명의로 소유권이전등기를 해 주었다.

   5.

1) 甲은 乙에게 명의신탁해지를 원인으로 소유권이전등기를 청구할 수 없다. [31, 34, 35]

   1) ○

2) 甲은 乙을 상대로 부당이득반환을 원인으로 한 소유권이전등기를 청구할 수 있다. [34]

   2) × 침해부당이득반환을 원인으로 하는 소유권이전등기를 청구할 수 없다.

3) 甲은 소유권에 의해 乙을 상대로 소유권이전등기의 말소를 청구할 수 있다. [31]

   3) ○

4) 甲은 乙을 상대로 진정명의회복을 원인으로 한 소유권이전등기를 청구할 수 있다. [34]

   4) ○

5) 乙이 丙에게 X건물을 매도하고 소유권이전등기를 해 준 경우, 甲과 乙의 명의신탁약정으로 인해 乙과 丙의 매매계약은 무효이다. [35]

   5) × 丙이 乙의 불법행위에 적극 가담하지 않은 이상 乙과 丙의 매매계약은 유효하다.

6) 乙이 丙에게 X건물을 매도하고 소유권이전등기를 해 준 경우, 丙은 특별한 사정이 없는 한 소유권을 취득한다. [31, 34, 35]

   6) ○

7) 乙이 丙에게 X건물을 매도하고 소유권이전등기를 해 준 경우, 甲은 乙을 상대로 불법행위로 인한 손해배상을 청구할 수 있다. [34, 35]

   7) ○

8) 乙이 丙에게 X건물을 적법하게 양도하였다가 다시 소유권을 취득한 경우, 甲은 乙에게 소유물반환을 청구할 수 있다. [31]

8) × 乙이 丙에게 X건물을 양도한 때에 甲은 이미 X건물의 소유권을 상실하였으므로 甲은 乙에게 소유권에 기한 물권적 청구권을 행사할 수 없다.

└ 만약 乙이 X부동산의 소유권을 丙으로부터 다시 취득한다면, 甲은 乙을 상대로 소유권에 기하여 이전등기를 청구할 수 있다. [35]

└ × 上同

▷ 3자간 등기명의신탁(= 중간생략형 명의신탁)

1. 甲은 乙과 명의신탁약정을 맺고 丙 소유의 X토지를 매수하면서 丙에게 부탁하여 직접 乙 명의로 소유권이전등기를 하였다.

1.

1) 甲과 乙 사이의 명의신탁약정은 무효이다. [15+, 30]

1) ○

2) 乙이 X토지의 소유자이다. [24]

2) × X토지의 소유자는 丙이다.

└ X토지의 소유자는 여전히 丙이다. [15+]

└ ○

3) 甲은 명의신탁해지를 원인으로 乙에게 소유권이전등기를 청구할 수 있다. [19, 24]

3) × 명의신탁약정이 무효이므로 명의신탁약정의 해지를 원인으로 이전등기를 청구할 수 없다.

4) 甲은 부당이득반환을 원인으로 乙에게 소유권이전등기를 청구할 수 있다. [24, 25, 30]

4) × 甲은 丙에 대한 소유권이전등기청구권을 보유하고 있어 어떠한 손해를 입었다고 볼 수 없으므로 乙에게 부당이득 반환을 원인으로 이전등기를 청구할 수 없다.

5) 丙은 여전히 甲에 대해 소유권이전의무를 부담한다. [19, 23]

5) ○

└ 甲은 丙에게 X토지의 소유권이전등기를 청구할 수 있다. [25, 30]

└ ○

6) 丙은 乙에게 소유권이전등기의 말소를 청구할 수 없다. [19, 24]

6) × 소유권에 기한 물권적 청구권의 행사로서 그 등기의 말소를 청구할 수 있다.

└ 丙은 진정명의회복을 원인으로 乙에게 소유권이전등기를 청구할 수 있다. [25]

└ ○

7) 甲은 丙을 대위하여 乙에게 등기말소를 청구하고, 다시 丙에게 甲 자신 앞으로 등기이전을 청구할 수 있다. [15+, 17, 30]

7) ○

8) 乙이 자의로 X토지에 대한 소유권을 甲에게 이전등기하였더라도 甲은 소유권을 취득하지 못한다. [20, 26]

8) × 그 등기는 결국 실체관계에 부합하는 등기로서 유효하므로 甲은 소유권을 취득한다.

9) 乙이 丁에게 X토지를 처분한 경우, 丁은 선의·악의를 불문하고 소유권을 취득하는 것이 원칙이다. [22, 30]

9) ○

▷ **계약명의신탁**

· **매도인이 선의인 경우**

1. 丙 소유의 X토지를 취득하고자 하는 甲은 乙과 명의신탁약정을 맺고 乙에게 매수자금을 주면서 丙과 매매계약을 체결하도록 하였다. 乙은 甲의 부탁대로 이러한 사정을 모르는 丙과 매매계약을 체결하고 소유권이전등기를 경료받았다.

1.

1) 甲, 乙 간의 명의신탁약정은 유효하다. [14, 16, 20, 26, 32, 33]

1) × 무효이다.

2) 乙은 X토지의 소유권을 취득한다. [14, 16, 26, 33]

2) ○

└ 丙은 특별한 사정이 없는 한 乙 명의의 등기말소를 청구할 수 있다. [20]

└ × 청구할 수 없다.

3) 丙이 매매계약 체결 당시 명의신탁약정이 있다는 사실을 몰랐다면, 그 후 명의신탁약정 사실을 알게 되었어도 乙은 X토지의 소유권을 취득한다. [32]

3) ○

4) 甲은 乙을 상대로 명의신탁약정의 해지를 이유로 이전등기를 청구할 수 있다. [14]

4) × 청구할 수 없다(甲, 乙 간의 명의신탁약정은 무효이므로).

5) 甲은 乙을 상대로 부당이득반환으로 X토지의 등기이전을 청구할 수 없다. [20, 33]

5) ○

6) 甲은 乙에게 제공한 X토지의 매수자금 상당액을 부당이득으로 반환청구할 수 있다. [32]

6) ○

7) 甲이 X토지를 점유하고 있는 경우, 甲은 乙에게 매수자금 상당의 부당이득 반환청구권을 피담보채권으로 하여 X토지에 대한 유치권을 주장할 수 있다. [20, 25, 29, 33]

7) × 매수자금반환청구권은 X토지에 관하여 생긴 채권이 아니므로(견련성 없음) 유치권의 피담보채권이 될 수 없다.

8) 甲이 乙과의 관계에서 소유권을 가지는 것을 전제로 하여 장차 X토지의 처분 대가를 乙이 甲에게 지급하기로 하는 약정은 유효하다. [26]

8) × 이는 무효인 명의신탁약정을 전제로 하는 것이어서 그러한 약정 역시 무효이다.

9) X토지의 소유권을 유효하게 취득한 乙이 명의신탁약정 외의 적법한 원인에 의하여 甲 앞으로 X토지에 대한 소유권이전등기를 마친다고 해도 그 소유권 이전등기는 무효이다. [32]

9) × 이는 새로운 소유권이전의 원인인 대물급부약정에 기한 것이므로 유효하다.

10) 乙이 X토지를 丁에게 처분한 경우, 丁은 선의의 경우에 한하여 X토지의 소유권을 취득한다. [14, 16, 33]

10) × 乙이 X토지의 소유자이므로 丁은 선·악을 불문하고 소유권을 취득한다.

11) 甲과 乙 및 甲의 친구 戊 사이의 새로운 명의신탁약정에 의하여 乙이 다시 甲이 지정한 戊에게 X토지의 이전등기를 해 준 경우, 戊는 X토지의 소유권을 취득한다. [26]

11) × 戊 명의의 등기는 동법 제4조 제2항에 의해 무효이므로, 戊는 X토지의 소유권을 취득하지 못한다.

• 매도인이 악의인 경우

1. 甲은 乙과 계약명의신탁을 약정하였다. 그 사실을 알고 있는 丙은 명의수탁자 乙과의 매매계약에 따라 乙 명의로 X토지의 소유권을 이전해 주었다.

   1) 乙 명의의 이전등기는 무효이고, X토지에 대한 소유자는 여전히 丙이다. [16, 25, 32]

      1) ○

   2) 甲은 丙에 대하여 X토지에 대한 소유권이전등기를 청구할 수 있다. [25]

      2) × 甲과 丙은 매매계약관계가 없으므로 甲의 丙에게 소유권이전등기를 청구할 수 없다.

   ∟ 매도인이 계약명의신탁에 관하여 악의인 경우, 명의신탁자가 매매계약상 매수인의 지위를 당연히 승계하는 것은 아니다. [17]

      ∟ ○

   3) 丙은 乙 명의의 등기말소를 청구할 수 있다. [23]

      3) ○

   4) 乙이 X토지의 소유권이전등기를 말소하지 않더라도 丙은 乙의 매매대금반환 청구를 거절할 수 없다. [25]

      4) × 丙은 X토지의 소유명의를 회복하기 전까지는 동시이행의 항변권을 행사하여 乙에 대하여 매매대금반환채무의 이행을 거절할 수 있다.

   5) 乙이 X토지를 丁에게 매도하여 소유권이전등기를 해 준 경우, 丁은 X토지의 소유권을 취득한다. [25, 33]

      5) ○

   6) 乙이 X토지를 선의의 丁에게 매도하여 소유권이전등기를 해 준 경우, 乙의 행위는 丙의 소유권에 대한 침해행위가 아니다. [25]

      6) × 丙의 소유권에 대한 침해행위로서 불법행위가 된다.

• 경매의 경우

1. 甲은 2023. 10. 17. 경매가 진행 중인 丙 소유의 X토지를 취득하기 위하여 乙에게 매수자금을 지급하면서 乙 명의로 소유권이전등기를 하기로 약정하였고, 乙은 위 약정에 따라 X토지에 대한 매각허가결정을 받고 매각대금을 완납한 후 자신의 명의로 소유권이전등기를 마쳤다.

   1) 甲과 乙의 관계는 계약명의신탁에 해당한다. [27]

      1) ○

   2) 甲과 乙 사이의 명의신탁약정은 유효하다. [18]

      2) × 무효이다.

   3) X토지의 소유권을 취득하는 자는 甲이다. [18]

      3) × 乙이다.

   4) 丙이 甲과 乙의 명의신탁사실을 알았다면 乙은 X토지의 소유권을 취득하지 못한다. [27, 29]

      4) × 丙은 경매절차에서 매수인의 결정과정에 아무런 관여를 할 수 없으므로 丙이 명의신탁사실을 알았더라도 乙은 소유권을 취득한다.

5) 甲은 乙에 대하여 매수자금 상당의 부당이득반환을 청구할 수 있다. [27]

    └ 甲은 乙에 대하여 부당이득으로 X토지의 소유권반환을 청구할 수 있다. [29]

6) 甲의 지시에 따라 乙이 X토지를 매각한 후 그 처분대금을 甲에게 반환하기로 한 약정은 무효이다. [18]

7) 乙이 X토지를 丁에게 처분하였는데 丁이 악의라면 丁은 소유권을 취득할 수 없다. [18]

5) ○

└ × X토지가 아니라 매수자금 상당의 부당이득반환을 청구할 수 있다.

6) ○

7) × 乙이 X토지의 소유자이므로 丁은 선·악을 불문하고 소유권을 취득한다.

PART

04

제36회 공인중개사 시험대비 **전면개정판**

2025 박문각 공인중개사 서석진 민법 기출지문 족보

초판인쇄 | 2024. 12. 10. **초판발행** | 2024. 12. 15. **편저** | 서석진 편저
발행인 | 박 용 **발행처** | (주)박문각출판 **등록** | 2015년 4월 29일 제2019-000137호
주소 | 06654 서울시 서초구 효령로 283 서경 B/D 4층 **팩스** | (02)584-2927
전화 | 교재 주문 (02)6466-7202, 동영상문의 (02)6466-7201

저자와의
협의하에
인지생략

정가 20,000원

ISBN 979-11-7262-392-0